»ICH BIN DABEIGEWESEN«
GEORG WEERTH
(1822-1856)
EIN LEBEN ZWISCHEN LITERATUR,
POLITIK UND HANDEL

W0189201

Heinrich-Heine-Institut
Düsseldorf
17. Februar - 16. April 1989

Karl-Marx-Haus (Studienzentrum)
Trier
23. April - 11. Juni 1989

Friedrich Engels-Haus
Wuppertal
20. Juni - 20. August 1989

Lippische Landesbibliothek
Detmold
27. August — Mitte Oktober 1989

Eine Ausstellung des
Heinrich-Heine-Instituts, Düsseldorf
in Verbindung mit der
Lippischen Landesbibliothek Detmold

Seit Friedrich dem Großen hat niemand das deutsche Volk so sehr en canaille behandelt wie die „Neue Rh. Ztg.". Ich will nicht sagen, daß dies mein Verdienst war; aber ich bin dabeigewesen.

Weerth an Marx
28. April 1851

Uwe Zemke

Georg Weerth

1822 – 1856

Ein Leben zwischen

Literatur, Politik

und

Handel

Droste Verlag

Düsseldorf

1989

Veröffentlichungen des Heinrich-Heine-Instituts, Düsseldorf
Herausgegeben von Joseph A. Kruse

Gedruckt mit Unterstützung
des Landesverbandes Lippe,
des Sekretariats für gemeinsame Kulturarbeit, Wuppertal
und der Stadt Düsseldorf

Abbildung auf dem Umschlag:
Georg Weerth im Jahr 1851,
Daguerreotypie von Stelzner, Hamburg
Lippische Landesbibliothek Detmold

Typographie
Ernst Georg Kühle, Düsseldorf

Gesamtherstellung
Druckerei Heinrich Winterscheidt GmbH, Düsseldorf

CIP-Titelaufnahme der Deutschen Bibliothek
Zemke, Uwe:
Georg Weerth: (1822-1856) — ein Leben
zwischen Literatur, Politik und Handel /
Uwe Zemke. — Düsseldorf: Droste, 1989
(Veröffentlichungen des Heinrich-Heine-Instituts, Düsseldorf)
ISBN 3—7700—0783—2

Inhalt

I
Kindheit in Detmold   7
1822-1836

II
Kaufmännische Lehre und
erste schriftstellerische Versuche   17
1836-1843

III
Politisches Engagement
in der Industriemetropole Bradford   37
1843-1846

IV
An der Seite der Kommunisten:
Rede auf dem Freihandelskongreß in Brüssel   81
1847

V
Feuilletonredakteur
der *Neuen Rheinischen Zeitung*   107
1848-1849

VI
Gefängnishaft   139
1850

VII
Geschäftsreisen in Europa 157
1850-1852

VIII
In der neuen Welt 195
1852-1855

IX
Betty Tendering 231
1855

X
Tod in Havanna 249
1856

Anmerkungen 267

Abkürzungsverzeichnis 275

Literaturauswahl 277

I

Kindheit in Detmold

1822-1836

Georg Weerths Vorfahren stammen aus dem Rheinland. Ursprünglich bewohnten sie den Hof „im Werth" bei Barmen. Der „Werth" war eine von der Wupper und einem ihrer Nebenarme gebildete Insel, die dem Geschlecht seinen Namen gab (Werth = Insel). Der Stammbaum der Familie läßt sich lückenlos bis ins 15. Jahrhundert belegen. 1466 wurde Hans in dem Werde als erster Besitzer des Hofs urkundlich erwähnt. Zu Beginn nannten sich diejenigen, die im Werther Hof wohnten, „im Werth", während diejenigen, die weggezogen waren, aber aus dem in diesem Hof ansässigen Geschlecht stammten, „aus dem Werth", verkürzt „aus'm Werth" hießen. Später sind die Zusätze „im" und „aus'm" oft ganz weggelassen worden. Das zweite „e" im Namen erschien nach 1600, wurde aber nicht von allen Zweigen der Familie angenommen.

Georg Weerth entstammt einer traditionsreichen protestantischen Kaufmannsfamilie. Wegen der Insellage ihres Hofs waren die meisten Besitzer des „Werths" Garnbleicher, später auch Händler und Kaufleute. Seit dem 17. Jahrhundert spielten sie als Kaufleute, Ratsherren und Bürgermeister eine führende Rolle im Handels- und Gesellschaftsleben von Barmen und Elberfeld.

Während noch Georg Weerths Großvater väterlicherseits, Karl aus'm Werth, einen Weinhandel bei Barmen betrieb, war dessen Sohn, Georgs Vater Ferdinand Weerth (1774-1836), der erste, der gegen den Wunsch seines Vaters mit der Familientradition brach und einen geistlichen Beruf wählte. Der im

Gemarke bei Barmen geborene Ferdinand Weerth studierte Theologie in Marburg und Göttingen und wirkte dann als Pfarrer erst in Homberg bei Duisburg und später in Kettwig/Ruhr. 1805 ernannte ihn die Fürstin Pauline zum Generalsuperintendenten im Fürstentum Lippe. Dieses Amt als oberster Geistlicher in Lippe bekleidete er bis zu seinem Tod im Jahre 1836.

Als Generalsuperintendent war Ferdinand Weerth auch für das Schulwesen zuständig. Hier machte er sich besonders um die Errichtung neuer Schulen, einen besseren Volksschulunterricht und die Lehrerausbildung verdient. Zu diesem Thema verfaßte er auch die Schriften *Über die Elementarschulen im Fürstentum Lippe* (1810) und *Die christliche Volksschule im Bunde mit der Kirche* (1823).

Seine theologischen Anschauungen waren liberal und rationalistisch. Geistig stand er der Aufklärung nahe. Ein von ihm 1811 verfaßter *Leitfaden für den Religions-Unterricht in den Schulen* wandte sich gegen den offiziell vorgeschriebenen, aber in seinen Augen unverständlichen Heidelberger Katechismus. So galt Ferdinand Weerth bei den pietistischen und orthodoxen Predigern des Fürstentums als „Oppositioneller". Das 1901 ihm zu Ehren errichtete Denkmal in Detmold ist ein oppositionelles Denkmal, das dem „um das Schulwesen in Lippe hochverdienten Generalsuperintendenten Ferdinand Weerth von seinen zahlreichen Verehrern" gewidmet war.

Wichtig für Georg Weerths Werdegang war gewiß die Tatsache, daß sein Vater bestrebt war, den Armen durch ein besseres Schulwesen zu helfen, „liberale" Ansichten vertrat und den Ruf eines „fortschrittlich" denkenden und handelnden Menschen genoß.

1808 heiratete Ferdinand Weerth die Predigerstochter Wilhelmine Burgmann (1785-1868) aus Mülheim am Rhein. In Wilhelmine Burgmann verband sich tiefe Gläubigkeit mit einer heiteren Natur. In ihrer Jugend hatte sie gerne gesungen und auch Gedichte geschrieben. Sie besaß eine wissenschaftliche Bildung, wie es damals bei Frauen ungewöhnlich war.

Georg Weerth hatte trotz großer Meinungsverschiedenheiten mit seiner Mutter, besonders in politischen Dingen, zeitlebens ein sehr enges Verhältnis zu ihr. Obwohl er wegen seiner politischen Aktivitäten ihr Sorgenkind war, hing sie mit mütterlicher Liebe an ihm. Ihr erhalten gebliebener ausführlicher Briefwechsel ist ein rührender Beweis dieses starken Bandes zwischen Mutter und Sohn.

Ferdinand Weerths Ehe mit Wilhelmine Burgmann entstammten fünf Kinder. Der älteste Sohn Carl (1812-1889) wurde zu einem auch außerhalb des Fürstentums Lippe bekannten Naturwissenschaftler, der 1835 das Detmolder Museum gründete. Die einzige Tochter Charlotte (1814-1836) starb am Kindbettfieber bereits ein Jahr nach ihrer Vermählung mit dem Pfarrer August von Cölln. Wilhelm (1815-1884) wurde wie sein Vater Pfarrer; er blieb wie sein Bruder Carl in Lippe und wirkte zuerst in Blomberg, später in Oerlinghausen. Sowohl Georg, der dritte Sohn, als auch sein jüngerer Bruder Ferdinand (1825-1897) wählten den Kaufmannsberuf und setzten somit die Familientradition fort.

Georg Ludwig Weerth wurde am 17. Februar 1822 in Detmold geboren. Er wurde Georg nach George Burgmann, seinem Onkel mütterlicherseits genannt, der sich in England niedergelassen und es in den napoleonischen Kriegen zum Generalkommissar der britischen Mittelmeerflotte gebracht hatte. Den zweiten Vornamen Ludwig, den er nie benutzte, erhielt er im Andenken an seinen Paten und Studienfreund seines Vaters aus der Marburger Zeit, Ludwig Freiherr von Vincke (1774-1844), der 1813 in Westfalen die Befreiungskämpfe gegen Napoleon organisiert hatte und seit 1815 Oberpräsident von Westfalen war.

Georg Weerth wurde in der „alten Generalsuperintendentur", der „Wehme", geboren. Das in den Jahren 1803/04 von der Fürstin Pauline im Empire-Stil erbaute Gebäude steht heute noch, etwas zurückgesetzt von der Straße, und ist Eigentum der Lippischen Landeskirche. Vom großen Garten der Generalsuperintendentur führt eine kleine Pforte, über der das Jahr 1695 in Stein gemeißelt ist, auf die Straße „Unter der Wehme" und auf Ferdinand Freiligraths (1810-1876) Geburtshaus. Es ist ein seltsamer Zufall, daß die Geburtsstätten der beiden führenden Dichter der deutschen Revolution von 1848/49 weniger als fünfzig Schritte auseinander liegen. Das Haus, in dem der

„dritte große Sohn Detmolds", der Dichter Christian Dietrich Grabbe (1801-1836) wohnte und starb, steht neben Freiligraths Geburtshaus und gegenüber der Generalsuperintendentur. Während über die Beziehungen zwischen Weerths und Grabbes Eltern nichts bekannt ist, bestand ein freundschaftliches und enges Verhältnis zwischen den Weerths und den Freiligraths. Ferdinand Freiligrath wurde nach Ferdinand Weerth genannt, der für die Lehrerausbildung von dessen Vater gesorgt und ihm dann eine Stelle in Detmold verschafft hatte. Georgs ältester Bruder Carl war Ferdinand Freiligraths Spielkamerad in Detmold und blieb eng mit ihm befreundet. Georg war jedoch erst 3 Jahre alt, als der 15jährige Freiligrath Detmold 1825 verließ. Er lernte ihn Ende der 40er Jahre näher kennen, als beide gemeinsam an der *Neuen Rheinischen Zeitung* arbeiteten.

Im 19. Jahrhundert war Detmold die Hauptstadt des Fürstentums Lippe. 1828, sechs Jahre nach Georgs Geburt, zählte die Stadt 3497 Einwohner. Abgesehen vom Gesellschaftsleben des Hofes war Detmold eine verträumte, von weltbewegenden Ereignissen verschont gebliebene Ackerbürgerstadt. Die Schriftstellerin und Vorkämpferin der Frauenbewegung, Malwida von Meysenbug, beschrieb Detmold folgendermaßen:

> Es war eine kleine, hübsche, reinliche Stadt, in einem der malerischsten Punkte des nördlichen Deutschlands gelegen, von Hügeln, mit herrlichen Buchenwäldern bedeckt, umgeben, an die sich historische Erinnerungen ferner Vorzeit knüpfen.[1]

In der engen Stadt, in der man vom Rathaus aus gerechnet in 300 bis 400 Schritten den Stadtrand nach jeder Himmelsrichtung erreichte, herrschte ein provinzielles geistiges Klima. Die meisten Einwohner lasen keine Zeitung, und Nachrichten aus der „großen weiten Welt" drangen selten an ihre Ohren. So drehten sich die Gespräche der Einwohner um das Treiben am Hofe, die wenigen Reisenden und die Neuigkeiten an dem alljährlich nur drei Monate lang spielenden Hoftheater.

Georgs Kindheit fiel in die Amtszeit Leopolds II. Der Fürst war ein Liebhaber der Musik, der 1825 das Hoftheater gründete und weder Kosten noch Mühen scheute, die besten Schauspieler und Künstler nach Detmold zu holen. Das Theater, das Malvida von Meysenbug als eines der besten in Deutschland beschrieb, trug entschieden dazu bei, das kulturelle Niveau in Detmold zu heben.

Da Ferdinand Weerth den Besuch des Theaters mit seinem geistlichen Amt nicht vereinbaren konnte, ging er selbst nie ins Theater, gestattete jedoch seinen Kindern, dreimal im Jahr Vorstellungen zu besuchen.

Der Besuch des Theaters und das musikalische Elternhaus erweckten in Georg das Interesse für Musik und Theater. Seine Mutter und seine Schwester, die beide auch gut sangen, spielten Klavier, während sein ältester Bruder Carl Flöte und der zweitälteste Bruder Wilhelm Gitarre spielte. Georg und sein jüngerer Bruder Ferdinand waren nicht so begabt und spielten keine Instrumente.

Die vielen Amtsgeschäfte ließen Ferdinand Weerth für seine Familie weniger Zeit, als ihm lieb gewesen wäre. Die Vormittage verbrachte er gewöhnlich in seinem Arbeitszimmer und ließ sich ungern stören. Zwischen 10 und 12 Uhr empfing er Besuche zu Besprechungen oder besuchte Schulen, das Seminar oder das Konsistorium. Vor dem Mittagessen las er noch gern eine Stunde. Ab 14 Uhr war er erneut unterwegs, zwischen 16 und 17 Uhr widmete er sich unerledigten Amtsgeschäften oder der Lektüre. Und nach Beendigung seiner Amtspflichten gegen 19 Uhr besuchten ihn oft noch enge Freunde. Seine Kinder sah er meist nur bei den Mahlzeiten und in den Abendstunden sowie an Sonntagen. Dann beschäftigte er sich aber gerne und intensiv mit ihnen, wodurch ein vertrauliches Verhältnis zwischen den Kindern und ihm entstand.

Georgs Eltern führten ein ruhiges und sehr zurückgezogenes Leben. Sie hielten sich aus allem Stadtklatsch heraus, gaben selten Gesellschaften und besuchten auch keine öffentlichen Veranstaltungen. Dennoch genossen sie hohes Ansehen in der Stadt und unterhielten gute Beziehungen zum Hof. Da beide Eltern von tiefer Gläubigkeit waren, erhielten ihre Kinder eine streng christliche Erziehung. Zur gleichen Zeit aber waren die Eltern tolerant und verständig und gewährten den Kindern viel Freiheit. Diese insgesamt heitere Stimmung im Elternhaus kennzeichnet die frühen Jahre von Georgs Kindheit.

Weil den Vater seine Amtsgeschäfte stark in Anspruch nahmen, war die Mutter zum großen Teil für die Erziehung der Kinder verantwortlich. Als praktische und gebildete Frau war sie den Kindern eine liebende Mutter und eine gewissenhafte Erzieherin.

Georgs religiöses Elternhaus und seine christliche Erziehung prägten sein Leben. Sie erklären sein soziales Mitgefühl mit den Armen, das auch ein Wesenszug seines Vaters war, und seinen ausgeprägten Gerechtigkeitssinn, der sich schon in der Schule offenbarte, wo er sich für die Schwächeren und Unterdrückten einsetzte. Deshalb nannte ihn sein Vater auch scherzhaft „Ritter Jürgen".

Körperlich ähnelte Georg seinem Vater so sehr, daß sein Pate, Ludwig von Vincke, zu Tränen gerührt war, als er ihn einige Jahre nach seines Vaters Tod sah. Auch geistig und temperamentmäßig kam er mehr nach seinem Vater als nach seiner Mutter. Wie sein Vater war er weichherzig und sensibel, aber auch leidenschaftlich und leicht erregbar. Als Knabe unterschied er sich sowohl äußerlich als auch charakterlich von seinen Brüdern. Er war blond, während sie rothaarig waren. In späteren Jahren müssen sie sich jedoch mehr geähnelt haben, denn Friedrich Büsing, Georgs späterer Freund in Havanna, erkannte Ferdinand und Wilhelm Weerth, als er 1857 mit ihnen in einem Eisenbahnabteil saß. Im Gegensatz zu seinen Brüdern war Georg nicht sehr robust. Auch entwickelte er sich nur langsam und erschien mitunter teilnahmslos und träumerisch. Er hatte aber eine lebhafte Phantasie und begeisterte sich besonders für Schiffsreisen. Einmal träumte er, daß er vor der Küste Kubas Schiffbruch erlitt, und ein anderes Mal, als er ernsthaft erkrankt und im Fieberwahn war, daß er unter Palmen begraben läge.

Georgs Interesse für Reisen und fremde Länder wurde durch die Geschichten erweckt, die ihm seine Mutter von ihren Verwandten erzählte. Pastor Burgmann, sein Großvater mütterlicherseits, hatte als Judenkommissar und Prediger in London englische Juden zum Christentum bekehrt. Dessen ältester Sohn George hatte es während der napoleonischen Kriege zu einer ruhmreichen Karriere in der britischen Marine gebracht. Am exotischsten mußte ihm jedoch das Leben seiner Tante Sophia Albrecht erscheinen, die als Missionarin nach Südafrika ausgewandert war und bis zu ihrem Tod mit ihrem Mann unter den Hottentotten gewirkt hatte.

In seiner Kindheit stand Georg seinem sieben Jahre älteren Bruder Wilhelm, mit dem er ein gemeinsames Schlafzimmer hatte, am nähsten. Charakterlich ähnelte er ihm auch mehr als seinen anderen Brüdern und so wurde Wilhelm trotz des Altersunterschieds sein Vertrauter. Dieses enge Verhältnis bestand bis zu Georgs Tod. Das geht aus der großen Zahl der Briefe hervor, die er Wilhelm von seinen verschiedenen Wohnorten und vielen Reisen schrieb. Wilhelm war es, dem er seine Erfolge und seine Enttäuschungen mitteilte. Wilhelm berichtete er zum Beispiel ausführlich über seine vielbeachtete Rede auf dem Brüsseler Freihandelskongreß; Wilhelm war es, dem er unter dem Siegel der Verschwiegenheit von seinem Haftantritt erzählte; Wilhelm war es, dem er den Grund für seine depressive Stimmung nach der gescheiterten Revolution von 1848/49 auseinandersetzte. Der in Lippe gebliebene Familienvater Wilhelm war für den Junggesellen Georg ein Halt in dessen ruhelosen Leben, obwohl Wilhelm durchaus nicht immer einer Meinung mit ihm war und ihn dies auch wissen ließ.

Ein Spielkamerad Georgs während seiner Kindheit war der gleichaltrige Erbprinz, Fürst Leopold III., der von 1851 bis 1875 regierte. Georgs Freundschaft mit ihm unterstrich die engen Beziehungen zwischen den Weerths und dem Hof. Leopold III. hatte Georg immer sehr gern, und er bedauerte es sehr, daß er ihn während eines Paris-Aufenthalts im Jahre 1855 nicht sprach, als sie beide die gleiche Opernvorstellung besuchten.

Trotz seiner Schwächlichkeit und seines träumerischen Wesens liebte Georg körperliche Übungen und Sport. Er freute sich, als Turnunterricht im Gymnasium eingeführt und ein Schwimmbad an der Werre eröffnet wurde. Während der oft sehr strengen Winter seiner Kindheit lief er in seiner Freizeit viel Schlittschuh auf dem Burggraben oder fuhr Schlitten in der näheren Umgebung. Im Sommer tummelte er sich im Garten der Generalsuperintendentur, säte und pflanzte, pflückte Obst und kletterte in den Bäumen herum.

Besonders hing er an den das Haus an der Gartenseite umrankenden Weinstöcken, die er selber gepflanzt hatte. Sie bedeuteten ihm so viel, daß er sie aus kindlicher Enttäuschung und Verzweiflung abhacken wollte, als die Familie nach des Vaters Tod 1836 die Generalsuperintendentur verlassen mußte, obwohl er wußte, daß Georg Althaus der Nachfolger seines Vaters war, der ihn konfirmiert und mit dessen Kindern er gespielt hatte und der obendrein ein guter Freund der Familie war.

Für den Bruder Carl, der schon als Junge ein eifriger Naturforscher war, sammelten Georg und die anderen Brüder fleißig Tiere, Pflanzen und Steine. Mit 12 Jahren legten sich Georg und sein Bruder Ferdinand eine eigene Sammlung von Vogeleiern zu. Stolz teilte er Wilhelm in einem Brief mit, daß sie bereits 128 Eier gesammelt hätten, unter denen sich einige sehr seltene befänden.[2]

Gelegentlich begleitete Georg seinen Vater auf einer seiner regelmäßigen Inspektionsreisen durch das Fürstentum. Als er 13 Jahre alt war, unternahm er zusammen mit einigen Freunden eine ausgedehnte Wanderung. Zuerst ging es nach Langenholzhausen, wo sie beim Pfarrer Unterkunft fanden. Von dort führte der Weg nach Rinteln und die Weser entlang nach Eilbergen. Ein anderes Mal machte er „eine große Reise" nach Barntrup und Pyrmont und dann über Schieder wieder heimwärts.

Ein Musterknabe war Georg durchaus nicht. Wie andere Jungen in seinem Alter trieb er Unfug und hatte seine Freude an kindlichen Späßen. Mit Vorliebe kritzelte er auf Bücherdeckel und Schachbretter. Es lag jedoch nichts Böswilliges in seinen Streichen. Deswegen war seine Mutter auch immer gewillt, ihm zu verzeihen, und er bereit, seine Strafe entgegenzunehmen.

Wie alle seine Brüder besuchte Georg das Detmolder Gymnasium, blieb aber nicht bis zum Abitur, sondern ging 14jährig nach Abschluß der Sekunda im Jahre 1836 von der Schule ab. Im Unterricht war er oft unkonzentriert. Er soll nicht so begabt gewesen sein wie seine älteren Brüder, die beide auf die Universität gingen. Er mochte weder lateinische Grammatik noch den Cicero. Auch stand er mit der Rechtschreibung auf dem Kriegsfuß. Noch während seiner Lehrlingszeit machte ihn seine Mutter häufig auf Rechtschreibungsfehler in seinen Briefen aufmerksam. Obwohl das Gymnasium einen guten Ruf besaß und tüchtige Lehrer hatte, gab es noch keinen Unterricht in den neueren Fremdsprachen. Dies erwies sich als großer Nachteil als Georg seine kaufmännische Lehre antrat und im Selbststudium Englisch und Französisch nachholen mußte.

Zwei Lehrer am Detmolder Gymnasium hinterließen eine nachhaltige Wirkung auf ihn: der Direktor Möbius, den er in seinem Gedicht *Der Schulmeister* porträtierte, und Chr. Falkmann. Möbius war Altphilologe und begeisterte seine Schüler für Homer. Viele Jahre später, als Weerth den *Schnapphahnski* schrieb, gedachte er liebevoll seines ehemaligen Lehrers. An einer Stelle im Roman schweift er zu einem Exkurs über die Sinnlichkeit und Ewigkeit ab und kommt dabei auf die griechischen Götter zu sprechen:

> Die Griechengötter leben bis auf den heutigen Tag.
> Oh, ich habe das einem meiner alten Lehrer an der Nase angesehen. Am Morgen gab er uns nämlich den nüchternen protestantischen Religionsunterricht, und dann war er ledern, zum Verzweifeln. Steif wie ein Stockdegen stand er vor uns, seine Ohren waren länger als gewöhnlich, seine Gesichtsfarbe war bleiern fahl, und die Worte haspelten sich aus seinem Munde los wie ein dünner langweiliger Zwirnsfaden von einer unbeholfenen Spule — oh, es war entsetzlich, wie man uns peinigte! Da kam der Abend; und derselbe Mann, der uns morgens den Katechismus einpaukte, er schlug den Homer auf und las uns einen Gesang der Odyssee vor. Anfangs holprig und poltrig. Man merkte, daß der arme Mann erst das Christentum vergessen mußte, um ganz wieder Heide zu werden. Aber allmählich ging es besser, mit jeder Strophe gewann seine Stimme an Wohlklang. Es war, als wenn der ganze Mensch von Minute zu Minute anders geworden wäre. Der Rücken hörte auf, steif zu sein, die Ohren wurden kleiner, sein Gesicht belebte sich, seine Augen funkelten; der Schulmeister war ein Mensch geworden, ja, der arme Teufel war plötzlich ein schöner Mann, und er riß uns fort, und atemlos horchten wir, und war er zu Ende und blitzten Freudentränen in seinen Wimpern, da stürzten wir auf ihn los, und warm drückte er uns die Hände, und heiter eilten wir in die Nacht hinaus, wo die Sterne am dunkeln Himmel heraufzogen, feierlich, prächtig — ach, und wir glaubten an die alten Götter. Der Mann, der uns zu Christen machte sollte, er machte uns zu Heiden. Ich werde ihm das nie vergessen. Dankbar will ich seiner gedenken.[3]

Falkmann erteilte Unterricht in der deutschen Sprache. Er hatte ein stilistisches Elementarbuch verfaßt und soll ein ausgezeichneter Lehrer der deutschen Sprache gewesen sein. Neben Georg Weerth gehörten auch Christian Dietrich Grabbe und Ferdinand Freiligrath zu seinen Schülern. Es ist anzunehmen, daß

Falkmanns Deutschunterricht zur Entwicklung von Georgs Sprachgefühl und seiner Gewandheit im Ausdruck beigetragen hat.

Als Georg 8 Jahre alt war, erlitt sein Vater einen Schlaganfall, von dem er sich nie ganz erholte. In den folgenden Jahren wiederholten sich die Anfälle, so daß er nur mühsam und unter größten Anstrengungen seinen Amtspflichten nachkommen konnte. Seine Krankheit warf einen Schatten auf die Familie. Die Stimmung war getrübt, da mit dem Schlimmsten zu rechnen war. Der Großteil der nun anstehenden Arbeiten entfiel auf Georgs Mutter, der die Tochter Lotte tatkräftig zur Seite stand. Während der ersten Jahre von Georgs Kindheit war Lotte im Hause ihres Onkels, des Bischofs Johann Roß (1772-1854), in Berlin erzogen worden. Nach ihrer Rückkehr nach Detmold half sie der Mutter und kümmerte sich um ihre jüngeren Brüder Georg und Ferdinand.

Wegen des sich verschlechternden Gesundheitszustandes seines Vaters und der damit verbundenen ungewissen finanziellen Lage hielten es seine Eltern nicht für ratsam, Georg wie seine älteren Brüder auf die Universität zu schicken. Sie rieten ihm, einen Beruf zu ergreifen, der ihn bald finanziell unabhängig machen würde. Da er gern die Welt kennenlernen wollte, beschloß er, Kaufmann zu werden. Mit diesem Entschluß waren seine Eltern einverstanden, folgte er doch der Familientradition. Mit Hilfe ihrer Verwandten im Rheinland verschafften sie ihm eine Stelle als kaufmännischer Lehrling bei der Firma J. H. Brink & Co. in Elberfeld. Nachdem somit über seine Zukunft entschieden worden war, verließ der 14jährige Georg Detmold am 16. September 1836.

II

Kaufmännische Lehre

und erste schriftstellerische Versuche

1836-1843

Als Georg Weerth vom stillen und rückständigen Detmold ins industrialisierte und wirtschaftlich blühende Elberfeld übersiedelte, öffnete sich ihm eine völlig neue Welt. Während Detmold von der damals in vielen Teilen Deutschlands rasch voranschreitenden Industrialisierung verschont geblieben war, lag Elberfeld im industrialisiertesten Gebiet Deutschlands und war ein bedeutendes Zentrum der Textilindustrie.

Friedrich Engels beschrieb Georgs neue Umgebung folgendermaßen:

> Es ist der einzige Teil Deutschlands, dessen gesellschaftliche Entwicklung fast ganz die Höhe der modernen bürgerlichen Gesellschaft erreicht hat. Ausgebildete Industrie, ausgedehnter Handel, Anhäufung der Kapitalien, Freiheit des Grundeigentums, starke Bourgeoisie und massenhaftes Proletariat in den Städten.[4]

Vom Herbst 1836 bis zum Frühjahr 1840 absolvierte Georg seine kaufmännische Lehre bei der Twist—, Seide- und Wollgarnhandlung J. H. Brink & Co. Zuerst bestand seine Arbeit hauptsächlich im Kopieren von Geschäftsbriefen. Da seine Firma Geschäftsverbindungen mit vielen Ländern hatte und die Korrespondenz teilweise fremdsprachig geführt wurde, begann sich Georg früh für Handel und Industrie zu interessieren, und er träumte davon, eines Tages als Leiter eines großen Überseegeschäfts in der ganzen Welt herumzureisen.

Er war noch keine sechs Wochen in Elberfeld, als ihn die Nachricht vom Tod seines Vaters erreichte. Nach weiteren sechs Wochen starb seine Schwester am Kindbettfieber. Da die Familie ohne das Einkommen des Vaters nun finanziell wesentlich schlechter gestellt war, bezog Georg eine billigere Unterkunft. Eigentlich wollte er wohnen wie seine älteren Brüder, die als Universitätsstudenten ihre eigenen Zimmer hatten. Seine Mutter wollte ihn jedoch fürs erste noch unter Aufsicht wissen und sorgte dafür, daß er zu einem Lehrer zog.

Seine neue Unterkunft befand sich im Stadtzentrum Elberfelds. Von seiner Wohnung, die er mit einem anderen jungen Lehrling teilte, blickte er auf Barmens Kunststraße und das Treiben der Stadt:

> Vom frühen Morgen bis tief in die Nacht wogt die geschäftigste Menschenmasse der Welt in ihr auf und ab. Links sieht man von Elberfeld den starken Strom heranwallen, Reiter, Karren kommen im bunten Gemisch dahergezogen. Rechts fährt der märkische Bauer seine Kohlen heran, vor uns hängt der Färber seine in allen Farben schimmernde Wolle zum Trocknen auf, und hinter uns hört man unaufhörlich den kräftigen Hammer manches weithergekommenen Arbeiters, der unermüdlich das größte Werk, die Eisenbahn, zu entstehen helfen sucht. Dieses alles und die schönsten Wälder, durch welche das freie Auge weithin schweift, umringt die friedliche Wohnung, welche mir ein Schloß dünkt.[5]

In der Woche ging Georg selten aus. Abends nahm er Nachhilfeunterricht im Rechnen und lernte fleißig Englisch und Französisch. Nach anderthalb Jahren war er soweit, daß er kleine Korrespondenzen auf französisch erledigen konnte, während ihm Englisch größere Schwierigkeiten bereitete. Sonntags machte er oft Ausflüge mit Freunden nach Düsseldorf. Blieb er in Elberfeld, vermied er die von den meisten jungen Leuten besuchten Kaffeestuben und trank lieber seinen Kaffee oder Schoppen Wein in einem der besten Gasthäuser.

Läßt sich aus diesem Verhalten etwas über die Entwicklung seiner Persönlichkeit schließen? Offensichtlich langweilte ihn die Gesellschaft der meisten jungen Leute, deren Benehmen er dumm und abstoßend fand. Vielleicht offenbart sich hier schon seine Vorliebe für Komfort, für einen „vornehmen" Lebensstil. Ebenso wie er in Elberfeld lieber allein aber dafür in angenehmer Umgebung seinen Kaffee oder Schoppen Wein trank, anstatt mit Leuten seines Standes zu verkehren, hatte er auch später in Bradford und Brüssel wenig Kontakt zu der arbeitenden Bevölkerung (also zu Leuten, mit denen er sich eigentlich

politisch identifizierte), gehörte keinem Arbeiterbildungsverein
an und besuchte selten Versammlungen des Bundes der Kommunisten. Er war einen großzügigen Lebensstil gewohnt, auf
den er nicht verzichten wollte. Darum blieb er in mancher Hinsicht stets ein Außenstehender und Einzelgänger.

Unter den Freunden und Verwandten der Weerths in Elberfeld waren die Peills, eine Kaufmannsfamilie, deren Sohn
Richard gewissermaßen als Vormund für Georg während seiner
Lehrlingsjahre fungierte. Obwohl Richard Peill ein gläubiger
Christ und eifriger Kirchgänger war, hatte er Verständnis dafür,
daß Georg seine freien Sonntage genießen und sie nicht in der
Kirche verbringen wollte. Es gab jedoch andere Verwandte, die
vom Sohn eines Generalsuperintendenten einen mustergültigen
christlichen Lebenswandel erwarteten und seinen „Lebens-
genuß" kritisierten.

In seiner Elberfelder Zeit machte Georg einen wichtigen
Schritt auf dem Weg hin zum Sozialismus: Er begann „liberale
Gesinnungen" zu entwickeln. Sie waren eine Reaktion auf den
im Wuppertal herrschenden Pietismus. Die Frömmelei und
Heuchelei der wohlhabenden Bourgeois, die sich als gute Chri-
sten ausgaben, schien ihm im Widerspruch mit der christlichen
Lehre zu stehen, wie er sie in seinem Elternhaus erfahren hatte.
Bald erkannte er, daß die Bourgeois zwar andauernd in die Kir-
che liefen, um zu zeigen, was für gläubige Christen sie seien, in
Wirklichkeit aber nur an persönlichem Besitz und politischer
Macht interessiert waren.

Gegen diese scheinheiligen Christen, die in seinen Augen
unter dem Mantel der Gläubigkeit die eigennützigsten Zwecke
verfolgten, richtete sich sein ganzer Haß. Je abstoßender ihm die
religiöse Frömmelei des Wuppertals erschien, desto liebevoller
dachte er an seinen Vater, der für ihn die soziale Seite des Christentums verkörperte.

Es ist durchaus möglich, daß Georg während seiner Lehr-
jahre in Elberfeld Friedrich Engels (1820-1895) kennenlernte.
Eine Gelegenheit dazu hätte sich in den exklusiven Kreisen der
Barmer und Elberfelder Kaufmannsfamilien geboten. Da die
Weerths und Engels in früheren Generationen untereinander
geheiratet hatten, waren Georg Weerth und Friedrich Engels

entfernt blutsverwandt. In Georgs erstem Lehrjahr besuchte Engels das Elberfelder Gymnasium. Danach arbeitete Engels im Geschäft seines Vaters in Barmen bis Juli 1838, als er nach Bremen zog, um seine kaufmännische Lehre fortzusetzen. Zu belegen ist die Bekanntschaft Georg Weerths mit Friedrich Engels aus dieser Zeit jedoch nicht. Sie kann ebenso gut aus der Zeit ihres England-Aufenthalts in den 40er Jahren herrühren.

1838 machte Georg die Bekanntschaft Hermann Püttmanns (1811-1874), der während Georgs Aufenthalt im Rheinland zu seinem engsten Freund und Mentor wurde. Püttmann, ein Kunsthistoriker und lyrischer Dichter, war Redakteur der liberalen *Barmer Zeitung*. Er erweckte Georgs Interesse für Kunst, entdeckte sein dichterisches Talent und ermunterte ihn, Gedichte zu schreiben. Auch förderte der politisch engagierte Püttmann (Weerth beschrieb ihn liebevoll als „alten Republikaner") Georgs erwachendes Interesse für politische und soziale Fragen. Welche Bedeutung Püttmann der Freundschaft mit Georg Weerth zumaß, zeigt die folgende Stelle aus einem Brief Püttmanns an F. W. Hackländer:

> G. Weerth in Köln ist mir ein sehr lieber Freund; der junge Kerl hat ein eminentes Talent für Poesie, das ich zur Entwicklung bringen muß.[6]

Ein Jahr später (1839) trat Georg einem „Literaten-Kränzchen" bei, das Freiligrath in Barmen gegründet hatte. Während seiner Elberfelder Lehrjahre sah Georg den als Kaufmann in Barmen arbeitenden Freiligrath gelegentlich. Eine engere Beziehung war zwischen ihnen jedoch noch nicht entstanden. Freiligraths „Kränzchen" bestand aus „15 Doktoren, Poeten und Kaufleuten und Taugenichtsen", die sich abwechselnd in ihren Wohnungen trafen, um sich über Literatur zu unterhalten, Shakespeare vorzutragen und auch eigene Poesie zum besten zu geben. In diesem gemischten Kreis trug Georg seine ersten Gedichte vor, die unter dem Einfluß der romantischen Schule und der rheinländischen Umgebung entstanden waren. *Wein, Weib, Gesang,* lautete der Themenkreis dieser frühen unbeschwerten und unkomplizierten Gedichte, aus denen Übermut und Lebensfreude spricht. Noch fehlte jeglicher Bezug auf soziale oder politische Themen.

Wie der Name „Kränzchen" schon besagt, war das geistige Niveau unter den bunt zusammengewürfelten Mitgliedern nicht sonderlich hoch. Dennoch bot das „Kränzchen" Georg eine willkommene Abwechslung von seinem ansonsten eintönigen Leben. Da er eine Abneigung gegen die „bornierten Bewohner des Wupper-Strandes" gefaßt hatte und er auch kaum Wirtshäuser besuchte, „da man dort selten andere Geschöpfe als geldstolze, fromme oder liederliche Elberfelder und Barmer findet", war das „Kränzchen" außer einem gelegentlichen Ball das einzig Interessante in seinem Leben.

Sein Entschluß stand daher fest: Elberfeld zu verlassen, sobald er seine kaufmännische Lehre beendet hatte. Am 30. August 1839 schrieb er seinem Bruder Wilhelm:

> Nur *der* Gedanke und *der* Wunsch bleibt fest in mir, so bald als möglich meine jetzige Umgebung zu verlassen und mich frisch durchs Leben hindurchzutreiben und keineswegs meine Jugend in dem Dampfe einer Fabrikstadt zu verschlummern."[7]

Aus Verzweiflung bewarb er sich um eine Stelle in Buenos Aires. Ein dort herrschender Krieg warf seine Pläne jedoch über den Haufen. Ein Angebot von der Firma Graf Meinertshagen, als Buchhalter in ihr Kontor in Köln einzutreten, reizte ihn nicht sonderlich, weil er sich für drei Jahre hätte verpflichten müssen. Da er zur gleichen Zeit noch ein anderes Eisen im Feuer hatte – eine Stelle in Mailand, auf die er sich große Hoffnungen machte –, bat er Graf Meinertshagen um etwas Bedenkzeit. In der Zwischenzeit hoffte er auf einen endgültigen Bescheid aus Mailand. Seine Mutter bestand jedoch darauf, daß er vorerst noch in Deutschland blieb. Widerwillig beugte er sich daher ihrem Willen und akzeptierte Graf Meinertshagens Angebot.

Im Frühjahr 1840 begann er als Buchhalter im Kölner Kontor der Firma, der Bergwerke in der Eifel gehörten und deren Inhaber Graf Julius zu Lippe-Biesterfeld war.

Köln gefiel ihm wesentlich besser als Elberfeld, zumal sein jüngerer Bruder Ferdinand kurz vor ihm in Köln eingetroffen war, der dort seine kaufmännische Lehre absolvierte. Zusammen bewohnten sie ein großes möbliertes Zimmer, „mitten in der Stadt und im belebtesten Teile", in der Brückenstraße gegenüber der Columbakirche. Das Zimmer hatte den Nachteil,

„seit einem Jahrhundert kein Sonnenlicht" bekommen zu haben und war „daher schauerig kalt".

Im Vergleich zu seinem letzten Jahr in Elberfeld führte Georg ein geselliges Leben in Köln. Zu seinem Freundeskreis zählten Maler, Musiker und Dichter, mit denen er viele fröhliche Abende in seinem Stammlokal, der *Ewigen Lampe,* verbrachte. Püttmann besuchte ihn hin und wieder, auch kamen Bekannte aus Elberfeld und in Bonn studierende Schulfreunde aus der Heimat zu Besuch.

Dieser Lebensstil kostete Geld, und da Georg allzu leichtsinnig mit seinem Geld umging und über seinen Etat hinauslebte, machte er bald Schulden. Dies war eine seiner Schwächen, die er in einem Brief an seine Mutter (9. Februar 1843) freimütig gestand:

> Die Hundert T., welche du mir bei meiner Abreise von Köln vorstrecktest, würden längst zurückerstattet sein, wenn ich nicht ein junger, unbesonnener Mensch und die Welt sehr oft nicht ausnehmend schön wäre … Alles kann ich, nur nicht sparen.[8]

Aus der Feder eines seiner Freunde wissen wir, mit welcher Begeisterung sich Georg in den Kölner Karneval stürzte. Am Karnevalsumzug 1841 beteiligte er sich als Don Quijote. Der in Köln zu Besuch weilende Detmolder Schulkamerad Theodor Althaus beschrieb, wie Georg, hoch zu Roß sitzend, mit Panzer, roter Jacke, einem Rasierbecken als Helm und riesigen rotgelben Stulpstiefeln, in der Hand eine alte Hellebarde und ein hölzernes Schwert, majestätisch durch die Straßen ritt. Einer seiner Freunde folgte ihm, als Sancho Pansa verkleidet, langsam auf einem Esel.

Angeregt durch die Karnevalsstimmung schrieb Georg einige Gedichte. Das ‚Karnevalslied' war das erste seiner Gedichte, das gedruckt wurde. Am 20. Januar 1842 schrieb er stolz darüber an seinen Bruder Wilhelm:

> Eins meiner Lieder wurde zuerst gesungen, mit großem Applaus aufgenommen und zweimal wieder abgedruckt und unter alle guten Narren verteilt, — worauf ich natürlich nicht wenig stolz bin![9]

Trotz seiner vielen Freunde und des geselligen Treibens wollte er nicht länger in Köln bleiben, weil sich seine Arbeit als

Buchhalter im Graf Meinertshagenschen Kontor als uninteressant und eintönig erwies:

> Keineswegs bleibe ich aber länger hier. Das Meinertshagensche Geschäft ist steif und uninteressant wie ein alter Adeliger,[10]

schrieb er seinem Bruder Wilhelm im Februar 1841, weniger als ein Jahr nach seinem Eintritt in die Firma. Einen Monat später reichte er seine Kündigung ein. Seiner Mutter teilte er mit, daß er nach Buenos Aires auswandern wolle, wo sich die politische Lage wieder beruhigt hatte.

Wilhelme Weerth war heilfroh, daß ihr Sohn bei Graf Meinertshagen gut untergekommen war. Sie ärgerte sich deswegen über sein voreiliges Handeln, zumal er noch keine Stelle in Buenos Aires gefunden hatte, und verbat ihm, nach Südamerika zu gehen. Auch Georgs Bruder Wilhelm machte ihm Vorwürfe. Er setzte dem enttäuschten jüngeren Bruder auseinander, daß die Mutter nicht in der Lage sei, die für die Reise nach Südamerika nötigen 300 Taler aufzubringen. Die Mutter brauchte das Geld, um Georg und seinen Bruder Ferdinand vom Militärdienst in Lippe freizukaufen. Wilhelm riet Georg daher, einstweilen bei Meinertshagen zu bleiben, oder sich jedenfalls nach einer anderen Stelle in Deutschland umzusehen. Wie vor einem Jahr in Elberfeld, als er ebenfalls ins Ausland wollte, beugte er sich auch diesmal dem Willen seiner Mutter und blieb bei Graf Meinertshagen, verstärkte jedoch seine Suche nach einer interessanteren Stelle.

Im Sommer 1841 besuchte ihn sein Freund Püttmann aus Barmen für längere Zeit. Püttmann arbeitete zu der Zeit an einem Buch über die Kunstgeschichte des Rheinlands, das 1843 unter dem Titel *Kunstschätze und Baudenkmäler am Rhein (Von Basel bis Holland). Ein Leitfaden für reisende Kunstfreunde* erschien und das er „seinem lieben Freunde Georg Weerth" widmete.

Zur gleichen Zeit wie Püttmann weilte auch Georgs Mutter in Köln. Wilhelmine Weerth freute sich über Georgs Fortschritte, war jedoch mit einigen seiner Freunde nicht einverstanden. Besonders Püttmann fand keine Gnade in ihren Augen, da sie seinen Einfluß auf ihren Sohn für schädlich hielt. Besonders störte es sie, daß Georg Gedichte schrieb. Auf der Rückreise nach Elberfeld bat sie Püttmann daher inständigst, „ihren Sohn Georg auf keine Weise zu ferneren politischen Besuchen ermuntern zu wollen".

Georg nahm seinen Mentor gegen die Vorwürfe seiner Mutter in Schutz. In einem Brief an sie vom 18. April 1843 versuchte er ihr klarzumachen, welchen großen Nutzen er aus seiner Freundschaft mit Püttmann gezogen hatte:

> Die Redlichkeit dieses Mannes geht ins Aschgraue, und sooft ich auch andere Leute kennenlerne, so komme ich doch immer wieder auf meinen alten Republikaner zurück. Was er mir schon im Leben genutzt hat, kann ich ihm nicht vergelten. Das wünsche ich einem jeden, daß er in seinem sechzehnten Jahre ihn zum Freunde erhalte. Ich hatte das Glück![11]

Gegen Ende 1841 hatte Georg schließlich Erfolg bei seiner Suche nach einer neuen Stelle. Er trat als Korrespondent in das Bonner Textilunternehmen von Friedrich aus'm Weerth (1779-1852), einem Cousin seines Vaters, bei einem Jahresgehalt von 500 Talern. Das bedeutete gegenüber seiner Buchhalterstelle bei Meinertshagen eine Gehaltserhöhung von 200 Talern pro Jahr. Da die Firma Meinertshagen Georg keine Hindernisse in den Weg legen wollten, entließen sie ihn am 31. Januar 1842 vorzeitig aus seinem Vertrag.

Als einer der führenden Repräsentanten der rheinischen Industriebourgeoisie spielte Friedrich aus'm Weerth eine wichtige Rolle im öffentlichen und politischen Leben Bonns und der Rheinprovinz. 1804 hatte er das alte Kapuzinerkloster in Bonn gekauft und es in eine Baumwollspinnerei umgebaut. Durch den Aufschwung der Baumwollindustrie in der napoleonischen Zeit war er zu einem reichen Mann geworden und hatte viel Land in Bonn und der Umgebung erworben. Neben seinen Textilgeschäften gehörten ihm auch eine Bank und Druckereien. 1823 wurde er zum ‚Königlich-Preußischen Kommerzienrat' ernannt und 1843 und 1845 vertrat er Bonn, Münstereifel, Euskirchen und Zülpich auf dem rheinischen Landtag in Düsseldorf.

Friedrich aus'm Weerth war ein eifriger Verfechter der Schutzzölle, die die deutsche Industrie vor der übermächtigen englischen Konkurrenz schützen sollten. Dazu bemerkte Georg einige Jahre später, als er die Schutzzoll-Agitation in einem ganz anderen Licht sah:

Der alte Weerth kann freilich nur mit Schutzzoll bestehen, denn er hat unter seinen Maschinen noch einige Exemplare, die er gebrauchte, als der Konzern noch mit Ochsen statt Dampf getrieben wurde. – Auf diese Weise kann man freilich nicht gegen die Engländer an.

Nach kurzer Zeit machte Friedrich aus'm Weerth Georg zu seinem Privatsekretär und vertraute ihm die Schutzzoll-Akten und andere vertrauliche Papiere an. Rückblickend äußerte sich Georg zu dieser Tätigkeit:

> Damals war ich dumm genug, mich für Schutzzölle zu erhitzen – ich mußte den ganzen Tag schreiben – oft – und hatte es oft so satt, daß ich dummes Zeug schrieb. Da der alte Weerth nie einen Brief las, so ging das alles in die Welt, so daß ich den Spinnern wohl mehr geschadet als genutzt habe.[12]

Damals hatte Georg ein sehr herzliches Verhältnis zu Friedrich aus'm Weerth. Es war ein viel besseres Verhältnis als das zwischen Friedrich aus'm Weerth und seinen eigenen Söhnen, mit denen er andauernd in Zank und Streit lag. Georg gelang es, sich aus den Familienstreitigkeiten herauszuhalten:

> Der ewigen Familienstreitigkeiten und lumpigen Zänkereien wurde ich von vornherein satt, mischte mich gar nicht darin, und hatte bald das Vergnügen, von jeder Seite als Unparteiischer angesehen zu werden, so daß mich nun der Alte wie die Jungen beständig um Rat fragen.[13]

Von den sechs Söhnen war er am engsten mit Fritz (1811-1871) und Julius (1817-1895) befreundet:

> Beide führten mich gleich in die ersten Gesellschaften, von denen ich mich freilich gleich wieder lossagte, da sie fast nur aus großmäuligem Adel bestehen, den ich nun einmal nicht leiden kann.[14]

Während seiner Lehrjahre in Elberfeld hatte er einen Haß auf die unter dem Mantel der Gläubigkeit nach Geld und Macht strebende Bourgeoisie gefaßt. Dazu gesellte sich jetzt seine Abneigung gegen den „großmäuligen Adel". Im Gegensatz zur Bourgeoisie, die er aus eigener Anschauung und Erfahrung gut kannte, da er für einen der führenden Bourgeois im Rheinland arbeitete, hatte er wenig Kontakt zum Adel. Während sein Bourgeoisie-Bild mit der Zeit immer klarere Umrisse annahm, blieb sein Bild des Adels notwendigerweise verschwommen. Es fehlte nur noch eine Gesellschaftsschicht, mit der er sich noch nicht beschäftigt hatte: das Proletariat. Das sollte sich in England ändern.

Anstatt sich in Kreisen zu bewegen, in denen er sich nicht wohl-
fühlte, zog er es vor, sich auf seine Studien zu konzentrieren, die
er in Elberfeld begann, in Köln weiterführte und jetzt in Bonn
fortsetzte. Friedrich aus'm Weerth ermunterte ihn dazu und
erlaubte ihm, während der Arbeitszeit Vorlesungen an der Universität Bonn zu besuchen. Dort hörte Georg u. a. Vorlesungen
über neuere Literatur, Kunstgeschichte, Geologie, Anthropolo-
gie und Kirchengeschichte.

In diese Zeit fällt seine Bekanntschaft mit Gottfried Kinkel
(1815-1882), bei dem er Kirchengeschichte hörte. Kinkel führte
ihn in den ‚Maikäferbund‘ ein, einen Dichterkreis, der aus frei-
sinnigen Leuten bestand, die sich auf dem Poppelsdorfer Schloß
trafen. Kinkel und seine spätere Frau Johanna Mockel (1810-
1858), die den ‚Maikäferbund‘ am 29. Juni 1840 gründete, führten gemeinsam den Vorsitz. Nach den Satzungen des ‚Bundes‘
sollte jedes Mitglied wöchentlich ein Blatt Prosa oder Gedichte
verfassen und es bei den Zusammenkünften vorlesen. Die Mitglieder rezitierten und besprachen auch Werke anderer Autoren
und gaben ihre eigene Zeitschrift heraus, den *Maikäfer. Eine
Zeitschrift für Nicht-Philister.* Zweck des Blattes war,

> einem engeren Freundeskreise wöchentlich einen heitern und genußreichen
> Abend zu verschaffen und den Teilnehmern Gelegenheit zu geben, ihre Pro-
> duktionen der Kritik eines wohlwollenden kunstsinnigen Zirkels zu unter-
> werfen.

Georg Weerth lieferte nachweislich keine Beiträge für den
Maikäfer und spielte wahrscheinlich auch keine führende Rolle
bei den Zusammenkünften. Aus einem Brief an seine Mutter
geht hervor, daß er besonders von Kinkel angetan war:

> Sonst verkehre ich noch viel mit einem Dr. Kinkel, der auf dem Poppels-
> dorfer Schloß mehrere freisinnige Leute um sich versammelt und uns durch
> sein schönes Talent, vorzulesen, manchen Abend entzückt.[15]

Eines der renommiertesten Mitglieder des ‚Maikäferbundes‘
war der Dichter und Germanist Karl Simrock (1802-1876), der
durch seine Übersetzungen altgermanischer, altdeutscher und
vor allem mittelalterlicher Dichtung hervortrat. In den 30er und
40er Jahren versammelte er in seinem Haus in Bonn und auf seinem Weingut in Menzenberg bei Honnef seinen eigenen Dichterkreis um sich. Georg trat auch diesem Kreis bei, zu dem

Freiligrath und Kinkel sowie Emanuel Geibel (1815-1894), Wolfgang Müller (1816-1873) und Alexander Kaufmann (1817-1893) gehörten.

Schon vor seiner Bekanntschaft mit Kinkel und Simrock war Georg literarisch tätig geworden. In loser Reihenfolge schrieb er *Szenen aus dem kölnischen Volksleben.* Im Sommer 1842 hatte er die Abschnitte *Die ewige Lampe, Der hungrige Doktor* und *Die Mainacht* fast fertig. Sie blieben jedoch unveröffentlicht, das Manuskript ist leider nicht erhalten geblieben.

Mit Sicherheit regten ihn der ‚Maikäferbund' und Simrocks Dichterkreis zu verstärkter literarischer Tätigkeit an, die sich hauptsächlich in einer Anzahl Gedichte niederschlug. Gewöhnlich schrieb er vormittags schnell ein paar Strophen, vernichtete sie jedoch meistens wieder, weil sie ihm nicht gefielen. Mitunter trug er auch einige seiner Gedichte im ‚Maikäferbund' und in Simrocks Dichterkreis vor. Er sträubte sich jedoch, etwas zu veröffentlichen, weil er selten mit seiner Arbeit zufrieden war. Er äußerte sich darüber in einem Brief an seinen Bruder Wilhelm (25. April 1843):

> Meine Tätigkeit ist fast ausschließlich der humoristischen Lyrik zugewandt. Ich kann jedoch nur wenig tun, und selten gelingt etwas so, wie ich es wünsche. Da ich aber weniger darauf dringe, schnell bekannt zu werden, was bei meinen vielen Verbindungen wohl möglich wäre, und ruhig am Sammeln bleibe, bis ein Bändchen zusammenkommt, so kann es mir vielleicht gelingen, manche Wünsche erfüllt zu sehen. — Ist dies nicht der Fall, so haben mir wenigstens meine Versuche so viel genutzt, daß ich viele tüchtige Leute dadurch kennenlernte und mich hier in der Gegend eines kleinen Rufs erfreue, der mir schon manche fröhliche Stunde verursacht hat.[16]

Püttmann war es zu verdanken, daß Georg am 9. Februar 1843 sein erstes Gedicht, *Die Schenke,* in der *Kölnischen Zeitung* veröffentlichte, deren Feuilletonredakteur Püttmann von Herbst 1842 bis November 1844 war. In frivol-witzigem Ton, der typisch für seine Gedichte dieser Zeit ist, schildert Georg den dicken Wirt und seine Familie. Georgs Mutter nahm jedoch Anstoß an diesem scheinbar harmlosen und lustigen Gedicht und beschrieb es als „das gemeine Machwerk", das sie „nur tief errötend vor Scham und Unwillen zu lesen imstande war". Noch wütender war sie aber auf Püttmann, den sie für die Veröffentlichung verantwortlich machte.

Am 3. Januar 1843 hatte sich Püttmann in der *Kölnischen Zeitung* wohlwollend über drei von Georgs Gedichten, *Leb wohl, Lockenraub* und *Die Rose im Walde* geäußert, die in Ludwig Wihls „Jahrbuch für Kunst und Poesie" (1843) erschienen waren. Georgs Mutter vertrat die Ansicht, daß solch öffentliches Lob „seiner Bagatellen" ihren Sohn mit seinem jungen und leicht reizbaren Gemüt nur zu weiterer literarischer Tätigkeit ermuntern und ihn von anderen nützlicheren und nötigeren Beschäftigungen abbringen könnte. Im Prinzip hatte sie nichts gegen das Dichten einzuwenden, zumal sie in ihrer Jugend selbst gedichtet hatte, nur bestand sie darauf, daß die Dichtung „eine reine Tendenz" haben sollte und „nicht wie ein Aushängeschild am Jahrmarkt in Zeitungen zu prangen gestellt zu werden" brauchte.

Die Vorwürfe seiner Mutter trafen Georg zutiefst, weil er sich keines Unrechts bewußt war. Er rechtfertigte sich ihr gegenüber folgendermaßen:

> Ich bin mir eines redlichen Strebens bewußt, mit dem ich vor der ganzen Welt bestehen kann, und wenn meine ersten poetischen Erzeugnisse noch den Stempel der Unvollkommenheit tragen, so sind sie doch nichts weniger als gemein! — Im Anfang hat freilich fast jeder mit Schwierigkeiten zu kämpfen, bis man darin übereinstimmt, daß mehr Humor als Gemeinheit in meinen neusten Liedern ist.[17]

Georgs Mutter befürchtete, daß er sich auch über religiöse Dinge lustig machen würde. Während sie seine früheren Streiche, wie zum Beispiel seinen Plan, nach Argentinien auszuwandern, jugendlichem Leichtsinn zuschrieb, war sie jetzt ernsthaft um sein sittliches Wohl besorgt. Georg versicherte ihr jedoch:

> Zu den Leuten, welche stets die Gottseligkeit im Munde führen, gehöre ich nicht, oft mag man mich auch für einen Spötter gehalten haben. Das ist nicht wahr! Die alte Sitte, die alte Sage und all die herrlichen Wahrheiten, welche sie uns überliefert, sind mir heilig, und wenn ich mich jemals über etwas lustig machte, so geschah dies nur über das Lächerliche — und dies steckt ebensogut in manchen Patriarchengeschichten wie in manchen Dingen, die heute am Tage passieren[18]

Der Umgang mit Püttmann, Kinkel und Simrock erweckte zweifellos auch Georgs Interesse für die politische Dichtung, die nach jahrelangem Schweigen Anfang der 40er Jahre wieder in Deutschland erwachte. Lautstark forderten die Vertreter dieser

Richtung eine Änderung der in Deutschland herrschenden politischen Zustände. Dieser radikale Ton, durch den sich die Vormärzlyriker von den „harmloseren" Jungdeutschen unterscheiden, setzt mit dem Jahr 1840 ein. Für die Vormärzler war das Jahr 1840 ein Wendepunkt: erstens wegen der „Rheinkrise" von 1840, die zu einer nationalen Begeisterungswelle führte und ihren Niederschlag in einer Reihe von patriotischen Gedichten fand wie z. B. Nikolaus Beckers *Rheinlied*; zweitens wegen der großen Hoffnungen auf eine Änderung der politischen Lage in Deutschland, die mit der Thronbesteigung Friedrich Wilhelms IV. von Preußen im Jahre 1840 verbunden waren. Diese Hoffnungen schienen sich auch zu erfüllen, zumal der König am 10. August 1840 eine Amnestie für alle politischen Vergehen erließ und am 24. Dezember 1841 eine Lockerung der Zensurbestimmung in Preußen beschloß. Und so entstand nach 1840 eine Welle liberaler, radikaler und revolutionärer Dichtung, die trotz ihrer Heterogenität von der gleichen Hoffnung auf ein neues und besseres Deutschland getragen war.

Georg las die Werke der zeitgenössischen politischen Dichter mit großer Begeisterung, stellte jedoch zu seinem Leidwesen fest, daß viele der Bücher in Bonn schwer zu bekommen waren und daß das Volk und die Gelehrten entweder der neuen Literaturrichtung gleichgültig gegenüberstanden oder sich immer noch ausschließlich mit der Dichtung des deutschen Idealismus beschäftigten. Auf jeden Fall kannte er Börnes *Briefe aus Paris* (1832-1834), Hoffmann von Fallerslebens *Unpolitische Lieder* (1840-1841) und *Deutsche Lieder aus der Schweiz* (1843), Herweghs *Gedichte eines Lebendigen* (1841-1843) und Dingelstedts *Lieder eines kosmopolitischen Nachtwächters* (1842). In Georgs Briefen aus dieser Zeit findet sich zwar keine Anspielung auf Heine, doch wissen wir, daß er ihn ebenfalls gelesen hatte.

Aufschlußreich ist, wie Georg die einzelnen Dichter einschätzte und nach welchen Maßstäben er sie beurteilte. So zog er Hoffmann von Fallersleben eindeutig Dingelstedt vor. Bei Fallersleben komme „alles aus dem Herzen und der Überzeugung", Dingelstedt dagegen lasse „seine Muse nur mit der Mode laufen und scheint überhaupt weniger Gesinnung als Gewandtheit zu besitzen". Der junge Weerth bewertet also die Gesinnung, d. h. die politische Überzeugung, höher als die Gewandtheit, d. h. die formvollendete Ausdrucksweise. Es gab aber keinen Zweifel für ihn, daß Herwegh „alle in den Sack steckte und der Bannerführer der politischen Richtung in der Literatur, wenigstens der Lyrik", bleiben würde.

Während Georgs Bonner Zeit hatte sich die *Rheinische Zeitung* zur fortschrittlichsten Zeitung des Rheinlands entwickelt. Von Anfang an zählte Karl Marx (1818-1883) zu ihren Mitarbeitern. Marx wohnte von Juni 1841 bis Oktober 1842 in Bonn und siedelte dann nach Köln über. Mitte Oktober wurde er Chefredakteur der *Rheinischen Zeitung.*

Die Zeitung, die eigentlich das Sprachrohr des rheinischen Großkapitals werden sollte, nahm eine immer entschiedenere oppositionelle Haltung ein. In ihr erschienen Beiträge von Herwegh, Püttmann, Robert Prutz und Dingelstedt. Und in ihr veröffentlichte Marx im Januar 1843 eine Artikelserie über das Leid der Moselbauern. Dem jungen Weerth werden zweifellos Marx' Artikel zu Augen gekommen sein. Und er wird vielleicht auch dessen Bekanntschaft gesucht haben.

Möglicherweise hatte er ihn bereits in den literarischen Kreisen Bonns getroffen. Ich möchte mich nicht unbedingt der Meinung Karl Weerths anschließen, daß die Bekanntschaft Georg Weerths mit Marx im Rheinland geschlossen sein *mußte.*[19] Ebenso kategorisch behaupten Goette und Schloesser, daß sich Marx und Weerth zu diesem Zeitpunkt noch nicht kannten.[20] Wo sich Weerth und Marx wirklich kennengelernt haben, bleibt ungewiß.

Da nach Georgs Auffassung die meisten Studenten in Bonn „wild ohne Humor, dumm mit Arroganz" waren und „gern auf andrer Menschen Rechnung kneipten", vermied er bis auf einige „edle Ausnahmen" den Umgang mit ihnen. Eine dieser Ausnahmen war der gleichaltrige Theologiestudent Theodor Althaus (1822-1852). Theodor Althaus stammte ebenfalls aus Detmold und hatte dort zusammen mit Georg Weerth die Schule besucht. Während der Schulzeit hatte Georg ihn wegen seines hochmütigen Wesens unausstehlich gefunden, was er ihm auch anläßlich eines gemeinsam verbrachten Abends 1842 in Königswinter sagte. Die sich daran knüpfende Aussprache zwischen den beiden kennzeichnete den Beginn einer herzlichen, auf gleichen politischen und sozialen Vorstellungen gegründeten Freundschaft.

Theodor Althaus war ein Schüler Kinkels in Bonn. Später lernte er Malwida von Meysenbug kennen, die ihre Beziehung zu ihm ausführlich in ihren „Memoiren einer Idealistin" beschreibt. Wie Georg Weerth befürwortete auch Theodor Althaus die Revolution von 1848. Sein politisches Auftreten brachte ihm eine Gefängnisstrafe ein. Nach seiner Entlassung suchte er vergebens in Hamburg eine Anstellung als Lehrer zu erlangen und starb dreißigjährig 1852 an den Folgen der Haft.

Als Georg 1842 nach Bonn übersiedelte, war Fritz der einzige verheiratete Sohn Friedrich aus'm Weerths. Von Fritz und seiner Familie wurde Georg herzlich aufgenommen. Bald gewann er die Herzen der drei Töchter, der achtjährigen Konstanze, der sechsjährigen Berta und der dreijährigen Maria. Er ließ sich von ihnen Geschichten erzählen, brachte ihnen Lieder bei und ging mit ihnen spazieren.

Nachdem Georgs Cousin, der Bankier August aus'm Weerth (1813-1890), im Mai 1843 Pauline Rhodius, deren Vater zu den Bekannten von Georgs Eltern zählte, geheiratet hatte, war Georg auch in deren Haus ein gern gesehener Gast. Außerdem entspann sich eine Freundschaft zwischen Georg und Paulines Eltern, die er oft in derem malerisch gelegenen Wohnsitz in Sinzig an der Mündung der Ahr in den Rhein besuchte.

Trotz der Gastfreundschaft der Weerths, die sein Leben so angenehm wie möglich gestalten wollten, fühlte sich Georg mangels weiblicher Gesellschaft recht einsam. Der Kommerzienrat Friedrich aus'm Weerth war seit langer Zeit Witwer, dessen Bruder, „Ohm" Jakob, ein alter Junggeselle. Und von den sechs Söhnen des Kommerzienrates waren zu dieser Zeit nur Fritz und August verheiratet.

Georg war daher froh, als Bischof Johann Roß im Frühjahr 1843 in Begleitung seiner Enkelin Lina Tendering (1825-1885) nach Bonn kam. Bischof Roß, der evangelische Bischof und Propst von Berlin, war mit Luise, der einzigen Schwester von Georgs Vater, verheiratet. Georg verstand sich gut mit ihm und er befreundete sich auch sogleich mit dessen Enkelin. Obwohl sie ziemlich klein und keine große Schönheit war, hatte sie andere lobenswerte Eigenschaften, wie Georg seinem Bruder Wilhelm in einem Brief (31. Mai 1843) mitteilte:

> …sie ist kein gewöhnliches Küken, war witzig bis über die Ohren und hat auch versprochen, wiederzukommen, was aber doch nicht geschehen kann. Bei den wenigen Freunden, welche ich jetzt kultiviere, ist eine anmutig weibliche Erscheinung sehr wohltuend.[21]

Zu dem Mangel an „anmutig weiblichen Erscheinungen" gesellte sich eine starke Rastlosigkeit, die zu den grundlegenden Zügen von Georgs Charakter gehörte und die sich schon in Elberfeld und Köln gezeigt hatte. Nach ungefähr einem Jahr in Bonn verspürte er eine innere Unruhe, obwohl er häuslichen Komfort genoß und sich weder über seine Arbeit noch seine Mitmenschen beklagen konnte:

> …der Shakespeare, eine Flasche Walporzheimer und ein alter Schlafrock, die Zigarren nicht zu vergessen — was will man mehr? Und doch ist es mir bisweilen ganz sonderbar zumute, — ich meine, nächstes Frühjahr müßte ich in die Welt hinaus, denn diese Sehnsucht habe ich nun einmal in den Knochen und kann sie nicht loswerden.[22]

Seine Wanderlust und sein Fernweh richteten sich jedoch nicht auf ein bestimmtes Ziel. Einerseits wollte er sobald wie möglich seine Umgebung verlassen, andererseits hatte er keine konkreten Zukunftsvorstellungen. Es ging ihm nur um Abwechslung und neue Eindrücke. Aber auch der Gedanke an das Neue fesselte ihn nicht lange. Seiner Mutter schrieb er einmal, wenn er Siebenmeilenstiefel hätte, wüßte er, was er täte, denn Dampfer und Eisenbahnen wären ihm zu langsam und langweilig. Im gleichen Atemzug meinte er, am besten sei es, er bliebe zu Hause.

Sein Wunsch, Bonn bis zum Frühjahr 1844 zu verlassen, erfüllte sich schneller, als er dachte. Seit einiger Zeit hatte er die Kampagne für die Pressefreiheit und die Judenemanzipation unterstützt und auch die Bittschrift der Einwohner Bonns, datiert den 18. Mai 1843, betreffs der Pressefreiheit, unterzeichnet. Sein Chef Friedrich aus'm Weerth teilte seine Ansichten. Als Abgeordneter des siebenten rheinischen Landtags hatte er sich 1843 in Düsseldorf für beide Anträge eingesetzt.

Nach seiner Rückkehr vom Landtag übergab er Georg seine Akten zum Ordnen. Darunter fand Georg zu seiner großen Überraschung und Verwunderung einen Brief des Bonner Bürgermeisters Oppenhoff, in dem Oppenhoff erklärte, daß er zwar die Petitionen für die Judenfreiheit und die Pressefreiheit unterzeichnet hatte, in Wirklichkeit aber dagegen war und Friedrich aus'm Weerth ersuchte, die Petitionen nicht zu unterstützen. Zuerst wußte Georg nicht, ob er die ganze Geschichte bekanntmachen und damit den Bürgermeister entlarven sollte, oder ob er aus Rücksicht auf Friedrich aus'm Weerth, der ihm die Akten anvertraut hatte, schweigen sollte. Schließlich entschied er sich für einen Mittelweg. Unter dem Siegel der Verschwiegenheit vertraute er dem Mann, der die Unterschriften für die Petitionen gesammelt hatte, sein Wissen über das heuchlerische Verhalten des Bürgermeisters an und riet ihm, im Umgang mit dem Bürgermeister in Zukunft vorsichtiger zu sein. Obwohl der Mann versprach, alles für sich zu behalten, tat er nichts Eiligeres, als die ganze Sache öffentlich bekanntzumachen.

Am folgenden Morgen suchte der Bürgermeister, dem die Angelegenheit äußerst peinlich war, in Begleitung des ganzen Stadtrats Friedrich aus'm Weerth auf, um zu erfahren, wie der vertrauliche Brief an die Öffentlichkeit gelangt war. Als Georg gerufen wurde, hätte er sich leicht aus der Affäre ziehen können:

Allerlei Umstände hätten es mir leicht gemacht, mit Lügen und Umschweifen durchzukommen, ich hielt es aber für besser, bei der Wahrheit zu bleiben — erklärte, daß ich freilich das Zutrauen des alten Weerth mißbraucht hätte, indem ich dem einen die Sache mitgeteilt; dieser sei indes noch in größerer Schuld, da er sein Ehrenwort gebrochen und die Affäre erst zur Öffentlichkeit gebracht habe. Übrigens könne es ihnen ja nur erwünscht sein, da sie jetzt wüßten, in welchen Händen ihre Angelegenheiten wären, welch saubern Bürgermeister sie hätten. Dieser stand wie ein begossener Pudel daneben — ich sagte ihm ins Gesicht hinein, daß ein Schurke sei. — Er wußte nichts darauf zu erwidern, und die andern Herren entfernten sich.[23]

Besonders peinlich war der Zwischenfall, weil der Bürgermeister zu Friedrich aus'm Weerths engsten Freunden gehörte. Unter diesen Umständen hielt Georg es für besser zu kündigen. Friedrich aus'm Weerth ließ ihn ungern ziehen; auch seine Söhne baten ihn, zu bleiben. Georg war aber nicht umzustimmen.

Georgs Verhalten in der ganzen Angelegenheit verriet eine seiner markantesten Charaktereigenschaften: seinen Haß gegen jegliche Form von Heuchelei. Was er am 21. März 1843 seiner Mutter über seine Gedichte geschrieben hatte, läßt sich auch auf diesen Zwischenfall anwenden:

> Bei gewiß vielen anderen Sünden habe ich doch wenigstens die des Heuchelns nicht und glaube, nie anders als in meiner wahren Gestalt zu erscheinen![24]

Interessant ist die Reaktion seiner Mutter auf diesen Zwischenfall. Sie war sichtlich enttäuscht, daß er diese in ihren Augen ausgezeichnete Stelle verloren hatte. In ihrem Brief vom 15. September 1843 drückt sie ihre Besorgnis über seine Handlungsweise aus:

> Früher leider als ich's ahnte, haben sich meine Befürchtungen — die ich mehrmals ausgesprochen — verwirklicht, daß Du Dich noch durch Deine vorlauten Urteile über hochgestellte Personen und öffentliche Begebenheiten würdest ins Unglück bringen.[25]

Für Georgs Mutter hatten die biedermeierlichen Grundfesten noch Gültigkeit: Ehrfurcht vor der Obrigkeit, Verbundenheit mit dem jeweiligen Herrscherhaus und Glauben an Gott. Die gottgewollte Ordnung erlaubte keine Kritik an den Zeitzuständen und der Obrigkeit. Georgs forsches Auftreten sprengte diesen idyllisch anmutenden Biedermeierrahmen und erschütterte das Weltbild seiner Mutter.

Georg sah sich jetzt nach einer Stelle im Ausland um. In der Zwischenzeit zog er zu seinem Verwandten, dem Bankier August aus'm Weerth, und übernahm vorübergehend dessen Korrespondenz. Als sich die Anstellungsverhandlungen, die er mit einem Londoner Hause führte, in die Länge zogen, reiste er kurz entschlossen Ende September 1843 nach London, „um auf diese Weise meine Angelegenheiten persönlich desto schneller zu einem erwünschten Ende zu bringen". Nach 14 Tagen hatte sich sein Wunsch nach einer Stelle als deutscher Korrespondent noch nicht erfüllt, und so trat er „aus Rücksicht auf meinen dünner werdenden Beutel" die Rückreise früher als erwartet an. Nach Bonn wollte er nicht gern zurückkehren. So entschloß er sich, das Ergebnis seiner Verhandlungen in Köln abzuwarten. Dort nahm er Unterkunft am Alten Markt Nr. 30.

Außer Püttmann verkehrte Georg in Köln in dieser Zeit viel mit Nikolaus Becker (1808-1845), der 1840 durch sein deutsch-nationales *Rheinlied* („Sie sollen ihn nicht haben/Den freien deutschen Rhein") berühmt wurde. Sowohl Püttmann als auch Becker versuchten ihn zu überreden, als Schriftsteller sein Brot zu verdienen. An der finanziellen Lage seiner beiden Freunde sah er jedoch deutlich, was für einen unsicheren Lebensunterhalt die Schriftstellerei bot. Er wollte erst einmal ein gesichertes Einkommen als Kaufmann haben, um sich dann ohne finanzielle Sorgen in seiner Freizeit der Literatur widmen zu können.

Im November 1843 hatte er endlich Erfolg. Durch Vermittlung von Georg Gruber, der in die Familie Peill aus Elberfeld — mit denen die Weerths befreundet waren — geheiratet hatte, erhielt er eine Stelle in der Textilfirma Ph. Passavant & Co. in Bradford. Nach einem kurzen Abstecher nach Detmold reiste Georg im Dezember 1843 nach England.

III

Politisches Engagement

in der Industriemetropole Bradford

1843-1846

Weerth hielt sich drei Tage in London auf und fuhr dann weiter nach Manchester, um sich bei seinem neuen Chef, Passavant, vorzustellen. Passavant war Leiter der Kammgarn- und Wollfirma *S. Passavant & Co.* mit Hauptsitz in Manchester, sein ältester Sohn Geschäftsführer des Bardforder Filialgeschäfts *Ph. Passavant & Co.* Dort trat Weerth am 15. Dezember 1843 als Korrespondent ein. Sein Anfangsgehalt betrug £120 (= 800 Taler), das sich nach einem Jahr auf £150 erhöhte.

Passavant & Co. war eine der vielen deutschen Textilfirmen, die es in der Mitte des neunzehnten Jahrhunderts in den nordenglischen Industrie-Grafschaften Lancashire und Yorkshire gab. Die Bradforder Niederlassung entstand in der Zeit zwischen 1837 und 1841. Das Hauptgeschäft war der Handel mit Kammgarn. Als Weerth nach Bradford kam, war das Geschäft noch klein. Nur drei Leute waren im Kontor der Firma beschäftigt: Passavants ältester Sohn und 2 junge Deutsche.

Weerth hatte sich Bradford als einen „angenehmen Ort" mit „schönen Umgebungen" vorgestellt. Er war froh, gerade dort eine Stelle gefunden zu haben und nicht „in dem ungeheuren London oder in dem finstern Manchester zu stecken". Seiner Mutter schrieb er:

> In Bradford gedenke ich mich komfortabel einzurichten und ein stilles, arbeitsames, sittsames, genügliches, freundliches, liebliches und anderes Leben zu führen.[26]

Stattdessen fand er die Stadt alles andere als angenehm, und sein Aufenthalt sollte sich auch ganz anders gestalten, als er gedacht hatte.

Einer romantischen Fehleinschätzung zufolge entsprach Weerths England-Bild nicht der Wirklichkeit. Obwohl die Rheinprovinz, in der er sich mehrere Jahre aufgehalten hatte, das industrialisierteste Gebiet Deutschlands war, befand sich die Industrie dort noch im Anfangsstadium. In England war sie dagegen wesentlich weiter entwickelt. Dort in der Wiege des Kapitalismus traten aber auch die sozialen Schattenseiten der industriellen Revolution deutlich hervor. Weerth hatte sich keine Vorstellung gemacht von dem riesigen Ausmaß der industriellen Produktion und dem furchtbaren Elend der in der Industrie Beschäftigten. Aus dem „stillen, melancholischen Deutschland" kam er in die West Riding der Grafschaft Yorkshire, dem Herz der Wollindustrie, und nach Bradford, dem Mittelpunkt der Kammgarn-Spinnereien. Weerth empfand die Atmosphäre der Industriestadt Bradford als bedrückend. Er brauchte lange, bis er sich daran gewöhnte. Ähnlich wie ihm ging es aber auch anderen deutschen England-Reisenden. Engels zum Beispiel hatte einen ähnlichen Schock bei seiner Übersiedlung nach Manchester erfahren.

In seinem Leben hatte kein anderes Erlebnis eine so entscheidende Wirkung auf Weerth wie die 2 1/2 Jahre seines Bradford-Aufenthaltes. Sie prägten seine Denk- und Handelsweise auf lange Zeit und ließen ihn einen Weg des entschiedenen politischen Engagements einschlagen. Das hätte er sich vor seiner Abreise aus Deutschland nicht träumen lassen.

Bevor die Industrialisierung es in einen der schlimmsten Slums des viktorianischen Englands verwandelte, war Bradford tatsächlich eine kleine ländliche Stadt gewesen, umgeben von grünen Feldern und ruhigen Wegen, ein angenehmer und malerischer Flecken, schön gelegen am Zusammenfluß dreier ausgedehnter Täler.

Die Textilindustrie war zwar schon immer von Bedeutung in Bradford, doch entwickelte sich die Stadt nur langsam und stand lange im Schatten von Leeds und Halifax. Erst das Maschinenzeitalter und eine Reihe von Erfindern und Geschäftsleuten machten Bradford zum Mittelpunkt der englischen Kammgarnindustrie. Die erste ‚Spinning-Jenny', eine Maschine, die das Spinnen der Baumwolle erleichterte, wurde 1790 in Bradford in

Betrieb genommen; die erste Fabrik entstand dort 1798. Darauf folgte ein ungeheurer industrieller Aufschwung, dessen Höhepunkt in die Zeit von Weerths Aufenthalt (1843-1846) fiel. Die Anzahl der Spinnereien wuchs von 67 im Jahre 1841 auf 130 im Jahre 1850. Die Bevölkerungszahl stieg von 73 210 im Jahre 1841 auf 103 778 im Jahre 1851, als in Bradford ungefähr die Hälfte der 60 000 Textilarbeiter Yorkshires beschäftigt war.

Der starke Zustrom von Arbeitern aus allen Teilen der britischen Insel, aber hauptsächlich aus Irland, führte sehr bald zu katastrophalen Wohnverhältnissen und zu unerträglichen Gesundheitszuständen unter der arbeitenden Bevölkerung, die sich im unteren Stadtviertel angesiedelt hatte.

In seinen *Skizzen aus dem sozialen und politischen Leben der Briten* beschreibt Weerth anschaulich, wie die Bradforder Arbeiter wohnten:

> Die gewöhnlichen Arbeiter behielten die Tiefe des Tals zu ihren Schlupfwinkeln. An der Seite des stinkenden Kanals, in den aller Schmutz der Gassen und der Fabriken hinabgeschwemmt wird, ziehen sich ihre niedrigen Wohnungen hin, von Kohlendampf geschwärzt, oft niedriger liegend als das schlechte Pflaster der Straße, mit stinkenden Pfützen vor der Türe, die es nach einigen Regentagen den Bewohnern unmöglich machen, ohne eine Brücke oder einen Damm von Kohlenasche auf die Höhe der Straße zu gelangen.
>
> Dazu sind dicht neben diesen niedrigen Hütten sechs Stockwerk hohe Fabriken oder Magazine aufgeführt, die den unten wohnenden Leuten so sehr alles Licht nehmen, daß in ihren Stuben eine ewige Dämmerung herrscht. Jahraus, jahrein haben diese Unglücklichen mit Schmutz, Nässe und Gestank zu kämpfen; sie mögen aber anfangen, was sie wollen, das Schicksal bleibt immer dasselbe. Stets fließt der Kanal an ihren Türen vorüber, fortwährend stürzt ihnen der Schlamm und das Wasser der oberen Straßen entgegen, sechs Tage lang in der Woche fallen Rauch und Staub der Fabriken auf sie hinab, und solange, wie ihre Hütten stehen, schien vielleicht weder Sonne noch Mond hinein.[27]

Der Großteil der Arbeiterwohnungen hatte keine richtige Wasserversorgung, und da Wasser Geld kostete, war Sauberkeit etwas, was sich die meisten Arbeiter nicht leisten konnten. Die Kanalisation in den Arbeitervierteln funktionierte nicht; die Straßen waren voll von schmutzigem und abgestandenem Wasser, von Dreck und Kloaken, was einen üblen Gestank erzeugte und die Luft verpestete. Tuberkulose, Typhus und andere durch unhygienische Verhältnisse verursachte Krankheiten führten zu einer hohen Sterblichkeitsrate, besonders bei Kleinkindern.

Die *Health of Towns Commission* beschrieb Bradford als „die schmutzigste und am schlechtesten angelegte Stadt des Königreiches". Und James Smith, ein Sachkundiger auf dem Gebiet des Gesundheitswesens, behauptete, daß die Straßen Bradfords eine Hottentotten-Siedlung in den Schatten stellen würden. In seinem *Report on the Condition of the Town of Bradford* heißt es:

> Ziehe ich den Gesamtzustand Bradfords in Betracht, sehe ich mich gezwungen, sie als die dreckigste Stadt zu bezeichnen, die mir zu Augen gekommen ist; und ich konnte keine Anzeichen irgendwelcher Besserungen in den vor kurzem getroffenen Vorkehrungen für die Unterkünfte der arbeitenden Klasse feststellen.[28]

Seinen ersten Eindruck dieser „schmutzigen, übelriechenden Stadt" schildert Weerth folgendermaßen:

> ... es war mir nicht anders zumute, als führe ich geradeswegs zur Hölle. Jede andere Fabrikstadt Englands ist ein Paradies gegen dieses Nest; die Luft in Manchester liegt einem wie Blei auf dem Kopfe; in Birmingham ist es nicht anders, als säße man mit der Nase in einer Ofenröhre; in Leeds muß man vor Staub und Gestank husten, als hätte man mit einem Male ein Pfund Cayennepfeffer verschluckt — aber alles das läßt sich noch ertragen! In Bradford glaubt man aber nirgendsonstwo als beim leibhaftigen Teufel eingekehrt zu sein.[29]

Über der „traurigsten aller englischen Fabrikstädte" lag eine permanente Wolke von Kohlendampf, Rauch, Dunst und Nebel. Überall, wo Weerth hinblickte, sah er nichts als rauchende Schornsteine und Eisenhütten.

Während der ersten Monate seines Bradforder Aufenthaltes litt Weerth an Einsamkeit und Langeweile. Er hatte gehofft, bei einer Familie Unterkunft zu finden, um schneller Englisch zu lernen und Familienanschluß zu bekommen. Zu seinem Leidwesen stellte er aber fest, daß es so etwas in Bradford nicht gab. So hatte er zwar eine schöne Wohnung „mit einem stets brennenden Kamin" im Wohnzimmer „und ein Schlafzimmer ganz mit Teppichen bedeckt und voll der schönsten Möbel" und dazu gutes Essen:

> Morgens Tee mit Brot und Fleisch, mittags Fleisch, was und so viel ich will, ein Gemüse, Pastete, Käse und einen Krug Ale. Abends wieder Tee mit Brot und Fleisch.[30]

Aber er hatte keinen Kontakt zu anderen Menschen: „Jeder wohnt, schläft und ißt allein", beklagte er sich in einem Brief an seine Mutter. Er hatte den Eindruck, daß die Einwohner Bradfords nur arbeiteten und in die Kirche gingen:

Die Leute sind alle fromm. Man sieht nur Kirchen und Fabriken in Bradford. Den Tag über sind die Menschen auf den Comptoiren; am Abend ein jeder in seiner Stube, auch ich, denn es gibt weder Gesellschaften, öffentliche Häuser, Theater noch sonst etwas hier.[31]

Diese Lebensauffassung war dem das gesellige und unbeschwerte rheinische Leben gewohnten Weerth völlig fremd, wie es aus seiner Beschreibung der Engländer deutlich wird:

Es ist ein gewaltiges, kräftiges Volk; man muß sie bewundern und doch bedauern – denn: sie kennen keine Lust, keine Freude; sie können nicht singen, nicht fröhlich sein. Der reichste, glücklichste Brite ist gegen einen armen Rheinländer nur ein Schlucker[32]

Trotz des enormen industriellen Wachstums war Bradford in vieler Hinsicht eine Provinzstadt geblieben. Was Kultur und Unterhaltung betraf, lag es weit hinter anderen Städten zurück. Wie Weerth feststellte, gab es weder Theater, noch Gesellschaften, Wirtshäuser oder Lesezimmer. Für Besucher und neu hinzugezogene Junggesellen bestanden keinerlei Unterhaltungsmöglichkeiten.

War Bradford auf kulturellem Gebiet provinziell, so hatte die Stadt doch einen kosmopolitischen Charakter. Laut der Volkszählung von 1851 stammte weniger als die Hälfte der Bevölkerung aus Bradford. Unter den Wahl-Bürgern befand sich auch eine kleine aber einflußreiche Kolonie deutscher Kaufleute, die zu Weerths Zeiten bereits in die Bradforder Mittelklasse integriert waren.

In geschäftlicher Hinsicht spielten die deutschen Kaufleute eine bedeutende Rolle. Sie hatten den Vertrieb erst richtig organisiert und geschäftsmäßige Zahlungsbedingungen eingeführt, wo vorher die Geschäfte vom Zufall abhingen und aufs Gratewohl abgeschlossen wurden. Außerdem interessierten sie sich für Bildungsfragen und unterstützten alle möglichen Wohltätigkeiten. Ihre gesellschaftliche Bedeutung ist als „eine(s) der markantesten Merkmale Bradfords im 19. Jahrhundert" beschrieben worden.

Weerth arbeitete auch für eine deutsche Firma, aber mit Ausnahme seiner Arbeitskollegen versuchte er, seinen Landsleuten aus dem Wege zu gehen und lieber bei englischen Familien Aufnahme zu finden. Die in Bradford lebenden Deutschen gehörten seiner Meinung nach zu den einfältigsten Deutschen, die ihm je begegnet waren. Es handelte sich um traurige Handelsgesellen, die nach Bradford gekommen waren, um viel Geld zu verdienen. In kurzer Zeit hatten sie englische Sitten und Gebräuche angenommen und schämten sich, Deutsche zu sein. Weerth haßte diesen Typus des ‚britisierten' Deutschen. Er gab sich dagegen ganz natürlich und machte sich nichts daraus, wenn die Leute darüber lachten, daß er einen kurzen Mantel trug oder Portwein aus einem großen Glas trank.

Während der ersten fünf Monate seines Aufenthalts in Bradford verlief Weerths Leben eintönig. Im Frühjahr 1844 machte er dann die Bekanntschaft eines Landsmanns, der sein Leben entscheidend beeinflussen sollte. Es war kein anderer als Friedrich Engels, den er wahrscheinlich schon von seiner Elberfelder Zeit her kannte.

Engels arbeitete seit Anfang Dezember 1842 in Manchester als General Assistant in der Baumwollspinnerei Ermen & Engels, deren Mitinhaber sein Vater war. Zum ersten Mal erwähnt Weerth Engels in einem Brief an seine Mutter vom 22. Mai 1844. Er schrieb ihr, daß er um Pfingsten in Manchester zu sein hoffe, „um einen deutschen Philosophen zu sprechen, der sich in jener dunklen Stadt vergraben". Von der Zeit an verbrachten sie viele Sonntage zusammen, bis Engels im August 1844 England verließ.

Vom Charakter und Temperament her ähnelten sich Weerth und Engels. Aber auch ihre Herkunft und ihr Werdegang wiesen Parallelen auf. Beide hatten rheinische Vorfahren und stammten aus angesehenen bürgerlichen Familien. Beide wuchsen in religiösen Elternhäusern auf, hatten sich aber früh vom christlichen Glauben losgesagt. Beide zeigten Neigung zur Literatur und hatten bereits einige Gedichte geschrieben. Beide hatten ihre kaufmännische Lehre in Deutschland absolviert und waren dann in jungen Jahren — Weerth 21jährig und Engels 22jährig — nach England, dem industrialisiertesten Land der Welt, gegangen. Und beide arbeiteten damals für deutsche Textilfirmen im industriellen Norden Englands.

Obwohl Engels nur fünfzehn Monate älter war als Weerth, war er ihm im Verständnis von sozialen und politischen Fragen, in theoretischen Erkenntnissen und in praktischen Erfahrungen weit voraus. Engels hatte sich bereits vor seinem England-Aufenthalt mit Hegel, D. F. Strauß und Feuerbach befaßt. In England folgte das Studium der französischen Sozialisten und der englischen Nationalökonomen Adam Smith, Ricardo, McCulloch und Malthus. In England nahm er auch Kontakt auf zu den Anhängern Robert Owens, zu den Chartisten und den Führern des Londoner Bundes der Gerechten. Zu dem Zeitpunkt, als er Weerth näher kennenlernte, sammelte er Material für ein Buch über die Lage der arbeitenden Klasse in England.

Durch Gespräche mit Engels und die Lektüre der neuesten sozialistischen und kommunistischen Bücher, die ihm Engels besorgte, wurde Weerth mit den neuen radikalen politischen Theorien und Ideen vertraut. Auch machte Engels ihn auf seine soziale Umwelt aufmerksam. So entstand Weerths Interesse für die Arbeiterschaft. Er begann, sich mit sozialen Fragen zu beschäftigen, und sein politisches Engagement machte ihn bald zu einem leidenschaftlichen Kommunisten.

Welchen Einfluß Engels auf Weerth hatte, geht aus verschiedenen Briefen Weerths aus dieser Zeit hervor. So schrieb er am 23. Mai 1844 an seinen Bruder Wilhelm, daß er „Politik treibe". Es ist das erste Mal, daß er sein Interesse für die Politik bekundete. Seiner Mutter teilte er am 6. Juli mit, daß er im nächsten Jahr vielleicht nach Manchester übersiedele, „wo die Welt doch erfreulicher ist als hier" (und wo, hätte er hinzugügen können, Engels wohnte). Am 17. Juli erklärte er seiner Mutter, daß er „immer neue Bücher" aus Manchester erhalte, „welche einer meiner Freunde aus der Schweiz bezieht".

Im Winter 1844/45 las Weerth Ludwig Feuerbachs *Wesen des Christentums* (1841), das ihm Engels empfohlen hatte. In seiner Schrift *Ludwig Feuerbach und der Ausgang der klassischen deutschen Philosophie* erinnerte sich Engels an die befreiende Wirkung des Buches und an die Begeisterung, die es in Deutschland auslöste, und gestand den Einfluß, den das Buch auf Marx und ihn hatte. Weerth war ebenso begeistert von Feuerbach, der „eine vollständige Revolution" bei ihm „zu Wege brachte". Vor anderthalb Jahren hatte er Hegel gelesen, ohne ihn jedoch zu verstehen. Nach der Lektüre Feuerbachs behauptete er überzeugt:

> Das ist der erste Philosoph, der wieder einmal verständlich ist; sein Einfluß wird ungeheuer sein.[33]

Nach Feuerbach wandte sich Weerth — sicher durch Engels angeregt — der Nationalökonomie zu und befaßte sich mit Adam Smith, Malthus, Ricardo und McCulloch, deren Schriften er als „Folianten voll Lügen und Unsinn" abtat. Er las auch die neuesten sozialistischen und kommunistischen Zeitschriften, die ihm Engels und andere Freunde vom Festland her schickten. Darunter befanden sich Moses Heß' *Gesellschaftsspiegel,* Püttmanns *Deutsches Bürgerbuch* und *Rheinische Jahrbücher* sowie Marx' und Ruges *Deutsch-Französische Jahrbücher.*

Wichtiger als diese Lektüre war für Weerth neben den von Engels empfangenen Impulsen aber sein eigener Kontakt mit der Arbeiterklasse Bradfords, wodurch sein Mitgefühl erweckt und sein soziales Bewußtsein angesprochen wurde.

Im Sommer 1844 lernte er den jungen schottischen Arzt John Little McMichan kennen, der unter den Fabrikarbeitern Bradfords praktizierte. Wie beliebt und angesehen McMichan bei seinen Patienten war, merkte Weerth bald selbst, als er ihn bei einem Krankenhausbesuch begleitete. Weerth glaubte nicht, daß er je wieder einen Menschen antreffen würde, „der sich mit einem solchen Heroismus und mit einer solchen Ruhe wie Mac unter dem unglücklichsten und verworfensten Volke der Welt herumschlagen wird".

Weerth zählte sich damals zu den Radikalen, während McMichan ein Tory war, was jedesmal zu anhaltenden und ausgiebigen Streitgesprächen über Politik führte. Dennoch wurde McMichan Weerths engster Freund in Bradford. Er war einer der wenigen Menschen in England, zu denen Weerth eine tiefe Zuneigung faßte.

Ihre Freundschaft begann damit, daß McMichan Weerth Englisch-Unterricht gab, was Weerth dringend nötig hatte. Seine Kenntnisse hatten sich seit seiner Ankunft nicht wesentlich verbessert, weil er im Büro hauptsächlich Deutsch sprach und sonst wenig Kontakt zu den Einheimischen besaß.

Als Weerth McMichan etwas besser kannte, begleitete er ihn auf seinen Visiten durch die Arbeiterviertel. Auf diese Weise lernte Weerth die Lage der Fabrikarbeiter kennen. Er hatte zwar manches darüber gelesen, wollte aber „alles mit eigenen Augen sehen, wollte noch mehr sehen, als was man auf einem flüchtigen Gang durch die schlechtesten Gassen einer Fabrikstadt zu bemerken pflegt". So schloß er sich McMichan an, „der vom Morgen bis zum Abend in den Arbeiterhütten herumkriechen mußte":

> Das war das beste Mittel, um hinter die Kulissen jenes grandiosen Schau-spiels zu kommen, dessen kolossale Fülle an Pracht und Reichtum uns nur gar zu oft vergessen läßt, welche Not und welche Verzweiflung den Hinter-grund der Bühne ausfüllen.[34]

Da die Arbeiter Fremden gegenüber mißtrauisch waren, brachte McMichan Weerth „eine sehr feierliche Miene bei" und stellte ihn bei seinen Besuchen in den Arbeiterwohnungen als seinen Gehilfen vor. Er nahm ihn auch mit bei seinen Visiten in Krankenhäusern, Armenhäusern und Strafwerkanstalten. Manchmal begleitete ihn Weerth bei seinen Nachtvisiten, wo er erlebte, wie McMichan einen betrunkenen Irländer nach einer Kneipenschlägerei wieder zusammenflickte oder in einer über-füllten Herberge ein unerwünschtes Kind zur Welt brachte.

Was Weerth an Elend, Armut, Krankheit, Ausbeutung und Ungerechtigkeit unter den Arbeitern sah, beeindruckte ihn der-maßen, daß er sich nur schwer auf seine Arbeit konzentrieren konnte. Seiner Mutter schrieb er, daß er sich zwar lieber um Wollgarn kümmern sollte, aber stets „trübselige Gedanken" im Kopf habe, die von seiner Umgebung herrührten:

> Man muß sich in England mit dem armen Volke abgegeben haben, um zu wissen, was es für Unglück auf der Welt gibt. Es kann einen Bär zum Weinen bringen, ein Schaf zum Tiger machen.[36]

Bevor er nach England kam und die Lage der Arbeiterklasse näher kennenlernte, hatte er kaum eine Ahnung von den in der Welt herrschenden Übeln und sozialen Mißständen gehabt. Er war jedoch dankbar dafür, daß er Gelegenheit bekam, das alles selbst einmal zu erleben, wie er seiner Mutter am 12. Januar 1845 schrieb:

> Es ist mir gewiß nie ein größeres Heil geschehen, als daß ich einst Gelegenheit fand, nach England zu gehen, wo man alles Elend, aber auch alle Mittel, es zu heben, kennenlernt. Diese Mittel, dem Elend abzuhelfen, bilden auch den einzigen Trost. Während Ihr in Detmold unter Blumen und guten Menschen wandelt, treibe ich mich in der Mitte eines lärmenden Volkes herum, mache oft an einem Abend mehr Erfahrungen wie sonst in einem Jahr und finde oft, daß es sehr gut ist, das heitere rheinische Leben mit dem ernsten englischen für einige Zeit zu vertauschen.[36]

Seine Briefe aus Bradford sind ein gutes Barometer seiner Stimmung. Nach Beginn seiner Freundschaft mit Engels treten politische und soziale Themen immer mehr in den Vordergrund. Ungefähr ein Jahr nach seiner Ankunft in Bradford wird der Ton seiner Briefe ernster und anklagender. Vor allem aber spricht jetzt politisches und soziales Engagement aus ihnen.

Durch seinen Freund McMichan bekam Weerth einen Einblick in das Armenwesen. McMichan verschaffte ihm Zutritt zu den Armenverhören. Das neue Armengesetz, der *Poor-Law-Amendment-Act* aus dem Jahre 1834, sah vor, daß nur denjenigen behördlich geholfen werden sollte, die arbeitsunfähig waren, und daß diejenigen, die auf das Armengesetz angewiesen waren, in Arbeitshäuser gesteckt wurden. Da das neue Armengesetz als Abschreckung gedacht war, unterwarf es die Armen einer Behandlung, die menschenunwürdiger war als die des ausgebeutetsten Arbeiters durch irgendeinen Fabrikbesitzer. Die Zustände in den Arbeitshäusern, die im Volksmund „Bastillen" genannt wurden, waren derart, daß sich jeder Bedürftige scheute, sie zu betreten. Ehemänner wurden von ihren Frauen getrennt und Kinder von ihren Müttern. Die Kost war unzureichend, es gab die Tretmühle, kurz, es war wie ein Gefängnis, in mancher Hinsicht noch schlimmer.

Weerth interessierte sich lebhaft für die während des Sommers 1845 geführte Debatte über den Gesundheitszustand der Arbeiter Bradfords. Ein Ausschuß von Wollkämmern wurde gebildet, der einen Bericht über den Gesundheitszustand der arbeitenden Bevölkerung anfertigte. Dieser Bericht erschien am 12. Juni 1845 im *Bradford Observer*. Weerth zitierte aus diesem

Bericht in seinem 1845 in Heß' *Gesellschaftsspiegel* erschienenen Artikel *Der Gesundheitszustand der Arbeiter in Bradford, Yorkshire, England*, „um dem Kontinent eine Idee zu geben, wie es mit den Bradforder Arbeitern bestellt ist". Wörtlich heißt es bei Weerth u. a.:

Fall Nr. 6. Kanonenstraße. Familie von 11 Personen. 5 weiblichen Geschlechts. 7 arbeiten im Hause, das aus 3 Zimmern besteht. 6 Personen arbeiten im Schlafzimmer. Schlechte Ventilation. Kein Wasserabfluß. Schweinestall: Schmutz.

Fall 1-5. Mill Bank, liegt im untern Teile der Stadt, neben einer Kloake, die sich durch das schmutzige Wasser und den Kot, der aus den nahen Fabriken dorthin geschwemmt wird, allmählich bildete. In der ganzen Gegend herrscht durch das stehende Wasser der fürchterlichste Gestank, die verdorbendste Luft. Hier wird in allen Wohnungen über Kohlenfeuer gearbeitet, und die Menschen sind so zusammengedrängt, daß es für 33 Personen nur 7 Betten gibt.

Fall Nr. 16-18. Die Straße wird hier sehr eng, und außer den gefährlichen Dünsten, die aus der Kloake aufsteigen, leiden die Bewohner auch noch dadurch, daß ihre Häuser von beiden Seiten durch sehr hohe Magazine und Fabriken überragt werden, die fast alles Licht fortnehmen. Fast alle Menschen sind hier krank. In diesen 12 Wohnungen halten sich 95 Menschen auf. Sie besitzen 23 Zimmer und nur 24 Betten. 4 Personen also für jedes Bett. In Nr. 6 arbeiteten und schliefen Bruder und Schwester, nur ein Zimmer und ein Bett. Die Schwester ist aber neulich ausgezogen – sie ist schwanger.

Fall Nr. 40. White-Abbey. Ein Zimmer, 4 Fuß unter der Erde. In diesem Loch schlafen in einem Bett, das aus Abfall gemacht ist, 1 Mann, 1 Frau und 4 Kinder – alle krank.

Fall Nr. 119, Westgate. Dies ist eine schauderhafte Wohnung. 13 Personen liegen zusammen auf zwei Bündeln Stroh, auf einer feuchten Steinflur. 4 unter diesen 13 Personen sind Frauen. Der Schmutz, das Elend und die Unsittlichkeit an diesem Orte sind fürchterlich.[37]

Weiterhin erwähnte Weerth die von den Wollkämmern einberufene Versammlung, um die nötigen Schritte zur Verbesserung des Gesundheitszustandes der arbeitenden Klasse zu besprechen. Weerth war bei der fast 4 Stunden dauernden Versammlung im Börsensaale (Exchange Buildings) anwesend, wo sich zwischen 70 und 80 Personen eingefunden hatten, darunter hauptsächlich Wollkämmer, aber auch Geistliche, Fabrikanten und Händler. Weerth berichtete, auch selbst das Wort ergriffen und Mittel zur Abhilfe des Elends vorgeschlagen zu haben. Da alle Vorschläge der besitzenden Klasse wie alle Unterstützung

der Regierung nicht ausreichen würden, „die Kloaken auszu-
trocknen, den Kohlendampf abzuschaffen" und überhaupt die
Wohnverhältnisse der Arbeiter zu verbessern, machte er den
Vorschlag, den von der arbeitenden Klasse bewohnten unteren
Stadtteil in Brand zu stecken. Weerths Vorschlag wurde nicht in
der Berichterstattung des *Bradford Observer* vom 5. Juni 1848
erwähnt, der ansonsten seine Schilderung in allen anderen
Punkten bestätigt.

So wissen wir nicht, ob Weerth auf der Versammlung wirklich
gesprochen hatte oder er seinen Bericht nur etwas ausschmük-
ken wollte.

In diesem Zusammenhang ist es angebracht, auf eine Äußerung Weerths hinzuweisen, die er seiner Mutter gegenüber
gemacht hatte:

> Was ich über meine Reise nach London mitteilte (in der Zeitung), ist doch so
> ziemlich alles wahr, da ich mich stets an Wahrheit und Einfachheit halte. Es
> versteht sich, daß man hin und wieder ausschmücken muß.[38]

Andererseits beweist Weerths späteres forsches Auftreten auf
dem Brüsseler Freihandelskongreß, daß er sich durchaus zu
impulsiven Meinungsäußerungen in der Öffentlichkeit hinrei-
ßen ließ. Wie dem auch sei: Interessant ist auf jeden Fall, welch
entschiedene und radikale Position Weerth hier ergriff.

Seit sich Weerth mit der Lage der Arbeiterschaft beschäftigte, wuchs sein Interesse für den Chartismus, den Lenin als
„die erste revolutionäre Massenbewegung der Arbeiterklasse"
beschrieb. Obwohl die Chartisten auch in anderen Teilen Groß-
britanniens aktiv waren, konzentrierte sich die Bewegung doch
im wesentlichen auf den Norden Englands, wo sie den meisten
Zulauf unter den Textilarbeitern Lancashires und Yorkshires
hatte.

Während der 30er und 40er Jahre hatte sich die Chartistenbewegung gespalten, und zwar in eine Gruppe, die ihr Ziel auf
friedlichem Weg erreichen wollte (die moral force Chartists),
und eine, die bereit war, Gewalt anzuwenden (physical force
Chartists). Bradford war schon immer eine Hochburg der
Gewalt predigenden Chartisten gewesen. Die Stadt hatte eine
bewegte, von industriellen Unruhen geprägte Geschichte. Noch
vor dem Auftreten der Chartisten war es in Bradford in den frü-

hen 20er Jahren durch die Luddites zu Maschinenstürmereien gekommen. Am 28. November 1837 hatte es einen Aufstand gegen das neue Armengesetz gegeben. Und am 26. Januar 1840 hatte eine von den Chartisten gesteuerte Erhebung stattgefunden, die eine großangelegte nationale Rebellion auslösen sollte, aber von den Behörden mit Hilfe von Regierungstruppen schnell niedergeschlagen worden war.

Weerth kam nach diesen bewegten Zeiten nach Bradford. Sein Aufenthalt von 1843 bis 1846 fiel in eine politisch relativ ruhige Zeit, als viele Chartisten zum Sozialismus Owenscher Prägung übergingen oder sich für „philantrophische Experimente" (Weerth) wie den Abstinenz-Chartismus, die tropischen Emigrations-Gesellschaften und O'Connors Landplan interessierten. Obwohl für die breite Schicht der arbeitenden Klasse eine Lösung ihrer Probleme durch Gewalt nicht in Frage kam, schmiedeten die Weber und irischen Arbeiter, die den harten Kern der Bradforter Chartisten bildeten und nur darauf warteten, zum gegebenen Zeitpunkt wieder loszuschlagen, weiterhin revolutionäre Pläne.

Weerth besuchte in Bradford und Umgebung viele Chartisten-Meetings. Dort lernte er nicht nur die Bradforder Chartisten-Führer wie Georg Flinn, James Ibbetson und George White, sondern auch einige der nationalen Führer der Bewegung kennen.

Ein bedeutendes Ereignis war für Weerth der Tag, an dem er zum erstenmal Feargus O'Connor (1794-1855), den Führer der Chartisten, hörte, der bei den Volksmassen zu dieser Zeit eine unerhörte Popularität genoß:

Ich werde nie den Augenblick vergessen, als ich ihm zuerst bei einem Meeting begegnete. Die Versammlung hatte lange gewartet, der Saal war gedrängt voll. Viele der Anwesenden hatten sich schon in die Fensternischen geflüchtet, um nicht erdrückt zu werden; Frauen und Mädchen wurden auf die Stufen der Tribüne gebracht. Über dem Ganzen lag eine schwere, dumpfige Atmosphäre. Die Lichter der Ampeln warfen einen trüben Schein auf die Gesichter von etwa anderthalbtausend Arbeitern. Rings herrschte eine unheimliche Stille. Wie einem Gewitter sah man dem Erscheinen O'Connors ernst und bange entgegen.[39]

An jenem Abend sprach O'Connor etwa drei Stunden lang, und obwohl Weerth vieles nicht verstand, da er damals kaum Englisch konnte, war er sowohl von O'Connors Rednertalent als auch von der Wirkung, die O'Connor bei den Anwesenden hinterließ, zutiefst beeindruckt. Zu seinem Bedauern lernte Weerth O'Connor, den er damals sehr bewunderte und dem er seine *Geschichte der Chartisten von 1832 bis 1848* widmete, nie persönlich kennen. In der *Geschichte der Chartisten* erklärt Weerth O'Connors Einfluß und Macht folgendermaßen:

> Leicht ist es, das Rätsel der Existenz dieses Mannes zu lösen, wenn man ihn gesehen, wenn man ihn gehört hat, wenn man nur ein einziges Jahr lang seinen Schritten und Tritten folgte. Unwiderstehlich drängt sich dann die Überzeugung auf, daß er nicht nur durch seine Rechtlichkeit, durch seine Unerschrockenheit und durch seinen Fleiß emporkommen und imponieren konnte, sondern daß er auch gerade durch seine weniger guten Eigenschaften, durch seine häufige Borniertheit, durch seinen blinden Enthusiasmus, durch seinen hanebüchenen und nur zu oft trivial werdenden Humor, trotz aller Anfechtungen einen dauernden Platz in den Herzen des Volkes erobern mußte.[40]

Zu Weerths engsten Bekannten unter den Chartisten zählte George Julian Harney (1817-1897), den er durch Engels kennenlernte. Harney war das enfant terrible der Chartisten, der sich als der Marat der britischen Revolution sah und sich „l'ami du peuple" nannte. Schon als Jüngling hatte Harney drei Gefängnisstrafen für den Verkauf von ungenehmigten Zeitschriften verbüßt. In seinen frühen zwanziger Jahren hatte er bereits eine Schlüsselposition in der Chartistenbewegung inne und war zum anerkannten Führer des linken Flügels der Chartisten geworden. Weerth fühlte sich zu ihm hingezogen, weil Harney für die Anwendung physischer Gewalt eintrat und weil er der einzige unter den Chartistenführern war, der damals am ehesten den internationalen Charakter der Arbeiterbewegung erkannte.

Außer O'Connor und Harney interessierte sich Weerth besonders für Joseph Rayner Stephens (1805-1879), der sich als „Feuerrevolutionär und Blutrevolutionär aufs Messer, bis zum Tode" bezeichnete. Weerth widmete ihm seinen Artikel *Joseph Rayner Stephens, Prediger zu Stalybridge, und die Bewegung der englischen Arbeiter im Jahre 1839,* der 1846 zuerst in den *Rheinischen Jahrbüchern* erschien. Stephens war ein Methodistenprediger aus Stalybridge bei Manchester, der sich in den Fabrikbezirken Lancashires einen Namen gemacht hatte, noch bevor schlechte Ernten, hohe Brotpreise, stockender Handel, wachsende Arbeitslosigkeit und das neue Armengesetz 1838 und 1839 zu Massenprotesten geführt hatten. Das war die Zeit von Stephens' größter Beliebtheit, als sich Tausende seine Gottesdienste auf den Marktplätzen anhörten. In seinen religiös-politischen Predigten bediente er sich der glühendsten und fanatischsten Sprache. Weerth schildert eine seiner Predigten folgendermaßen:

> Er schlug zornig mit der Faust auf die Bibel, und während alle andern nur für die Charte, für politische Maßregeln kämpften, forderte er im Namen Gottes seine Gemeinde auf, das Eigentum nicht länger zu respektieren und lieber Brand zu stiften und zu plündern, wenn man nicht bald aufhöre, die Geschöpfe Gottes in den Staub zu treten. Mit einer Glut der Begeisterung, die keine Grenzen kannte, raste er gegen die Tyrannen seines Volkes; ihm war es einerlei, wie die Maßregel heiße, die eine Besserung herbeiführe; er wollte eine Reform der Gesellschaft, koste sie, was sie wolle. Er fuhr los gegen die Aristokratie wie gegen die Geistlichkeit und den Bourgeois.[41]

Vieles, was Stephens aussprach, drückte Weerths eigene Gefühle und Verzweiflung aus. Wie Stephens glaubte auch Weerth nicht mehr an die Heiligkeit des Eigentums und an eine von Gott gewollte Weltordnung. Mit Stephens trat nach Weerths Auffassung endlich einmal ein radikaler Christ auf. Weerth bewunderte seine Energie und seinen Mut. Und daß Stephens mit Gewalt drohte, imponierte ihm damals sehr. Selbst nachdem sich Weerths Begeisterung für die Chartisten gelegt hatte, äußerte er sich anerkennend über Stephens:

> Ein lustiger Feuerwerker, ließ er Funken und Flammen um seine Kanzel sprühen, und wenn er die Leute auch über nichts belehrte, so setzte er sie doch in Bewegung, und das war damals durchaus nötig. Man hatte sich zuviel von den Folgen der Reform Bill versprochen. Es war im Interesse der Volkspartei, daß Männer wie Stephens die Masse des Volkes selbst durch Übertreibungen davon zurückbrachten. Stephens hatte das Verdienst, dies zu unternehmen und teilweise durchzuführen.[42]

Weerths Sympathien galten entschieden der Fraktion der Chartisten, die für Gewalt eintrat. Nur durch Gewalt versprach er sich eine Änderung der gegenwärtigen „erbärmlichen" Zustände, „daß man bei lebendigem Leibe schier verwest".

Weerth empörte sich über die Ungleichheit des Besitzes. Daraus entwickelte sich sein bitterer Haß auf die Reichen: „diese Reichen sind mir verhaßt bis in den Tod".

Während seines England-Aufenthaltes war Weerth oft von einer entfernten Verwandten, Ida Escher, die bei einem reichen Fabrikbesitzer, George Cheetham, in Stalybridge als Erzieherin arbeitete, eingeladen worden. Zuerst folgte er ihren Einladungen ungern, weil er zum einen Ida Escher nicht sonderlich mochte und weil er zum anderen bei seinen Besuchen in Manchester viel lieber mit Engels durch die Stadt zog. Später, als er merkte, wie der alte Cheetham mit seinen Arbeitern umging, mied er das Cheethamsche Haus vollkommen. In einem Brief vom 12. Januar 1845 an seine Mutter heißt es:

> Das kleine Mädchen, die Miss Cheetham, von der Du schreibst, mag ein gutes Kind sein, aber es faßt mich ein Schrecken, wenn ich an ihren Vater denke, der sein großes Vermögen durch den Ruin vieler Tausende seiner Arbeiter erwarb. Liebe Mutter, es ist ein Glück, daß wir nicht reich sind; seit einiger Zeit denke ich an den seligen Vater mit doppelter Liebe und werde ihn nie vergessen.[43]

Noch deutlicher kam Weerths Haß auf die Fabrikanten in einem ein Jahr später geschriebenen Brief an seine Mutter zum Ausdruck:

> Den armen Leuten gibt man stets nur so viel, daß sie gerade nicht vor Hunger sterben, und den armen Leuten wird nicht eher geholfen sein, als bis man solche Menschen wie Herrn Cheetham beim Kragen faßt und sie von Haus und Hof jagt und sich in ihr zusammengestohlenes Gut teilt.[44]

Ausgenommen von seinem Haß auf die Reichen war nicht einmal sein Chef Passavant, der auf einem Landgut „6 Meilen von hier, sehr hübsch, auf einem Hügel, mitten in prächtigen Wiesen und Büschen" wohnte:

> Solche alten Kaufleute pflegen einen guten Tag zu leben, − hoffentlich werfen wir sie bald von ihren Landsitzen herunter; ich kann nicht leiden, daß einer besser lebt als der andere.[45]

Zwei schlechte Ernten und eine Handelskrise, so meinte er, würden in England zu einer Revolution führen:

> Eine Revolution nicht gegen königliche Gewalt, gegen parlamentarische Albernheiten oder gegen die Religion, sondern gegen das Eigentum.[46]

Darauf freute er sich und war überzeugt, daß die englische Revolution erfolgreicher sein würde als Aufstand der schlesischen Weber im Juni 1844.

Nach einem Jahr in Bradford identifizierte sich Weerth mit der arbeitenden Klasse. Seiner Auffassung nach war der Proletarier der „einzig wahre, gesunde Mensch". Ganz deutlich teilte er seinem Bruder Wilhelm am 24. Dezember 1844 mit:

Ich freue mich von Herzen, daß ich ein Proletarier bin, der Religion, Eigentum und Vaterland mit bescheißen hilft.[47]

Seine Äußerungen lassen erkennen, welch weiten Weg Weerth in einem Jahr zurückgelegt hatte. Aus dem weltfremden lebenslustigen Kaufmann, der in Bradford ein „stilles und liebliches" Leben führen wollte, war ein für politische und gesellschaftliche Fragen empfänglicher junger Mann geworden. Und dieser junge Mann fand in England eine so ungerechte Welt vor, daß er zu einem Befürworter radikaler Mittel zur Änderung der Gesellschaft wurde, koste es, was es wolle.

Von Owens Sozialismus, O'Connors Landplan und anderen „ähnlichen philanthropischen Experimenten" wie er sie nannte, hielt Weerth wenig. Owen ging darauf aus, die Widersprüche zwischen den Besitzenden und Nichtbesitzenden durch gegenseitige Liebe und Hilfeleistung zu versöhnen, indem er soziale Einrichtungen wie die großen Spinnereien und Fabriken von New Lanark gründete, wo 2500 Menschen beschäftigt waren und glücklich und zufrieden nebeneinander lebten. Dennoch war New Lanark nach Weerths Auffassung ein Anachronismus:

Es zeigte sich, daß man durch persönliches Aufopfern zwar andere Menschen glücklich machen kann, daß aber solche edlen Beispiele selten andere Leute veranlassen, aus der Starrheit der noch zur Stunde bestehenden Eigentumsverhältnisse ebenso liebreich und philanthropisch herauszutreten.[48]

Überhaupt stand Weerth dem utopischen Sozialismus Owens skeptisch gegenüber:

Wir gehören nicht zu den Bewunderern solcher Systeme und halten es jedenfalls für das Beste, die Menschen einstweilen so zu nehmen, wie sie sind.[49]

Weerth gab zu, daß Owens Unternehmungen „abgeschnitten

und unberührt vom ganzen übrigen Weltverkehr" „im fernen Westen von Amerika oder sonst in einem Winkel der Welt" gelingen mochten, „solange sich aber eine Gemeinschaft noch den ökonomischen Gesetzen unterwirft, welche die übrige Welt rings um sie herum regieren, so lange wird sie auch die Konsequenzen dieser Gesetze tragen müssen".

Da Weerth trotzdem neugierig war, sich eine von Owens gemeinnützigen Anstalten einmal mit eigenen Augen anzusehen, besuchte er das in der Grafschaft Hampshire in Südengland gelegene Harmony Hall. Obwohl Weerth sowohl von der Anstalt, in der er einige Zimmer fast schon zu luxuriös eingerichtet fand, und von den Bewohnern, die ihm wie eine große glückliche Familie vorkamen, wider Erwarten beeindruckt war, fürchtete er, daß solche Unternehmungen nicht gelingen würden, da

trotz aller Ökonomie in der Einrichtung großer, gemeinschaftlicher Gebäude dennoch ein Konkurrieren mit der übrigen Gesellschaft, deren Prosperität auf dem Elende der Arbeiter begründet ist, unmöglich wird, wenn die Arbeiter der gemeinschaftlichen Anlagen viel besser leben wollen als ihre Kollegen da draußen.[50]

Wie Weerth vorausgesagt hatte, scheiterte auch dieser zweite, großangelegte Versuch Owens, sein System praktisch zu verwirklichen. Kurz nach dem Scheitern von Harmony Hall lernte Weerth Robert Owen (1771-1858) persönlich kennen. Owen war damals schon Mitte 70 und im Begriff, nach Amerika auszuwandern:

Ich sah einen alten, ehrwürdigen Mann vor mir, auf dessen Gesicht ein feierlich friedlicher Ernst lag. Seine kleinen klugen Augen schimmerten freundlich durch die ergrauten Wimpern. Er sprach wenig und spielte mit zwei Kindern, die er auf den Knien wiegte. Als er hörte, daß ich ein Deutscher sei, erzählte er von seinen Reisen in meiner Heimat, erwähnte seine Unterredungen mit Humboldt und Raumer und schien sich namentlich über die Gunstbezeugungen des früheren Königs von Preußen und Ludwigs von Bayern nachträglich zu freuen.[51]

Weerth vermied es absichtlich, auf Owens philanthropische Bestrebungen und sein System einzugehen. Als aber einer der Anwesenden auf Harmony Hall zu sprechen kam, erwiderte Owen, daß er das zwar „vorhergesehen habe, daß aber die Zukunft seines Systems gedenken werde".

So endete Weerths kurze Begegnung mit einem der großen Humanisten des neunzehnten Jahrhunderts. Trotz aller Vorbehalte gegenüber Owens sozialistischen Ideen schätzte Weerth ihn als einen großen Kämpfer um das Wohl der Menschheit:

> Daß seine philanthropischen Versuche im größern Maße an der Barberei unserer heutigen Zustände scheitern mußten, es war natürlich. Aber ein Vorläufer jener großen Reformer wird er bleiben, die uns die Welt in ihrer Entwicklung bringen muß. Als solchen wird man ihn immer nennen und verehren. Der Dank vieler Tausende, die er glücklich machte und die noch heute leben, er fehlte ihm nicht.[52]

Der Politiker, zu dem Weerth in Bradford engsten Kontakt hatte und von dem auch häufig in seinen Arbeiten über England die Rede ist, hatte mehr mit Owen als mit den Weerth politisch näher stehenden Chartisten O'Connor, Harney und Stephens gemein. Es handelte sich um John Jackson (1795-1875), einen der führenden Politiker Bradfords. Jackson zählte seit 1817 zu den Radical Reformers. Er war Mitglied jeder in Bradford existierenden politischen Gesellschaft oder radikalen Vereinigung. Anfangs war er ein begeisterter Chartist und einer der Mitbegründer des *Northern Star,* des Organs der Chartisten. Ebenso begeistert war er zunächst von O'Connor, bis er merkte, daß O'Connors Diktatur die Chartistenbewegung zerstörte. Er verfaßte daraufhin eine Reihe von Streitschriften gegen O'Connor. Die bedeutendste war *The Demagogue Done Up. An exposure of the extreme inconsistencies of Mr. Feargus O'Connor, showing from the ‚Northern Star' itself, that he has justly earned the title of Political Jim Crow* (1844). Als einer der alten Radical Reformer befürwortete Jackson friedliche Mittel zur Erlangung ihrer politischen Ziele. Auf der Eröffnungsversammlung der Bradford Northern Union 1838 war er der einzige gewesen, der seine Stimme gegen die Anwendung physischer Gewalt erhoben hatte. Und es war größtenteils sein Verdienst, daß die Bradforder Chartisten im Jahre 1839 nicht zu den Waffen griffen, um den Chartisten-Aufstand in Südwales zu unterstützen.

Von Beruf aus Wollkämmer, war Jackson ein vielseitig begabter Mann. Er war nicht nur politisch sehr aktiv, sondern auch ein leidenschaftlicher Gärtner und ein begabter Dichter. Für einen Arbeiter war Jackson äußerst gebildet und belesen. Unter seinen Büchern befanden sich die Werke Cobbetts, Paines und Robert Burns'. Er hatte auch eine vom Anfang des 19. Jahrhunderts datierende Sammlung englischer und amerikanischer Zeitungen. Durch Zufall gelangte Weerth später in den Besitz eines Teils dieser Sammlung und kam so zu einem vollständigen Exemplar des *Northern Star,* der für die Geschichte der englischen Arbeiterbewegung des 19. Jahrhunderts eine unentbehrliche Quelle ist.

Auf den ersten Blick scheint es merkwürdig, daß Weerth sich mit Jackson befreundete, denn Jacksons Ansichten darüber, wie die Lage der arbeitenden Klasse zu verbessern und wie das Wahlrecht für sie zu erlangen sei, unterschieden sich völlig von seinen eigenen. Für Weerth waren damals jedoch solche politischen Differenzen nebensächlich. Es lag ihm mehr daran, Leute kennenzulernen, die wie Jackson selbst zur Arbeiterklasse gehörten oder wie McMichan unmittelbar mit ihr Kontakt hatten. Ihm ging es darum, „Erfahrungen zu machen, Kenntnisse zu sammeln und Beobachtungen anzustellen".

Jackson führte Weerth in Arbeiterkreise ein und nahm ihn zu Versammlungen mit. Einmal lud er Weerth zu einem der Blumenfeste ein, das die Arbeiter der Grafschaft Yorkshire regelmäßig abhielten. An jenem Abend feierte die *Bradford Horticultural Society* ihr Fest in der Schenke *Old Shoulder of Mutton.* Jackson galt als hervorragender Blumenzüchter und seine Fuchsien, Geranien und Tulpen gewannen oft Preise. Auch an jenem Abend gewann er mit seiner Tulpe *Trafalgar* den Wettbewerb. Auf diesem Blumenfest sah Weerth die Arbeiter in einem neuen Licht, frei von den Alltagssorgen, sich ganz ihrer Liebhaberei hingebend:

Diese Blumenliebhaberei hat sich rein aus dem Volke entwickelt. Die Bourgeoisie weiß wie von so vielen andern Dingen nichts, so auch nichts von dieser poetischen Leidenschaft der Arbeiter.[53]

Tief gerührt schrieb er in seinem Artikel *Das Blumenfest der englischen Arbeiter,* der zuerst 1845 im *Gesellschaftsspiegel* erschien:

Darin liegt denn auch ein Beweis, daß der Arbeiter neben seiner politischen Entwicklung noch einen Schatz von warmer Liebe für die Natur in seinem Herzen bewahrt hat, eine Liebe, welche die Quelle aller Poesie ist und die ihn einst in den Stand setzen wird, eine frische Literatur, eine neue, gewaltige Kunst durch die Welt zu führen.[54]

Als älterer Freund und Mentor hatte Jackson während Weerths England-Jahren eine ähnliche Bedeutung für Weerth wie Püttmann sie während Weerths rheinischer Zeit gehabt hatte. Wenn Weerth Jackson in seinem etwa zwei Meilen vor der Stadt liegenden cottage in Legrams besuchte, sprachen sie meistens über Politik, ein Thema, das Weerth damals brennend interessierte und worüber Jackson ihm bereitwillig Auskunft gab. So erzählte ihm Jackson, wie sich die englischen Arbeiter zu einer politischen Partei, den Radical Reformers, zusammenschlossen und wie daraus die breite Bewegung entstand, die zu der Reform Bill, der Wahlrechtsreform von 1832 führte.

Diese Information verwertete Weerth für seine *Geschichte der Radical Reformers von 1780 bis 1832,* dem neunten Kapitel seiner *Englischen Skizzen.* Um die Beschreibung realistisch und überzeugend zu gestalten, ließ Weerth Jackson die Geschichte der Radical Reformers erzählen. Obwohl Weerth auch andere Quellen benützte, z. B. Samuel Bamfords *Passages in the Life of a Radical* (1841) und William Cobbetts *Weekly Political Registers* (1801 f.), besteht kein Zweifel, daß er sich hier hauptsächlich auf Jacksons eigene Erinnerungen stützte. Weerth hätte sich keinen besseren Chronisten und keine zuverlässigere Quelle als Jackson wünschen können, der an dem von ihm beschriebenen politischen Geschehen aktiv teilgenommen hatte.

In der auch zu den *Englischen Skizzen* gehörenden *Geschichte der Chartisten von 1832 bis 1848* berief sich Weerth wieder auf Jackson, besonders in dem Abschnitt, der von O'Connors Aufstieg und seiner Auseinandersetzung mit den alten Radical Reformers wie Jackson handelt. Weerth zitiert in deutscher Übersetzung die in Jacksons Broschüre *The Demagogue Done Up* enthaltene Beschreibung von O'Connors erstem politischen Auftritt in England. Zwar gibt Weerth zu, daß es Jackson gelungen war, O'Connor einige Inkonsequenzen nachzuweisen, doch änderte das nichts an Weerths positiver Beurteilung O'Connors. In den *Radical Reformers* folgte Weerth seiner Quelle Jackson genau, weil die Periode, die er beschrieb, außerhalb seiner eigenen Erfahrung lag; in den *Chartisten* jedoch, die von den Ereignissen handeln, die kurz vor und während seiner England-Zeit stattfanden, bezog Weerth selbst Stellung und fällte seine eigenen Urteile.

Obwohl Weerth den größten Respekt vor Jackson hatte, war er durchaus nicht immer derselben Meinung wie er. Aus der *Geschichte der Chartisten* geht eindeutig hervor, daß ihm Jackson nicht radikal genug war. Jackson zählte zu den alten Radical Reformers,

welche nach und nach konservativ in ihren Ideen geworden waren, die den Mut zu weitern Anstrengungen verloren und sich mürrisch in sich zurück-zogen.[55]

Vor allen Dingen teilte Weerth nicht Jacksons Ansicht, politische Forderungen auf friedlichem Wege durchzusetzen. Weerth war überzeugt, daß sich die Lage der arbeitenden Klasse erst bessern würde, wenn sich die Besitzverhältnisse grundlegend geändert hatten und eine totale gesellschaftliche Umwälzung stattgefunden hatte. Und da er nicht die Ruhe und Geduld besaß, konstitutionelle Reformen abzuwarten, befürwortete er rasches Handeln, ungeachtet der Folgen. Dadurch unterschieden sich junge Leute wie er von den älteren und erfahreneren wie Jackson. Ähnlich äußert sich Weerth in einem Brief vom 22. Januar 1845 an seinen ehemaligen Chef und Verwandten, den Kommerzienrat Friedrich aus'm Weerth in Bonn:

Wir jungen Leute behandeln die Sache freilich oft anders wie die erfahrenen alten; aber wir tun, was wir können — wir tun, was wir für recht halten — ob man uns hängt oder stäupt — das ist einerlei! Am Ende holt uns doch alle der Teufel.[56]

Immer mehr erkannte Weerth die Bedeutung seines England-Aufenthalts für seine persönliche Entwicklung. Er betrachtete England als eine Lebensschule, in der er laufend Neues lernte. Es fällt auf, wie häufig er die Begriffe „Schule" und „lernen" benützt. Am 6. Juli 1844 schrieb er seiner Mutter: „indes lerne ich genug"; am 28. August 1844: „ich lerne mit jedem Tag mehr". In einem Brief an Friedrich aus'm Weerth vom 22. Januar 1845 sprach er von Großbritannien, „wo auch der erschrecklichste Tölpel gescheit werden kann", wo er Gelegenheit habe, „Kenntnisse zu sammeln und Beobachtungen anzustellen". Überhaupt sei „England in diesem Augenblick die wahre Schule für einen jungen Mann". An seinen Bruder Wilhelm schrieb er am 22. April 1845, daß sein „Hauptstudium" die Nationalökonomie sei und er im Sommer noch „tüchtig zu arbeiten" gedenke. Und am 29. Mai 1845 teilte er seiner Mutter mit: „Ich komme jetzt erst allmählich dahinter, eigentliche Kenntnisse zu sammeln". An anderer Stelle heißt es in dem Brief:

> Der Tag vergeht bei der gewohnten Arbeit, und die freien Stunden werden mit politischen und gesellschaftlichen Bestrebungen zugebracht. Ich mache in allerlei Erkenntnis Fortschritte und liebe England immer mehr. Nicht, daß ich gern ewig hierbleiben möchte, aber ich weiß, daß ich auf dem interessantesten Boden der Gegenwart bin, und bin davon überzeugt, daß mein hiesiger Aufenthalt von unendlichem Nutzen für mich ist.

Nach 2 1/2 Jahren in England, auf dem „interessantesten Boden der Gegenwart", war er soweit, daß er sagen konnte:

> Ich lebe ganz in der Politik und im Sozialismus und fühle, daß ich mit jedem Tage praktischer werde.[57]

Seit seiner Ankunft in Bradford war Weerth auch literarisch aktiv gewesen. Zusammen mit den Jahren 1848-49, als er das Feuilleton der *Neuen Rheinischen Zeitung* leitete, war sein 29monatiger England-Aufenthalt die ergiebigste Schaffensperiode in seinem Leben.

Während der ersten Zeit seines Bradforder Aufenthaltes schrieb er viele Gedichte. Zuerst waren sie ohne politischen oder sozialen Bezug, bald beschäftigten sie sich jedoch fast ausschließlich mit der arbeitenden Klasse und spiegelten auf diese Weise sein erwachendes politisches und soziales Interesse wider.

Welchen Einfluß die Lehre Feuerbachs auf ihn hatte, kann man an einer Reihe von Gedichten sehen, die Weerth nach der Lektüre Feuerbachs schrieb. In einem dieser Gedichte, *Erinnerungen,* heißt es:

> Bis mich dein Wort, du großer Feuerbach,
> Gerungen dann aus meinen letzten Zweifeln,
> Bis ich des Wissens schönste Blüte brach,
> Befreit, erlöst von Göttern und von Teufeln.[58]

Zu diesen unter Feuerbachs Einfluß entstandenen Gedichten gehören *Das Nackte, Freund Lenz, Die Natur, Vernunft und*

Wahnsinn und *Die Industrie,* in denen Weerth überschwenglich den neuentstandenen, befreiten und erlösten Menschen feierte, der, „sein eigner Gott, an sich nur glaubt".

Getragen sind diese Gedichte von der Überzeugung, daß der Mensch alle Hindernisse überwinden, daß er sich auch von den Ketten der Industrie, der Göttin der Zeit, befreien wird. Diesen Lobgesang auf den Menschen drückt Weerth siegesgewiß im Gedicht *Die Industrie* aus:

> Daß jetzt der Mensch sich selbst genug,
> Da sich der Mensch am Menschen nur entzündet.[59]

Bedeutend größer ist die Zahl der Gedichte, die von Not und Elend der arbeitenden Klasse in England handeln und die Weerth zum Teil unter der Überschrift *Die Not* zusammengestellt hatte. Einige davon erschienen 1845 in Heß' *Gesellschaftsspiegel* unter dem Titel *Lieder aus Lancashire* und einige 1847 in Püttmanns *Album.* In diesen Gedichten beläßt es Weerth nicht nur bei dem Mitleid mit den Armen und Unterdrückten, den Parias der Gesellschaft. Im Gedicht *Das Hungerlied* wird das drohend ausgedrückt:

> Drum laß am Samstag backen
> Das Brot fein säuberlich —
> Sonst werden wir sonntags packen
> Und fressen, o König, dich![60]

Die meisten der in Weerths Gedichten beschriebenen Menschen ertragen keineswegs geduldig ihr Schicksal. Sie vertrauen auch nicht mehr auf Gott. Es sind Menschen, die sich über ihre Lage allmählich klar geworden sind und sie ändern wollen. Weiß der arme Schneider im Gedicht *Es war ein armer Schneider* noch nichts über die Ursache seiner Not und unternimmt auch nichts dagegen, so äußern Jack, Tom, Bill und Ben im Gedicht *Der alte Wirt in Lancashire* schon ihren Unmut über ihr Schicksal. Noch entschlossener tritt der Kanonengießer im gleichnamigen Gedicht auf. Als dem Kanonengießer, der seit dem sechzehnten Lebensjahr in der Fabrik schwerste körperliche Arbeit geleistet hat, die Kräfte versagen, wird er vor die Tür gesetzt. Statt sein Schicksal einfach hinzunehmen, vertraut er auf die Zeit, wo sich die Arbeiter gegen ihre Herren erheben werden:

> Er ging — die Brust so zornig weh,
> Als ob sie der Donner durchgrollte
> Von allen Mörsern, die er je
> Hervor aus den Formen rollte.
> Doch ruhig sprach er: „Nicht fern ist das,
> Vermaledeite Sünder!
> Da gießen wir uns zu *eignem* Spaß
> Die Vierundzwanzigpfünder.“[61]

Eine bedeutende Rolle spielt in diesen Gedichten auch der Gedanke der internationalen Solidarität unter den Arbeitern. In dem Gedicht *Sie saßen auf den Bänken* zum Beispiel lassen sich „Wilde, zornige Kerls/Aus York und Lancashire“ erzählen „von der schlesischen Weberschlacht“:

> Und als sie alles wußten,
> Tränen vergoßen sie fast,
> Auffuhren die robusten
> Gesellen in toller Hast.
> Sie ballten die Fäuste und schwangen
> Die Hüte im Sturme da;
> Wälder und Wiesen klangen:
> *„Glück auf, Silesia!“*[62]

Während es in dem Gedicht *Sie saßen auf den Bänken* Männer aus Yorkshire und Lancashire sind, die sich mit den schlesischen Webern solidarisch erklären, so sind es ein Deutscher und ein Ire in dem Gedicht *Deutscher und Ire,* die sich in England zusammenschließen:

> Und ob auch keiner den andern verstand —
> Treuherzig reichten sie sich die Hand
> Und wurden Genossen in Freud und Leide —
> Denn arme Teufel waren sie beide.

Engels dachte wahrscheinlich an diese in England entstandenen sozialen Gedichte, als er Weerth den „ersten und *bedeutendsten* Dichter des deutschen Proletariats“ nannte. In diesen Gedichten kommen Weerths Haß auf die Reichen und seine Verbundenheit mit der arbeitenden Bevölkerung, aber auch seine Siegesgewißheit und seine Vorstellung von einer besseren Welt zum Ausdruck.

Da Weerth aber selten mit seinen Gedichten zufrieden war, vernichtete er viele wieder. „Du mußt wissen“, schrieb er seinem Bruder Wilhelm am 18. November 1846, „daß ich schon so viel dummes Zeug schrieb, daß ich mich einmal einen ganzen Abend in Yorkshire am Brande meiner Manuskripte wärmen konnte". Auch sträubte er sich, seine Gedichte zu veröffentlichen. Dazu Engels:

> Dabei unterschied er sich von den meisten Poeten dadurch, daß ihm seine Gedichte, einmal hingeschrieben, total gleichgültig waren. Hatte er eine Abschrift davon an Marx oder mich geschickt, ließ er die Verse liegen und war oft nur schwer dazu zu bringen, sie irgendwo drucken lassen. Nur während der *Neuen Rheinischen Zeitung* war das anders.[63]

Zu seinen Lebzeiten veröffentlichte Weerth nur eine sehr geringe Anzahl der in Bradford entstandenen Gedichte. Wenn überhaupt, so erschienen seine Gedichte in den Organen des deutschen Frühsozialismus wie Püttmanns *Deutschem Bürger-buch* und *Rheinischen Jahrbüchern* (1845) und Heß' *Gesell-schaftsspiegel* (1845/1846).

Während der ersten Zeit seines Bradford-Aufenthaltes hatte Weerth auch Reiseberichte über England und Wales für die *Kölnische Zeitung* geschrieben. Sie erschienen dort unter dem Titel *Von Köln nach London* (28.-30. Oktober 1843), *Englische Rei-sen* (20.-22. März, 23.-24. Mai, 4.-25. August 1844) und *Scherz-hafte Reisen* (19., 20., 22., 24.-26. Juli 1845). Die Reiseberichte gefielen dem Verleger der *Kölnischen Zeitung*, Joseph du Mont, so gut, daß er Weerth bat, weitere zu liefern. Als sich Weerth jedoch mit sozialen Fragen zu beschäftigen begann, distanzierte er sich von seinen früheren Reiseberichten, in denen seine jugendliche Begeisterung für England immer wieder zum Vor-schein kommt. Seitdem hatte sich sein England-Bild geändert. Zwar gefiel ihm immer noch vieles in England, doch war er kriti-scher geworden und hatte Abstand zu den Dingen gewonnen. Seiner Mutter, die seine Berichte in der *Kölnischen Zeitung* wegen des lockeren und witzigen Tons oft nicht mochte, versi-cherte er am 28. August 1844:

> Übrigens, fürchte Dich vor weiterm Berichten aus Yorkshire nicht: es soll mit den wenigen Aufsätzen sein Bewenden haben; ich bin jetzt schon tausend Meilen weiter, und andre Gedanken haben die verdrängt, die ich in den ersten Monaten meines Hierseins hatte. Rasch fährt der Wagen der Zeit, und verloren ist, wer in seinem Leben einen Abend hat.[64]

Ungefähr vom Herbst 1844. an befaßte sich Weerth literarisch hauptsächlich mit politischen, sozialen, wirtschaftlichen und geschichtlichen Themen. Die Artikel darüber bilden den Kern seiner *Skizzen aus dem sozialen und politischen Leben der Briten.* Die *Englischen Skizzen* sind sein umfangreichstes Werk und der bedeutendste literarische Niederschlag seiner England-Jahre. Nach seiner Rückkehr nach dem Festland 1846 arbeitete Weerth weiter an den *Englischen Skizzen.* Ein Teil war bereits verstreut in frühsozialistischen Organen *(Rheinische Jahrbücher, Gesellschaftsspiegel)* erschienen. In den Jahren 1847 und 1848 überarbeitete Weerth seine England-Aufsätze, erweiterte sie und stellte sie für eine Veröffentlichung als Buch zusammen. Dann kam die Revolution von 1848 und mit ihr Weerths Tätigkeit an der *Neuen Rheinischen Zeitung,* als seine Zeit von Wichtigerem in Anspruch genommen wurde. Und nach dem Scheitern der Revolution hatte er kein Interesse, die *Englischen Skizzen* in Buchform zu veröffentlichen. Außerdem war angesichts der politischen Zustände in Deutschland an eine Veröffentlichung nicht zu denken.

Weerths *Skizzen aus dem sozialen und politischen Leben der Briten* sind vielleicht gerade deswegen so interessant und lesbar, weil sie kein einheitliches Buch sind. Den äußeren Rahmen der *Skizzen* bilden Weerths Hinreise nach England im Jahre 1843 und seine Rückreise nach dem Festland zweieinhalb Jahre später. Eingebettet in die amüsanten und lockeren Reisebeschreibungen eines „jugendlichen, romantischen" jungen Mannes und „ehrlichen Menschen" sind die gewichtigeren mittleren Kapitel der *Skizzen,* die von politischen und sozialen Themen handeln und in denen sich der Verfasser als bestens informierter politischer Beobachter erweist.

Viele von Weerths Zeitgenossen, die die politische Lage in Deutschland als drückend erlebten, sahen England als Land der Freiheit, das sie als Musterbeispiel eines demokratischen Staates verherrlichten. So auch Weerth, der zutiefst davon beeindruckt war, mit welcher Selbstverständlichkeit England Flüchtlinge aus aller Welt aufnahm und ihnen eine neue Heimat bot. In überschwenglich-pathetischem Ton drückt Weerth seine Bewunderung für England aus:

Denn hat nicht mancher, dem der Schnee Sibiriens, dem die Bergwerke des Ural, dem die Bleidächer des Südens, dem die Kerker, ach, meiner eigenen Heimat zur Wohnung bestimmt waren, den das Vaterland ausstieß wie einen verlorenen Sohn, der wie ein gehetztes Wild von Dorf zu Dorf, von Stadt zu Stadt gejagt wurde, dessen Jugend daheim in wenigen Jahren untergraben, dessen Stolz in wenigen Monaten geknickt, dessen Liebe in Haß, dessen Begeisterung in dumpfes Trauern, dessen Energie in Verzweiflung verwandelt werden sollte — hat er nicht hier, hat er nicht an dem Strande jener kalt und unfreundlich gescholtenen Briten eine neue Stätte gefunden, wo er durch Fleiß, durch Ausdauer, durch Kraft und Verstand fast zu jeder Stellung in der Gesellschaft gelangen kann, die dem in diesem Lande Geborenen nur unter gleichen Bedingungen offensteht? Eröffnete England ihm nicht ein Feld, auf dem er alles treiben kann, was die Jugend bewegt, was des Mannes Alter erntet, was den Greis erfreut? Stand ihm nicht dies ganze kolossale Reich mit allen seinen unerschöpflichen Quellen alles dessen offen, was man heute noch Ruhm und Glückseligkeit nennt? Gewiß, mit allen den Voraussetzungen, welche in England und in aller Welt dieselben sind, konnte er hier noch zu allem gelangen, was den Schmerz einer verlorenen Heimat zu lindern imstande ist.

Wer für politische Vergehen der Strenge seines heimatlichen Gesetzes unterlegen hätte — England gab ihm Raum und Freiheit, um der Überzeugung seines Herzens zu leben.

Wen der Leichtsinn ins Verderben zu stürzen drohte — England gab ihm die Zeit, um sich zu bessern.

Wer daheim an jedem Orte nur einen Abgrund vor seinen Füßen sah — England gestattet ihm den Einzug in seine Felder und eröffnete ihm eine neue Welt![65]

Auch die Art und Weise, in der England zur führenden Industrienation der Welt geworden war, findet zunächst Weerths Anerkennung:

Denn wir leben in einem Kampf aller gegen alle; wir leben in einem Jahrhundert der freien Konkurrenz, wo jeder sich so gut hilft, wie er kann, wo jeder nach seiner Facon, wo jeder auf die vorteilhafteste Weise selig zu werden sucht und wo nur Titanen einen anderen Weg zu bahnen suchen als den, welcher heute für den Weg des Rechtes und der Vernunft gilt. Und wenn es den Engländern nun gelungen ist, vor allen Völkern selig zu werden, da zeigt es sich eben, daß sie unsere Zeit am besten begriffen haben, daß sie eben die Matadore des Jahrhunderts sind, daß sie weniger zu verdammen als zu bewundern, daß sie weniger zu bedauern als zu beneiden sind.[66]

Wie so vielen deutschen England-Reisenden ergeht es auch Weerth beim Anblick von London, er ist überwältigt und betäubt:

64

Einem guten Deutschen, der an seine schöne Gemütlichkeit und, wenn er nicht gerade in den größeren Städten des Landes gebürtig, meistens an eine ziemlich ruhige Straße vor seinem Hause gewöhnt ist, der wunders meint, was es ist, wenn jede Stunde ein Dampfschiff über den Rhein fährt, dem wird es wahrhaftig etwas sonderbar zumute, sieht er plötzlich das Städteungeheuer London vor sich liegen, das sich am Ufer des breiten Stromes aus Dampf und Nebel geisterhaft hervorhebt, sieht er immer andere Kirchen und Paläste heraufsteigen, die Schiffe immer dichter geschart und namentlich ganze Haufen von Dampfbooten im bunten Gemisch durcheinanderfahren, sieht er am Strand dies Gewühl von Menschen und fährt nun endlich gar auf einer Eisenbahn weit über die Dächer der Häuser hinweg, mitten in das Gebrause dieses unheimlich großen Chaos, in dem beinahe zwei Millionen glückliche und unglückliche Seelen ihr Wesen treiben.[67]

Ähnlich beeindruckt war auch Engels von London:

Ich kenne nichts Imposanteres als den Anblick, den die Themse darbietet, wenn man von der See nach London Bridge hinauffährt. Die Häusermassen, die Werften auf beiden Seiten, besonders von Woolwich aufwärts, die zahllosen Schiffe an beiden Ufern entlang, die sich immer dichter und dichter zusammenschließen und zuletzt nur einen schmalen Weg in der Mitte des Flusses frei lassen, einen Weg, auf dem hundert Dampfschiffe aneinander vorüberschießen — das alles ist so großartig, so massenhaft, daß man gar nicht zur Besinnung kommt und daß man vor der Größe Englands staunt, noch ehe man englischen Boden betritt.[68]

Im zweiten Kapitel der *Englischen Skizzen* (London) nimmt Weerths London-Bild festere Formen an. Aus seinem zum Teil idealisierten England-Bild wird eine auf eigenen Anschauungen fußende, realistischere Darstellung. Er sieht nicht nur die Sonnenseite, sondern auch die Schattenseite des englischen Lebens, „die schrecklichen Kontraste", wie er sagt.

Immer wieder ist die Rede von dem Kontrast zwischen Reichtum und Armut, zwischen den Besitzenden und den Besitzlosen. Auf der einen Seite gedeihen Handel, Industrie, Schiffahrt, Politik, Wissenschaft und Kunst, auf der anderen Seite werden Menschen rücksichtslos ausgebeutet, sterben Tausende vor Hunger. Das sind die „grellsten Kontraste unserer gesellschaftlichen Zustände":

wo du zur Mittagszeit im Hydepark alle zehn Schritt auf einen Krösus stößt, während sich vielleicht zu derselben Zeit ein Proletarier in das grüne Gras am Fuße der Statue des Achilles niederlegt, um, vom Hunger tagelang gefoltert, endlich still zu verrecken.[69]

65

Neu ist jedoch der spöttisch-bittere Ton, mit dem Weerth über die von Gott gewollte Weltordnung herzieht. Verbittert über so viel Ungerechtigkeit ist Weerth zu der Erkenntnis gelangt, daß die gesellschaftlichen Zustände der Gegenwart geändert werden müssen und daß es keinen Zweck hat, auf Gotteshilfe zu vertrauen:

> Es ist aber komisch, wie hier in den Docks alles volliegt von dem, was das Herz erfreuen, den Magen stärken, die Füße wärmen und die Seele erbauen kann, und wie zehn Minuten weiter die Geschöpfe Gottes auf dem Straßenpflaster verhungern und den Wanderer wie Wölfe und Katzen anfallen, um sich durch das Geschenk eines Pennys wieder für einige Stunden das Leben fristen zu lassen. — Das kommt aber, weil Gott alles weise und gut geordnet hat und die Erde voll seiner Güte ist.[70]

Im dritten Kapitel der *Englischen Skizzen, Londoner Leben*, kommt Weerth auf eins seiner Lieblingsthemen zu sprechen: die scheinbare Frömmigkeit der Engländer. Anlaß dazu ist ihm das Treiben des ehemaligen Frankfurter Juden Dr. Wolff, der zuerst zum katholischen Glauben und dann zur anglikanischen Kirche übergetreten war. Wolff hatte eine Reise in den Orient unternommen, um zwei vermißte englische Offiziere zu finden. In der englischen Presse wurde damals weit und breit über diese Reise berichtet, ohne daß jemand Wolffs Reiseabenteuer bestätigen konnte. Nach England zurückgekehrt, machte sich Wolff ans Werk, „seine Märchen gegen gutes englisches Geld zu versilbern". Weerth schildert, wie die Engländer in seine Vorlesungen rannten, angelockt von der Vorstellung eines Pastoren, eines Doktoren, „der auf einem Esel den Orient durchritt, im wallenden Talar, das Wort des lebendigen Gottes aufgeschlagen in der Hand".

Weerth, der selbst eine von Wolffs Vorlesungen besuchte, machte sich über die bigotten Engländer lustig, die, wenn sie auch nicht an die Reiseberichte des Dr. Wolff glaubten, dennoch die Versammlung besuchten und vor dem Pastor Frömmigkeit heuchelten. Durch seine Lügen, „einem Gewebe von seltsamen Abenteuern, frommen Historien und christlichen Sentenzen", gelang es Wolff, „mit der eignen Heuchelei die Heuchelei aller seiner Zuhörer zu überwinden", „er feierte den größten Triumph, den ein Redner feiern kann". Doch damit gab sich Wolff nicht zufrieden.

Weerth berichtet, daß Wolff nach Ende seines Vortrags mit einer großen Liste an der Tür stand, „und jeder der Hinausgehenden mußte jetzt für seinen Enthusiasmus bluten, indem er auf ein sehr teueres Exemplar der gedruckten Reise des Doktors subskribierte".

Weerth nimmt den Hut ab vor „diesem schlauen durchtriebenen Manne", der die heuchlerischen Fabrikanten mit ihren eigenen Waffen geschlagen hatte:

> Aber diese englischen Commerçants zu hintergehen, diese Leute, welche sechs Wochentage lang aus Lug und Trug zusammengesetzt sind und es nur am Sonntag für ihre Pflicht halten, die Mäuler in religiöse Falten zu ziehen — nein, das ist verdienstvoll, das ist lobenswert!

Die Engländer, behauptet Weerth, betreiben die Heuchelei im großen Stil,

> wie die meisten Sachen, ganz en gros. Sie sind wahre Virtuosen in der Heuchelei; ihre Heuchelei hat etwas Kolossales, Weltumfassendes![71]

So wie Weerth in den *Englischen Skizzen* seine deutschen Leser über bestimmte Eigenschaften und Charakterzüge der Engländer informieren möchte, so beschreibt er auch Aspekte des englischen Lebens, die ihm als Ausländer interessant erscheinen. Besonders angetan war er von der satirischen Wochenzeitschrift *Punch,* die „in kurzen Artikeln, Versen und Karikaturen die politischen und sozialen Zustände des Inlands und des Auslands [...] lustig und humoristisch behandelt", die die „ergötzlichsten Humoresken und Sarkasmen" enthält und die ihre Feinde „mit Witz und Spott überschüttet".

Es ist bestimmt kein Zufall, daß dem Humoristen und Satiriker Weerth der *Punch* so sehr gefiel. Er sah an diesem Beispiel, wie wirkungsvoll die Mischung von Witz und Spott bei der Behandlung der politischen und sozialen Zustände war. Das entsprach auch seinen Vorstellungen, die er später als Feuilletonchef der *Neuen Rheinischen Zeitung* in die Tat umsetzte.

Wie alle Dinge in England sieht Weert auch *Punch* bald vom Standpunkt der Arbeiterklasse. Trotz ihrer liberal-philanthropischen Linie verhalten sich Zeitschriften wie *Punch* gegenüber der Arbeiterklasse ebenso,

> wie man gut gegen einen ruhigen, armen Domestiken sein kann, sie werden aber brutal, sobald dieser Domestike etwas verlangt, worauf er zwar ein

menschliches Recht hat, was ihm aber die heutige Gesellschaft verweigert.[72]

Dennoch war ihm, der „dazu verurteilt war, in England längere Zeit zu verweilen", *Punch* „an jenen traurigen großbritannischen Sonntagnachmittagen, wo aller Spaß der Welt ein Ende hat", stets ein heiterer Freund, „mit dem man an der Seite eines flammenden Kamins manche angenehme Stunde verbrachte."

Weerths *Englische Skizzen* enthalten darüber hinaus viel Autobiographisches, so z. B., wenn von Politik die Rede ist:

Mit der Ankunft in England wird jeder Fremde, wenn er es früher noch nicht war, doch gewiß dann, mehr oder weniger ein Politiker.

Ohne daß der Fremde es weiß,

wird er bald mit dem Stand der Parteien bekannt; wenige Wochen vergehen, da hat er sich eine Meinung gebildet, und ist ein halbes Jahr herum, da sitzt er auch schon mit befreundeten Bretonen in der Bar eines Hotels, um über Korn- und Zuckerzölle geradeso verwegen mitzusprechen, als wenn er diese Sachen schon in Quarta auf der Schule der Heimat von hinten und von vorne kennengelernt hätte. Mir ging es wenigstens so.[73]

Weerth jedenfalls interessierte sich „für den Kampf eines fremden Volkes mehr wie für alle die stille Gemütlichkeit der Heimat". Mitgerissen von dem allgemein herrschenden politischen Interesse der Engländer, „erlernt" er „die Politik in England spielend". Und so spielen die Politik und die politischen Führer eine wichtige Rolle in Weerths *Englischen Skizzen*. Über Sir Robert Peel, der während Weerths England-Aufenthalt Premierminister war, berichtet er ausführlich im Kapital *Londoner Leben*. Seine Quelle sind die *Random Collections of the House of Commons*, denen er eine Skizze über Peel entnimmt. Wie so oft in den *Englischen Skizzen* beläßt es Weerth aber nicht bei einer getreuen Wiedergabe seiner Quelle, sondern fügt sein eigenes Urteil über den Politiker hinzu. Er sieht Peel als einen politischen Opportunisten, der zwar einsieht, „daß von Zeit zu Zeit Reformen gemacht werden müssen, der aber eine solche Furcht vor allen gewaltsamen Umwälzungen hat", daß er nur dann handelt, wenn die Sache nicht mehr aufzuhalten ist.

Im vierten Kapitel, *Eine Reise ins Innere des Landes*, beschreibt Weerth seine Reise nach Yorkshire, „wo alle Kultur ein Ende hat", wo er „mitten unter die Barbaren der Industriedistrikte geraten" ist. Auch in Bradford fallen ihm wieder die

Kontraste des englischen Lebens auf. Auf der einen Seite die hell erleuchteten Straßen und die Läden voll der verlockendsten Waren. Und auf der anderen Seite aus einem tiefen Tal dringender dicker, schwarzgrauer Nebel, Reihen von Schornsteinen, „der Ort, wo das Rasseln der Räder, das Schnurren von Millionen Spindeln sich mit den Seufzern der geplagten Arbeiter mischt".

Den größten Teil des Kapitels *Eine Reise ins Innere des Landes* macht aber Weerths höchst amüsante Schilderung seiner Erlebnisse im Hause seiner Wirtin, einer Mrs. Woodcock, aus. Hier tritt Weerth wieder als der romantische Jüngling auf, dem es die Tochter seiner Wirtin angetan hat:

> Wo ein junges Mädchen im Hause ist, da können ein Paar schöne Augen darin sein; wo schöne Augen sind, wird es auch rote Lippen geben; wo rote Lippen sind, kann ein Kuß nicht fehlen; wo man küßt, da liebt man; wo man liebt, da laß' dich ruhig nieder! Ergo, ich miete diese Wohnung! Ergo, ich bleibe hier![74]

Weerth macht sich auch über das Deutschlandbild der Engländer lustig. Die Tochter seiner Wirtin weiß von Deutschland nur, daß es ein Land der Wolfsjagden ist, wo man den Wölfen die Ohren abschneidet. Auf die Frage, ob man in Deutschland auch schon die Bibel kenne, antwortet er schelmisch: „Seit kurzem!" Daß sich auf dieses Geständnis hin seine Lage im Hause der Frau Woodcock bedeutend änderte, gehört zu den humoristischsten Stellen in den *Englischen Skizzen*: „Es war kein Zweifel, man wollte mich episkopalisch bekehren". Sein *Tristram Shandy*, in dem er eifrig las, war „beiseite geschoben, und [...] eine Pilgrimsgeschichte mit goldenem Schnitt blickte darunter hervor". Dann wurde er eingeladen, die Familie in die Kirche zu begleiten. Die Familie triumphierte, „einen Deutschen aus dem wilden Lande der Wölfe zur Seligkeit episkopalischen Kirchendienstes eingeführt zu haben". Weerth amüsiert sich köstlich über die andächtigen „Leute, die während der Woche so gern Sand in den Zucker streuen, die Kalkwasser mit Milch vermischen", über „Bankiers, die das Skalpieren besser verstehen wie die Mohikaner des Westens; Makler, die gewiß in den Himmel kommen, weil sie den Teufel um jede Seele, also auch um die eigene prellen werden".

Interessant ist ein Vergleich zwischen Weerths *Skizzen aus dem sozialen und politischen Leben der Briten* und Engels' *Die Lage der arbeitenden Klasse in England* (1845). Weerth kannte Engels' Buch gut. Er war oft mit Engels zusammen, als Engels Material für seine Arbeit sammelte. Engels hatte während des Sommers 1844, als sich die beiden häufig sahen, über seine Arbeit an dem Buch gesprochen, und Weerth war in der Tat der erste, der die deutsche Öffentlichkeit auf Engels' Buch aufmerksam machte. Am Schluß seines Artikels *Proletarier in England* in den *Rheinischen Jahrbüchern* erwähnt Weerth, daß

eine der besten philosophischen Federn in Deutschland damit beschäftigt ist, eine umfassende Darstellung des Lebens englischer Arbeiter zu schreiben, ein Werk, welches von unberechenbarer Wichtigkeit sein wird.

Während es Engels' Absicht war, die Lage der arbeitenden Klasse in England aufzudecken und er seine Arbeit als eine Anklage gegen die Bourgeoisie verstanden wissen wollte, waren Weerths *Englischen Skizzen* keine Anklageschrift im Engelsschen Sinne. Das lag zum Teil daran, daß Weerth dem Leser seine persönlichen Eindrücke von England schildern wollte. Deswegen ist sein Werk nicht so homogen wie das von Engels. Zwar behandelt auch Weerth in seinen *Englischen Skizzen* die Lage der arbeitenden Klasse und die Geschichte der Arbeiterbewegung, aber er liefert auch amüsante Reisebeschreibungen sowie lustige Anekdoten und Geschichten über bestimmte Aspekte des englischen Lebens. All dies ist geschrieben im Stil des Reisenden, der seine Landsleute über England informieren möchte. Ein Teil dieser Arbeiten erschien daher auch im Feuilleton der *Kölnischen Zeitung*.

Wie Engels stützt sich Weerth teilweise auf persönliche Erfahrungen, teilweise auf Information von Freunden — in Weerths Fall hauptsächlich Jackson und McMichan —, teilweise auf Sekundärliteratur wie offizielle Berichte, Parlamentsveröffentlichungen, Regierungsuntersuchungen und Zeitungen. Angesichts Weerths und Engels' unterschiedlicher Zielsetzung überrascht es nicht, daß Engels' Arbeit besser belegt ist. Engels beruft sich ausführlich auf das vorhandene Quellenmaterial, während Weerth nur wenig Gebrauch von den vielen in den 30er und 40er Jahren erschienenen und ihm bekannten Berichten der Parlamentskommissionen machte, weil es nicht seinem Zweck gedient hätte.

Politik und Literatur füllten die Zeit von Weerths Englandaufenthalt voll aus. Außer einem kurzen Abstecher nach Nordwales im Herbst 1844 hatte er seit seiner Ankunft in Bradford im Dezember 1843 keinen Urlaub genommen. Während seines gesamten Aufenthalts litt er an Husten, Erkältungen und Bronchialkatarrhen, die durch den Rauch, den Dampf, die Feuchtigkeit und das unfreundliche Klima verursacht waren. Auch hatte er abgenommen.

Im Frühjahr 1845 war sein Gesundheitszustand so schlecht, daß er Bradford ganz verlassen wollte. Sein Chef Passavant wollte ihn jedoch nicht verlieren und schlug ihm vor, sich ein paar Wochen im Seebad Southport zu erholen. Auch Weerths Freund, der Arzt McMichan, empfahl ihm einen Klimawechsel. Der Gedanke an ein englisches Seebad sagte aber Weerth nicht zu. Er entschloß sich daher, stattdessen für vierzehn Tage nach Paris zu fahren.

Auf dem Weg zum Festland verrenkte er sich seinen Fuß, begab sich aber erst in Brüssel in ärztliche Behandlung. Der Arzt setzte sofort Blutegel an und verordnete vierzehntägige Ruhe. Weerth war nun schwächer als vor seiner Abreise aus Bradford. Es dauerte noch eine weitere Woche, bevor er wieder laufen konnte. Inzwischen hatte er die Idee, nach Paris zu fahren, aufgegeben. Der Aufenthalt in Brüssel kam ihm sehr gelegen, da Engels zu der Zeit in Brüssel wohnte. Seit Engels' Abreise aus England im August 1844 hatte Weerth auf eine Gelegenheit gehofft, ihn wiederzusehen, und am 25. Juni 1845 schrieb er ihm: „I don't care a damn where".

Durch Engels' Vermittlung lernte Weerth in Brüssel Karl Marx kennen. Auf der Rückreise von England hatte Engels Marx im August/September 1844 für zehn Tage in Paris besucht. Dieser Besuch markierte den Anfang ihrer lebenslangen Freundschaft und engen Zusammenarbeit. Von Paris aus fuhr Engels nach Barmen, wo er *Die Lage der arbeitenden Klasse in England* schrieb. Familienangelegenheiten hielten ihn in Barmen bis April 1845 fest, als er zu Marx nach Brüssel zog.

Marx war zwei Monate vor Engels in Brüssel eingetroffen.

Nach dem Verbot der *Rheinischen Zeitung* war Marx im Oktober 1843 nach Paris gegangen, um mit Arnold Ruge die *Deutsch-Französischen Jahrbücher* herauszugeben. Kaum war der erste Doppelband der *Jahrbücher* erschienen, wurde er auch schon in Deutschland beschlagnahmt, Marx nebst andern Mitarbeitern der *Jahrbücher* des Hochverrats beschuldigt. Nachdem Marx zwei antipreußische Artikel in der in Paris erscheinenden Emigrantenzeitschrift *Vorwärts* veröffentlicht hatte, bewirkte die preußische Regierung seine Ausweisung aus Frankreich. Da er in Deutschland mit Sicherheit verhaftet worden wäre, ging er nach Brüssel. Dort wurde ihm die Aufenthaltserlaubnis erteilt unter der Bedingung, daß er nichts über die politischen Tagesereignisse schrieb.

Es ist möglich, daß sich Weerth und Marx schon vorher kannten, jedenfalls lernten sie sich durch Engels' Vermittlung im Sommer 1845 in Brüssel näher kennen. Hieraus entwickelte sich ein zwar enges, aber nicht immer harmonisches Verhältnis zwischen Marx und Weerth.

In Brüssel sah Weerth auch Heinrich Bürgers (1820-1878) wieder. Er kannte Bürgers von der Zeit her, als er 1839-1842 bei Graf Meinertshagen in Köln arbeitete und Bürgers an der Universität Bonn Philologie studierte. Nach Abschluß des Studiums verrichtete Bürgers 1841 seinen Militärdienst und arbeitete dann als Journalist. 1844 ging er nach Paris, wo er mit Marx Kontakt aufnahm. Als Marx aus Frankreich ausgewiesen wurde, folgte ihm Bürgers nach Brüssel.

Weerth kam Anfang Juli 1845 in Brüssel an. Er wollte drei Wochen bleiben, blieb aber sechs. Er fand Unterkunft bei Bürgers, der sich zusammen mit Marx und Engels um ihn kümmerte, mehr als es nötig war und Weerth es wünschte. Die Zeit verbrachten sie, indem sie Domino spielten und philanthropische Gespräche führten. Als es Weerth besser ging, machte er Spaziergänge im Park oder besuchte die italienische Oper.

Innerhalb von einigen Wochen war sein Husten verschwunden und sein allgemeiner Gesundheitszustand hatte sich verbessert. Weerth erwog jetzt, seine Stelle in Bradford aufzugeben. Er war entschlossen, nur noch bis Ende des Jahres in Bradford zu bleiben. In der Zwischenzeit wollte er sich um eine Agentur für eine englische Textilfirma in Belgien bemühen, die es ihm erlauben würde, in der Nähe seiner Freunde zu sein.

Als Weerths Mutter von seiner Reise nach Brüssel und von seinem Entschluß, Bradford zu verlassen, hörte, wollte sie Friedrich aus'm Weerth bitten, ihren Sohn wieder einzustellen. Aber Georg weigerte sich, weiter etwas mit den Weerths in Bonn zu tun zu haben. Er ließ sich — auch von seiner Mutter — ungern Vorschriften machen:

> Ich muß Dich ein für allemal bitten, mich meinen eigenen Weg gehen zu lassen; Du kannst aber versichert sein, daß ich alles in der reinsten Absicht tue,

schrieb er seiner Mutter aus Brüssel am 19. Juli 1845.

Er wußte, wie kritisch seine Mutter seinen außerberuflichen Aktivitäten gegenüberstand. Dennoch kündigte er an, auch in Zukunft wahrscheinlich manche Dinge zu tun, die ihrem Willen und ihren Ansichten entgegen stünden:

> Ich gehöre zu den „Lumpen-Kommunisten", welche man so sehr mit Kot bewirft und deren einziges Verbrechen ist, daß sie für Arme und Unterdrückte zu Felde ziehen und den Kampf auf Leben und Tod führen. Laß die Herren des Besitzes sich in acht nehmen, die kräftigen Arme des Volkes sind auf unserer Seite, und die ersten Geister aller Nationen treten nach und nach zu uns über.

Stolz berichtete Weerth seiner Mutter von seinen Parteifreunden:

> Da ist mein sehr lieber Freund Fried. Engels aus Barmen, der hat ein Buch zugunsten der englischen Arbeiter geschrieben und die Fabrikanten mit vollem Recht schrecklich gegeißelt. Sein eigener Vater hat Fabriken in England und Deutschland.
> Nun ist er mit seiner Familie schrecklich zerfallen; man hält ihn für gottlos und verrucht, und der reiche Vater gibt seinem Sohn nicht einen Pfennig mehr zum Unterhalt. Ich aber kenne diesen Sohn als einen himmlisch guten Menschen, der einen ungewöhnlichen Verstand und Scharfsinn besitzt und Tag und Nacht mit den ungeheuersten Anstrengungen für das Wohl der arbeitenden Klasse kämpft.[75]

Mitte Juli, ungefähr vierzehn Tage nach Weerths Ankunft in Brüssel, fuhren Marx und Engels nach England, wo Engels Marx mit Harney und den Führern des Bundes der Gerechten bekanntmachte. Während ihrer Abwesenheit unternahm Weerth eine Reise durch Belgien, auf der er feststellte, daß Belgien in geschäftlicher Hinsicht für ihn kein sehr ertragreiches

Arbeitsgebiet sein würde. Falls sich nicht noch zufällig etwas anbot, was er nur in England erfahren konnte, wollte er sein Augenmerk auf London richten, das eine besondere Faszination auf ihn ausübte und wo er schon immer wohnen wollte.

Von Ostende, das er auf seiner Rundreise durch Belgien besuchte, hätte Weerth sich leicht nach England einschiffen können. Er zog es aber vor, nach Brüssel zurückzukehren, um dort auf Marx und Engels zu warten, die in der letzten Augustwoche aus England zurückkehrten.

Wie wichtig das Zusammensein mit Marx und Engels für ihn war, geht aus zwei Briefen an seine Mutter hervor. Am 23. August 1845 erklärte er ihr, warum er nicht von Ostende aus nach England zurückgekehrt sei:

> Ich hätte nun gleich nach England reisen sollen, aber erstens war mir das bare Geld ausgegangen, zweitens vermutete ich, daß mir das weite Fahren doch wohl hintereinander nicht zuträglich wäre, und drittens spürte ich auch große Lust, noch einige Tage auf meine Freunde Marx und Engels zu warten, die jeden Augenblick von einer Reise nach Manchester wieder hier eintreffen können. Dieser letzte Grund scheint mir nach genauerer Überlegung wohl der wichtigste gewesen zu sein.[76]

Im gleichen Brief erwähnte er, daß er „allerlei gesehen und gehört", „einen interessanten Umgang" gehabt habe, „manche Ideen" mit sich forttrage und sich nach Ruhe sehne, „um sie besser packen zu können". Und aus Bradford schrieb er ihr rückblickend am 26. September 1845:

> In Brüssel war ich noch etwas mit meinen Freunden zusammen, die gerade von England zurückkamen, als ich dorthin abreisen wollte. Dies Zusammensein war durchaus nötig für mich.[77]

Auf der Rückfahrt nach Bradford blieb Weerth zwei Tage in London, wo er mit Harney zusammentraf, der seit 1844, als die Redaktion des *Northern Star* von Leeds nach London zog, dort wohnte. Weerth wußte von der Bedeutung, die Marx und Engels ihrer Beziehung zu Harney beimaßen. Er tat sein Bestes, um diesen Kontakt aufrechtzuhalten und zu vertiefen, indem er seine Dienste als Kurier anbot.

Weerth traf Harney in der Wohnung einer ihrer gemeinsamen Freunde, bei Wilhelm Weitling (1808-1871). Weitling gilt als der erste deutsche kommunistische Theoretiker und Agitator. Der aus Magdeburg stammende Weitling war ein gelernter Schnei-

der, der sich nach Absolvierung der traditionellen Wander-
schaft 1835 in Paris niedergelassen hatte. Paris war zu der Zeit
ein Zentrum der deutschen Emigration, der politischen wie der
sozialen. Weitling begann sich dort politisch zu engagieren und
trat der von deutschen Flüchtlingen gegründeten Geheimorga-
nisation, dem Bund der Geächteten, bei, aus dem der Bund der
Geächteten hervorging, in dessen Zentralkomitee Weitling
1838 gewählt wurde. Im gleichen Jahr veröffentlichte er die
Schrift *Die Menschheit wie sie ist und wie sie sein sollte,* die als
Manifest des Bundes übernommen wurde. Im Auftrag des Bundes reiste Weitling 1841 in die Schweiz, wo zwei Jahre später
sein Hauptwerk, *Garantien der Harmonien und Freiheit,* das von
Marx und Engels mit Lob bedacht wurde, erschien. Nach Ver-
büßung einer Gefängnisstrafe wurde er 1844 nach Preußen
abgeschoben. Auch aus Preußen wurde er bald ausgewiesen und
kam im August 1844 in London an.

Damals waren Weerth und Weitling gut befreundet. Weerth
fand Weitling „höchst liebenswürdig und interessant". Weitling
seinerseits versuchte ihn zu überreden, zu ihm nach London zu
ziehen. So sehr Weerth Weitling und London mochte, er lehnte
sein Angebot ab, weil er unabhängig bleiben wollte.

Als Weerth sich in London aufhielt, fand eine Versammlung
aus Anlaß der Gründung der ersten französischen Republik
statt. Auf dieser Versammlung, die von den *Democratic Friends
of All Nations* organisiert war, sprachen auch Weitling und Harney. Als Hauptredner forderte Harney die Versammelten auf,
sich ohne Rücksicht auf Herkunft und Staatsangehörigkeit im
Kampf gegen Unterdrückung und Ungerechtigkeit zu vereini-
gen. Weerth nahm zwar nicht an dieser Versammlung teil, aus
der die *Fraternal Democrats* im März 1846 hervorgingen, aber
Harney und Weitling berichteten ihm davon. Weerth wiederum
informierte Marx und Engels darüber in einem Brief vom 20.
Oktober 1845.

Weerths Rückkehr nach Bradford im September 1845 fiel in
eine politisch sehr aktive Zeit. Nach einer schlechten Kartoffel-
ernte war die Abschaffung der Korngesetze zu einer dringenden
politischen Frage geworden, die die Aufmerksamkeit aller
beanspruchte und das Land in zwei Lager spaltete. Seit der

Kampagne für die Reform Bill 1832 hatte kein Thema in England so einen Wirbel entfacht. An der Spitze der Bewegung zur Abschaffung der Kornzölle stand die Anti-Corn-Law-League, die, obwohl sie hauptsächlich aus Fabrikanten bestand, auch auf die Unterstützung der Arbeiterklasse aus war und so mit den Chartisten um die Gunst der Massen kämpfte. Dadurch gerieten die Chartisten in eine ambivalente Lage. Einerseits sahen sie ein, daß die Abschaffung der Korngesetze notwendig war, andererseits wollten sie die Kampagne zur Abschaffung als Teil ihres eigenen Parteiprogrammes betreiben. Außerdem behaupteten sie, daß die Abschaffung, wie sie von der Anti-Corn-Law-League herbeigesehnt wurde, nur den Fabrikanten und nicht der Arbeiterklasse nützen würde.

Weerth interessierte sich sehr für die Bewegung gegen die Korngesetze und besuchte viele Versammlungen, die die Freihändler im Winter 1845 in ganz Yorkshire hielten. Eine solche Massenversammlung fand am 17. Dezember in Wakefield statt. Am Tage der Versammlung waren die meisten Textilfabriken Bradfords geschlossen. Um sich die Unterstützung der Arbeiter zu sichern, gaben viele Bradforder Fabrikanten ihren Arbeitern frei und schenkten ihnen 2 oder 3 Shilling für die Eisenbahnfahrt nach Wakefield. Obwohl viele Fabrikarbeiter nach Wakefield fuhren, zogen die meisten die Kneipen der Versammlung vor. Diejenigen, die wegen des schlechten Wetters in Bradford blieben, taten das gleiche, und so konnte Weerth an dem Tag mehr Menschen als gewöhnlich in den Gastwirtschaften Bradfords feststellen.

Die Versammlung in Wakefield, so behauptete Weerth, spiegelte deutlich die Haltung der Arbeiterklasse zu den Korngesetzen wider. Er fand, daß die Fabrikarbeiter zwar für die Abschaffung waren, daß sie sich aber kein Bein ausrissen, um sie zu unterstützen. Ihre Apathie stand in scharfem Kontrast sowohl zu den Fabrikanten, die unermüdlich für die Abschaffung agitierten, als auch zu den Aristokraten, die ebenso leidenschaftlich die Korngesetze verteidigten. In einem Brief an Marx vom 25. Dezember 1845 beurteilte Weerth die Lage folgendermaßen:

Die Proletarier hier in der Gegend sind zwar so ziemlich damit einverstanden, daß die Kornzölle abgeschafft werden sollen — Mühe geben sie sich aber nicht darum. Die Bourgeois sind aber unermüdlich; als ich neulich von Leeds kam, saß ich neben einem Fabrikanten, der mitten im fürchterlichsten Sturm und Regen den 10 Kerls, die oben auf der Kutsche hingen, sieben Meilen Weges den freien Handel predigte.[78]

Weerth sah die Anti-Corn-Law Bewegung vom Standpunkt der Arbeiterklasse. Er zweifelte nicht daran, daß die Korngesetze abgeschafft werden würden, zur gleichen Zeit aber war er überzeugt, daß die Abschaffung für die Armen keinerlei Verbesserung ihrer Lage bringen würde. Sobald die Preise für die Lebensmittel fielen, würden die Löhne sinken und die Arbeiter sich immer noch nicht besser stehen. Die Fabrikanten wären die einzigen, die von der Abschaffung profitierten. Sie waren nur an größeren Gewinnen und der Eroberung ausländischer Märkte interessiert. Diese Ansichten vertrat Weerth ausführlich 1847 auf dem Freihandelskongreß in Brüssel.

Wahrscheinlich im Herbst 1845 begann Weerth die Arbeit an den *Humoristischen Skizzen aus dem deutschen Handelsleben,* die auf seinen in den Jahren 1842 und 1843 gemachten Erfahrungen als Korrespondent und Privatsekretär in Friedrich aus'm Weerths Handelsbüro in Bonn gegründet sind. Hauptfigur der *Humoristischen Skizzen* ist Friedrich Preiss, der niemand anders als Friedrich aus'm Weerth ist, in dem Georg Weerth einen typischen Vertreter der deutschen Bourgeoisie zeichnet. Auf den Gedanken, den Namen Weerth in Preiss umzuwandeln, mag Georg Weerth durch Engels gekommen sein, der in seinem Artikel *Umrisse zu einer Kritik der Nationalökonomie (Deutsch-Französische Jahrbücher,* 1844) erwähnt, daß die Menschen gewöhnlich vom „Wert" einer Ware sprechen, wenn sie in Wirklichkeit ihren „Preis" meinen.

Marx und Engels hatten vor, Weerths *Humoristische Skizzen* in Fortsetzungen in einer vierteljährlichen Zeitschrift zu veröffentlichen, die sie in Brüssel herausgeben wollten. Das erklärt, warum Weerth während des Herbstes und Winters 1845 so eifrig an den *Humoristischen Skizzen* arbeitete. Am 18. Dezember 1845 teilte er Marx mit:

Engels kannst Du wohl sagen, daß ich am nächsten Dienstag p. Steamer über Hull nach Antwerpen ein Ms. „Preiss" für Eure Zeitschrift abschicken werde.

Über die Arbeit selbst äußert sich Weerth folgendermaßen:

> Es ist ein gutes Stück; ich glaube, daß es Euch Freude machen wird — lustig ist es wenigstens; der alte Weerth wird sich sicher aus dem Herrn Preiss herausfinden und mir den Hals umdrehen, wenn er mich zu fassen kriegt.[79]

Preiss erscheint auch in einem Roman, den Weerth in Bradford begann. Auf dem Festland arbeitete er weiter daran, hatte aber nie vor, den Roman zu veröffentlichen, der ein titelloses Fragment blieb. Weerth gab die Arbeit am Roman wahrscheinlich auf, weil das Ziel seine Möglichkeiten überstieg: er wollte eine Darstellung der Aristokratie, der Bourgeoisie und der Arbeiterklasse liefern, d. h. ein Gesamtbild der deutschen Gesellschaft in der Zeit der rapide voranschreitenden Industrialisierung Deutschlands.

Obwohl der Roman unvollendet blieb, ist er in vieler Hinsicht bemerkenswert, nicht zuletzt deswegen, weil er in der Figur des Eduard den „ersten klassenbewußten Proletarier" in die deutsche Literatur einführt.

In Eduard spiegeln sich viele von Weerth in England gemachte Erfahrungen und Ansichten wider. Wie sein Romanheld war auch er mit einem Empfehlungsschreiben an einen Fabrikanten in Manchester nach England gegangen. Sowohl Eduards also auch Weerths Mutter rieten ihren Söhnen, Gott zu vertrauen, der schließlich für die Armen eintreten und die Reichen zur Rechenschaft ziehen würde. Wenn Eduard behauptet, daß er in England tüchtig gearbeitet und dort viel gelernt hätte und daß sein zweijähriger Aufenthalt wie ein Tag herumgegangen sei, daß er gerne noch dort geblieben wäre, aber dennoch abgereist sei, weil er sich nach seiner Mutter und Schwester sehnte, so klingt es, als ob Weerth selbst spräche. Wenn man Bradford für Manchester liest, dann faßt die folgende Schilderung Eduards Weerths eigene Erfahrung treffend zusammen:

> Er hatte die Meetings der Arbeiter in England fleißig besucht — Manchester war der rechte Ort für ihn, und schon nach kurzer Zeit konnte er die Reden seiner Genossen verstehen, seine Meinungen in fremder Sprache ausdrücken und an allen Bewegungen jenes gewaltigen Volkes teilnehmen.
> Spielend hatte er gelernt, was unsere Zeit bewegt; Industrie, Handel, Politik — alles war ihm gegenwärtig, er wußte besser, wie es mit dem freien Kommerz, mit der freien Konkurrenz, mit dem Überproduzieren, mit dem Proletariat und ähnlichen Punkten aussah wie mancher Professor seiner Vater-

stadt, denn das Leben, die unmittelbare Anschauung bildete ihn heran, ein natürliches Interesse hatte seine freien Sinne empfänglicher für jeden richtigen Eindruck gemacht, als es jenen durch das eifrigste Studieren aller Quellenschriftsteller der Welt vielleicht möglich war.[80]

Nach seinem Besuch bei Marx und Engels in Brüssel im Sommer 1845 hatte Weerth den Plan gefaßt, zu ihnen nach Brüssel zu ziehen. Es gelang ihm aber erst im März 1846, für die Firma Emanuel & Son eine Agentur auf dem Kontinent zu bekommen. Emanuel & Son waren Kammgarnspinner und Stoffhersteller und eine der führenden Textilfirmen Bradfords. Die Firma, die ursprünglich aus Hamburg stammte, war seit 1837 in Bradford etabliert. Neben den Geschäften in Hamburg und Bradford existierte auch eine Filiale in Moskau.

Weerth übernahm Emanuel & Sons Agentur für Belgien, Holland und Frankreich und handelte mit Rohwolle, Leinen und Seide. Er richtete es so ein, daß er seinen Wohnsitz in Brüssel nahm, das sowohl vom geographischen als auch kommerziellen Standpunkt her ein idealer Ort für seine Arbeit war.

Über seinen Weggang von Bradford schrieb er seiner Mutter am 18. April 1846:

Am 11. April, Samstag, verließ ich Bradford, und zwar sehr gern; von einigen Menschen nahm ich nicht so leicht Abschied, denn ich hatte doch manche gute Freunde in dem nebligen Neste.[81]

Von Bradford fuhr er nach Hull und schiffte sich nach Antwerpen ein. Dort landete er Ostermontag abends und reiste dann per Eisenbahn gleich weiter nach Brüssel, wo er noch am selben Abend eintraf.

IV

An der Seite der Kommunisten:
Rede auf dem Freihandelskongreß in Brüssel
1847

Seit seinem letzten Besuch in Brüssel im Juli/August 1845 hatte es unter Weerths dortigen Freunden einige Veränderungen gegeben. Einige waren weggezogen, während andere nach Paris oder Deutschland aufbrechen wollten. Marx und Engels waren zwar noch da, doch sah Weerth sie nur kurz, weil er seine erste Geschäftsreise nach Holland vorbereiten mußte.

Seine erste Tour als Handelsreisender führte ihn u. a. nach Breda, Tilburg, Herzogenbusch, Rotterdam, Den Haag, Leiden, Haarlem, Amsterdam, Utrecht, Zwolle, Almelo, Enschede, Deventer und Arnheim. Nach ungefähr fünf Wochen kehrte er in der zweiten Maihälfte 1846 nach Brüssel zurück.

Weerths Auftrag war es, für *Emanuel & Son* Wolle, Leinen und Seide zu verkaufen und der Firma dadurch neue Märkte auf dem Festland zu erschließen. In einem Brief an seine Mutter (Tilburg, 18. April 1846) äußerte er sich recht zuversichtlich über die Zukunft. Er sprach von einer „Entdeckungsreise, die schlimmstens genug abwirft und vielleicht sehr viel" und fügte hinzu:

> Jedenfalls bekommt mir dies Reiseleben einstweilen sehr gut, denn es ist ein gewaltiger Unterschied, ob man auf dem Comptoir hockt oder Tag für Tag sich bewegt und herumtummelt.[82]

Die Tatsache, daß er kein Holländisch sprach, störte ihn nicht weiter, da er seine Geschäfte auf Deutsch, Englisch oder Französisch abwickeln konnte. Abgesehen davon hatte er den Vorteil entdeckt, für eine englische Firma zu arbeiten, weil die Engländer als Geschäftsleute im allgemeinen besser angesehen waren als die Deutschen.

Weerth hielt sich ungefähr zehn Tage in Brüssel auf und begann dann seine zweite Tour. Diesmal blieb er in Belgien und besuchte Verviers, Dison, Ensival, Thimistère, Hervé, Spa und Lüttich. Bevor er seine Arbeit in Verviers aufnahm, machte er jedoch über Pfingsten einen kurzen Abstecher nach Aachen und besuchte dort das Musikfest. Es war dies sein erster Besuch in Deutschland seit seiner Abreise aus Köln im Dezember 1843. Er verspürte keine Lust, nach Köln weiterzufahren, „um nicht wieder mit allerlei Menschen in Berührung zu kommen, mit denen ich nichts mehr zu tun haben will".

Gewiß meinte er damit die Weerths in Bonn. Es verwundert nicht, daß er Friedrich aus'm Weerth ungern unter die Augen treten wollte, hatte er sich doch in den *Humoristischen Skizzen* über ihn lustig gemacht.

Am 11. Juni war Weerth wieder in Brüssel. Gegen Monatsende unternahm er seine dritte „Entdeckungsreise", die nach Frankreich ging, wo er zuerst Lille, dann Amiens und schließlich Paris besuchte.

Seinem Bruder Wilhelm schilderte er ausführlich den Eindruck, den Paris auf ihn gemacht hatte. Deutlich wird dabei, daß es Weerth besonders daran lag, die Stätten der Französischen Revolution zu besuchen und daß der geschäftliche Teil — der eigentliche Grund seines Besuches — in den Hintergrund trat.

Obwohl es schon fast Mitternacht war, als er im Hôtel de Paris in der Rue de Richelieu abstieg, machte er noch einen Spaziergang zum Palais Royal, wo Camille Desmoulins zur Revolution aufgerufen hatte. Am nächsten Tag ging er in den Garten der Tuilerien, wo er seine Sympathien für die Revolution offenbarte:

Ach, man freut sich, wenn man die Marmorbecken der Fontänen sieht, in denen so viele Reaktionäre ersäuft wurden; — Marie Antoinette stand am Fenster, verhüllte ihr Antlitz — an demselben Fenster steht heute wieder der feiste Louis Philippe.[83]

Anschließend besuchte er die Galerie des Louvre, Notre-Dame, das Hôtel de Ville, das Panthéon (den Blick vom Panthéon auf Paris beschrieb er als „das Herrlichste, was ich je gesehen"), das

Palais du Luxembourg und das Champ de Mars.

Abends besuchte er die Champs Elysées und den Place de la Concorde:

> Die Elysäischen Felder, oder viel mehr der Place de la Concorde, ist wirklich das Famoseste, was man sehen kann — London mit allem seinen Gewühl ist nichts dagegen; ich stand wie ein Kind und sperrte das Maul auf — ich weiß nicht, was ich dachte,

schrieb er seinem Bruder Wilhelm begeistert und fuhr dann fort:

> Erst als es Nacht war, saßen wir in der Opéra Comique, es wurde 12 Uhr; bis 1 Uhr schlenderten wir über die Boulevards, um 2 Uhr morgens saßen wir bei Tortini und aßen Eis; um drei Uhr lag ich im Bett — halb tot, halb verrückt; aber in Paris kann man nicht schlafen — schon um 8 Uhr frühstückte ich wieder im Palais Royal.[84]

Am zweiten Tag seines Paris-Aufenthalts besuchte Weerth die Seidenhändler in der Rue St. Denis, „die Leute, denen meine Anwesenheit in Paris eigentlich galt". Um 14.00 Uhr begab er sich auf die Börse und traf sich dann zum Essen mit dem in Paris lebenden deutschen Schriftsteller Alexander Weill (1811-1899), der u. a. durch seine elsässischen *Dorfgeschichten* bekannt geworden war und zu dessen Pariser Freunden Meyerbeer und Heine zählten.

Am dritten Tag besuchte Weerth den Place de la Bastille und die Colonne de Juillet, dann den Friedhof Père Lachaise, wo er vergeblich Börnes Grab suchte.

Er verließ Paris am folgenden Tag um 7.00 Uhr und traf zwölf Stunden später in Brüssel ein. Rückblickend faßte er seine Paris-Eindrücke folgendermaßen zusammen:

> Die wenigen Tage in Paris liegen hinter mir wie ein Traum. In der gräßlichsten Hast, in der kürzesten Zeit habe ich alles genossen, ich habe einen Totaleindruck der ganzen immensen Stadt bekommen, der sich nie bei mir verwischen wird — ich wünsche, daß ich später das einzelne besser kennenlerne.[85]

Weerths Paris-Reise zeigt eindeutig die Vorzüge seines neuen Berufs. Er hatte nicht nur Gelegenheit, neue Orte und Leute kennenzulernen, sondern hatte auch noch genug Zeit für seine Privatinteressen. Auf diese Weise konnte er seinen Wünschen nachkommen, das Angenehme mit dem Nützlichen verbinden.

Wiederum hielt sich Weerth nur wenige Tage in Brüssel auf, bevor er seine zweite Reise nach Verviers und Lüttich antrat, wo sich seine Geschäfte besser als in Brüssel anließen. Inzwischen hatte er seine Abneigung, Köln wiederzusehen, überwunden und reiste nach Abwicklung der Geschäfts in Lüttich für zwei Tage dorthin.

Er traf dort nur wenige frühere Bekannte. Überhaupt sah er Köln jetzt in einem ganz anderen Licht:

> Köln kam mir jetzt bei weitem nicht mehr so interessant wie früher vor – ich gebe nicht viel mehr auf die alten Legenden und den ganzen heiligen altkölnischen Rumpelkammerkran, der mich weiland so sehr ergötzte.[86]

Sein jetziges Urteil über Köln stand im scharfen Gegensatz zu seinem Lobgesang auf die Stadt, die im 1. Kapitel *(Von Köln nach London)* seiner *Englischen Skizzen* enthalten ist:

> Ach Köln, ich habe viel für Dich getan! Ich schwärmte für Dich. Von jedem Eckstein deiner Gassen wußte ich etwas Interessantes zu erzählen. Ich kannte jedes Marienbild in Deinen Kirchen, jedes Römerglas in Deinen Schenken ‚zum stillen Vergnügen'. Ich wußte Deine Sagen, Legenden und Märchen auswendig…[87]

Aus dem romantisch-schwärmerischen Jüngling war ein nüchterner Geschäftsmann geworden.

Im August und September 1846 machte Weerth seine fünfte Geschäftsreise, die zweite, die ihn nach Holland führte. Sie war fast so ausgedehnt wie die erste im April und Mai. „Mit dem Geschäft ging es gut, ich habe ziemlich viel verkauft", berichtete er seiner Mutter.

Da er inzwischen die Märkte in Holland, Belgien und Frankreich kannte, brauchte er in Zukunft keine so großen Touren mehr zu unternehmen. Zwischen September 1846 und Februar 1847 machte er nur eine Reihe kleiner Reisen nach Brabant, Limburg und Flandern, von denen er immer nach ein paar Tagen nach Brüssel zurückkehrte.

Obwohl sein Geschäft in Holland „sich von vorn herein sehr schön gemacht" hatte, ging es in Belgien „noch dürftig". Das lag zum großen Teil an der allgemein flauen Wirtschaftslage, die durch schlechte Ernten und eine Handelskrise verursacht war. Von Natur aus ungeduldig, war Weerth mit dem Ertrag seiner Geschäfte vorerst unzufrieden:

Die Hauptsache ist aber, daß ich noch nicht genug Geld verdiene. Das läßt sich aber nicht so schnell zwingen, denn bei dem ungeheuern Felde, was ich bearbeite, gehört einige Zeit dazu, ehe man an das rechte Exploitieren kommt. Ist die Sache aber einmal im rechten Zuge, so denke ich, dreimal mehr wie früher zu verdienen.[88]

Emanuel & Son waren jedoch von seiner Arbeit angetan. Das versicherte ihm einer seiner Bradforder Chefs, als er Weerth in Brüssel besuchte. Als Zeichen ihres Vertrauens bestanden sie nicht mehr darauf, daß Weerth seine Reisen mit ihnen vorher absprach. Fortan überließen sie es ihm, wann und wohin er reiste. Dadurch gewann er ein größeres Maß an Beweglichkeit und Unabhängigkeit in seinem neuen Beruf.

Weerth hielt sich jetzt länger in Brüssel auf. „Die kaufmännischen Sachen" beschäftigten ihn „nur sehr kurze Zeit", da er „in Brüssel selbst wenig Kunden" hatte und die anfallende Korrespondenz schnell erledigte. Anfangs hatte er viel Umgang mit Marx und Engels:

Meinem Zimmer gegenüber wohnt der bekannte Marx mit seiner schönen und hochgebildeten Frau und zwei schönen Kindern. Ferner hält sich hier auch noch der Fried. Engels auf [...] Er hat eine kleine Engländerin aus Manchester zur Frau, so daß unsere Konversationen halb englisch und halb deutsch sind.[89]

Das war im Juni 1846. Viele ökonomische und geschichtliche Zusammenhänge wurden Weerth erst durch das Zusammensein mit Marx und Engels klar. Seitdem hatte sich jedoch einiges verändert. Im November 1846 schrieb er seinem Bruder Wilhelm:

Marx ist aber seit kurzem so sehr in seinen Arbeiten versunken, daß ich ihn selten sehe; Engels ging nach Paris, und mit den meisten andern brach ich total, da ich sie für Dummköpfe und Phantasten hielt.
Ich bin also seit einiger Zeit sehr allein.[90]

Weerth litt sehr unter diesem Alleinsein. Die meisten seiner Freunde waren verheiratet. Und als er von der Verlobung seines Bruders Wilhelm hörte, wurde er sich seines eigenen Junggesellendaseins erst recht bewußt. So schrieb er seiner Mutter, es sei „überhaupt schrecklich", keine Frau zu haben, und seinem Bruder Wilhelm:

Es ist sehr verwerflich, daß der Mensch so allein ist; man ist ein kompletter Esel ohne eine schöne Frau – ein abgeschmacktes Verhältnis, ohne Weib zu sein, liederlich, trostlos, kalt, unfreundlich.[91]

Weerth versuchte zwar eine gelassene Heiterkeit zur Schau zu stellen, dennoch drücken diese Aussagen seine Unzufriedenheit mit seiner Situation aus.

In dieser Zeit wurde er — teils aus Muße und Langeweile — wieder literarisch tätig. Hauptsächlich arbeitete er an den Projekten, die er in England begonnen hatte. Am 30. September 1846 veröffentlichte er den Artikel *Das englische Armenwesen* in einer Beilage der *Kölnischen Zeitung.* Dieser Artikel gehört zu den *Englischen Skizzen,* an denen er in Brüssel weiterarbeitete.

Außerdem beschäftigte er sich mit den *Humoristischen Skizzen aus dem deutschen Handelsleben.* Am 18. November 1846 schrieb er seinem Bruder Wilhelm, daß er sich daran gegeben habe,

> die deutsche Bourgeoisie etwas zu schildern, indem ich den alten Weerth in Bonn als einen der besten Exemplare namentlich ins Gedächtnis zurückrief. Der erste Teil dieses Manuskripts ist bereits zum Druck abgegangen — ich schreibe jetzt alles ohne meinen Namen —, der Rest befindet sich noch hier und wird eifrig von mir fortgesetzt.[92]

Ursprünglich waren die *Skizzen* für eine Vierteljahreszeitschrift vorgesehen, die Marx und Engels in Brüssel herausgeben wollten. Die Zeitschrift kam jedoch aus finanziellen Gründen nie zustande. Das erste Kapitel der *Humoristischen Skizzen* erschien erst am 14. November 1847 in der *Kölnischen Zeitung.*

In Brüssel arbeitete Weerth wahrscheinlich auch an dem in England begonnenen und vielleicht schon im Rheinland konzipierten Roman, in dem er ein Gesamtbild der deutschen Gesellschaft in der Zeit der anbrechenden Industrialisierung geben wollte. In Weerths Briefen findet sich nur ein einziger Hinweis auf den Roman. Am 15. Juni 1847 schrieb er an Gottfried Kinkel, seinen Freund aus der Bonner Zeit:

> In meinem Pult, unter meinem Bett, zur Seite des wärmenden Ofens, auf dem Abtritt häufen sich meine Manuskripte, und ich finde leider, daß ich die Musen sehr genotzüchtelt habe. Ein Roman, mehrere Broschüren, eine Geschichte der englischen Arbeiterbewegungen und ein Band Reise-Tollheiten nebst zahllosen poetischen Niederträchtigkeiten sind fast schon gestorben, ehe sie geboren wurden.[93]

Während Weerth mit den Kapiteln der *Humoristischen Skizzen,* die er für Marx' und Engels' geplante Zeitschrift schrieb, zufrieden war („Es ist ein gutes Stück, [...] — lustig ist es wenigstens"), scheint er eingesehen zu haben, daß der Roman Stückwerk bleiben würde und sich nicht zur Veröffentlichung eignete. Es ist daher anzunehmen, daß Weerth die Arbeit an dem Roman nach seiner Brüsseler Zeit nicht wieder aufgenommen hat.

Auffällig ist die Ungleichheit der verschiedenen Teile des Romans. Die Kapitel, die von der Adelswelt des Baron d'Eyncourt handeln, wirken in ihrer an Eichendorff erinnernden Romantik gekünstelt. Da Weerth den Adel selbst nicht kannte, hat er ihn nach seinen Vorstellungen idealisierend nachgezeichnet. Seine Darstellung der Adelswelt („unser Baron ist ein patriarchalisch aufrichtiger Philanthrop") entbehrt daher nicht einer gewissen Sympathie.

In seinem Artikel *Cunningham,* der vom 5. bis 7. November 1847 in der *Kölnischen Zeitung* erschien, drückte Weerth sogar eine gewisse Bewunderung für den Lebensstil eines Adligen wie Lord George Cunningham aus.

Obwohl die Kapitel, die von Eduard und der Arbeiterwelt handeln, anschaulicher sind, wirkt die Darstellung des „Romanhelden" Eduard etwas überzogen. Die Beschreibung der Arbeiterwohnung der Familie Martin am Rhein ist deswegen realistisch, weil Weerth während seines Bradford-Aufenthaltes ähnliche Behausungen zu Gesicht bekommen hatte und seine in Bradford gesammelten Erfahrungen auf Deutschland übertrug. Eduard ist zwar der „erste klassenbewußte Proletarier der deutschen Literatur", doch redet er in Leitartikeln. Er vertritt den Standpunkt der *physical force Chartists* und spricht Erfahrungen aus, die Weerth in England gemacht hat. So ist Eduard zwar ein überzeugter und sprachgewandter Chartist auf deutschem Boden — ein Mensch aus Fleisch und Blut aber ist er nicht.

Obgleich Weerth in Bradford durch den schottischen Arzt John Little McMichan und den Arbeiterführer John Jackson einen Einblick in die Lebensweise der Arbeiter bekommen hatte, war es zu tieferen Kontakten mit den Arbeitern selbst nicht gekommen. Weder vor noch nach seinem England-Aufenthalt schloß Weerth Bekanntschaften mit Arbeitern. Daraus erklärt sich einerseits die realistische Beschreibung der Arbeiterbehausungen am Rhein und andererseits die weniger überzeugende Porträtierung der Arbeiter selbst.

Die gelungensten Passagen des Romans sind zweifellos die, in denen der Fabrikant Preiss auftritt. Sie wirken so lebendig, weil sich Weerth hier wie in den *Humoristischen Skizzen* auf seine eigenen Erfahrungen aus dem Milieu eines deutschen Industriellen, nämlich seines ehemaligen Chefs, Friedrich aus'm Weerth, stützt. In Preiss' Gesprächen mit dem Baron oder mit Herrn Jammer — dessen Nichte Preiss als Braut für einen seiner Söhne auserkoren hat — entlarvt Weerth geschickt den Fabrikanten als hinterlistigen und scheinheiligen Kapitalisten und erweist sich als Meister des Dialogs. Diese Stellen gehören zu den besten des Romans, weil Weerth hier erfolgreich Gesellschaftskritik mit Humor verbindet. Bis in einzelne Redewendungen hinein ähnelt der Roman in diesen Abschnitten den *Humoristischen Skizzen*.

Ist der aus England zurückgekehrte Arbeiter Eduard ein Anwalt chartistischer Ideen, so ist Preiss' Sohn August ein Vertreter des sogenannten „wahren" Sozialismus, der die Industrie, „wie sie heute getrieben wurde", zwar haßte, der „aber ihre guten Elemente" ehrte, „weil er das Welterlösende in ihnen erkannte und davon überzeugt war, daß die Industrie einst die Menschen glücklicher machen würde". Ebenso wie Eduard bleibt auch August als Mensch blaß und schablonenhaft, weil auch er nur Sprachrohr bestimmter Ideen ist, nämlich der Systeme Owens, Fouriers, Weitlings und Saint-Simons.

Der Roman enthält viel Autobiographisches. Eduard spricht viele von Weerth in England gemachte Erfahrungen aus. Eduards Mutter versucht ihren Sohn davon abzubringen, gegen die Reichen Gewalt anzuwenden, indem sie ihn auf Gott vertröstet — ähnlich wie Wilhelmine Weerth auf ihren Sohn Georg eingeredet hatte. Preiss ist, wie Georg Weerths ehemaliger Chef Friedrich aus'm Weerth, ein eifriger Verteidiger des Schutzzoll-Systems. Im Roman läßt Preiss alle Schreibereien der Schutzzoll-Agitation mit Hilfe eines Comptoiristen besorgen. Tatsächlich hatte Georg Weerth als Friedrich aus'm Weerths Privatsekretär dessen Korrespondenz in der Schutzzoll-Agitation

geführt. Im Roman beschreibt Weerth die ständigen Familienstreitigkeiten zwischen Preiss und dessen Söhnen und daß die
ganze Familie in dem Buchhalter Weber „einen aufrichtigen und
treuen Vermittler aller Streitigkeiten" erblickte. Die Rolle des
Buchhalters hatte Georg Weerth inne, als er in den Jahren
1842-1843 bei Friedrich aus'm Weerth tätig war und „von jeder
Seite als Unparteiischer" angesehen wurde und von Friedrich
aus'm Weerth sowohl wie von seinen Söhnen „beständig um
Rat" gefragt wurde. Der Notar im Roman wird als heuchleri-
scher und hinterlistiger Intrigant beschrieben, der „für Emanzi-
pation der Juden" agiert, „um es mit den reichen Israeliten der
Stadt nicht zu verderben" und „für Pressefreiheit und Schutzzölle" eintritt, „weil ein großer Teil der Bourgeoisie dafür ist", in
Wirklichkeit aber gegen beide Maßnahmen ist und sie nur „aus
alter Freundschaft für diese und jene Person" betreiben mußte,
„konvenienzhalber, und da ja doch nichts daraus werde, so
könne es einerlei sein", ob er es täte oder nicht. Der Notar trägt
die Züge des Bonner Bürgermeisters Oppenhoff, der ein guter
Freund von Friedrich aus'm Weerth war und den Georg Weerth
1843 dabei ertappt hatte, daß er zwar die Petitionen für Pressefreiheit und Judenemanzipation unterschrieben hatte, in Wirklichkeit aber gegen beide Anliegen war und versucht hatte,
Friedrich aus'm Weerth davon abzuraten, die beiden Petitionen
zu unterstützen.

Zu den Schwächen des Romans gehört Weerths Plan, die verschiedenen Klassen der Gesellschaft durch persönliche Beziehungen zusammenzubringen, was willkürlich und gekünstelt
wirkt. So entspinnt sich ein Liebesverhältnis zwischen Bertha,
der Tochter des Baron d'Eyncourt, und Julius, einem der Söhne
des Fabrikanten Preiss. Und ein anderer Sohn des Fabrikanten
Preiss, der Menschenschwärmer und „wahre" Sozialist August,
ist drauf und dran, sich in die Arbeiterin Marie, Eduards Schwester, zu verlieben. Wenig überzeugend wirken die Teile, die von
der Adelswelt handeln, und wenig überzeugend ist auch der
Arbeiterführer Eduard. Dennoch aber ist der Roman ein wichtiges Werk der deutschen Literatur. Zum einen ist er, als der erste
großangelegte Versuch in der deutschen Literatur, die einzelnen
Klassen der Gesellschaft in einem Gesamtüberblick literarisch

darzustellen, von großem dokumentarischen Wert. Zum anderen zeigt er Weerths Meisterschaft als realistischer und humoristischer Chronist der ihm bekannten Welt des Handels und des Frühkapitalismus. Darin lag Weerths Stärke.

Während seines Brüsseler Aufenthalts ging Weerth auch mit dem Gedanken um, einen Gedichtband zu veröffentlichen. Einige seiner Gedichte waren bereits verstreut in Zeitschriften und Zeitungen erschienen, der Großteil war jedoch unveröffentlicht. In der Vergangenheit hatte Weerth viele seiner Gedichte vernichtet und nur die behalten, mit denen er zufrieden war. Darunter befanden sich einige seiner ersten Gedichte aus dem Rheinland, andere stammten von seinem England-Aufenthalt und wieder andere aus seiner Brüsseler Zeit. Er schrieb sie jetzt alle ab und teilte sie in folgende Gruppen ein: 1 - Die Liebe; 2 - Der Wein; 3 - Die Not; 4 - Bruder Straubinger; 5 - Die Landsknechte; 6 - Historisches; 7 - Verschiedenes. Zusammen ergab das Manuskript 194 Seiten Oktavformat und enthielt 97 Gedichte.

Weerth wartete noch fast ein Jahr, bevor er das Manuskript schließlich seinem Detmolder Schulkameraden und Freund Theodor Althaus schickte. Althaus, der selbst Schriftsteller war, arbeitete damals als Literaturkritiker an der *Weser-Zeitung,* dem Hauptorgan des norddeutschen Liberalismus. Doch Theodor Althaus war nicht sonderlich beeindruckt von der Gedichtsammlung:

> Ich schrieb ihm nun einen groben, d. h. echt freundschaftlichen Brief wieder. Echte Freundschaft nenne ich es, wenn man den andern fördern und weiter bringen will. Ich begrüßte ihn also mit einer Tracht kritischer Prügel, gerade wie jetzt vor fünf Jahren, eine Nacht in Königswinter, wo er unsere Bonner Freundschaft damit einleitete, daß er mir gestand, ich sei ihm unausstehlich. Wie ich das damals aufnahm, so er jetzt: er schrieb mir sehr brav wieder, und gewiß machte er mir in seinem (und auch in meinem) Erfahrungssinn kein geringes Compliment, indem er sagte: ich scheine ihm ein ehrlicher Kerl zu sein.[94]

Somit war das Schicksal der Gedichte beschlossen. Außer einigen wenigen, die Weerth in der *Deutschen-Brüsseler-Zeitung* und später in der *Neuen Rheinischen Zeitung* veröffentlichte, blieb der Rest liegen. Von diesem Zeitpunkt an konzentrierte sich Weerth auf die Prosa.

Weerth war sich darüber im klaren, daß er nicht mehr so viel freie Zeit haben würde, wenn seine Geschäfte einmal besser liefen. Trotz seiner literarischen Ambitionen stand es für ihn außer Zweifel, daß sein Handelsberuf an erster Stelle kam. Das drückte er in einem Brief an seinen Bruder Wilhelm vom 18. November 1846 unmißverständlich aus:

> Ein für allemal habe ich es mir zum System gemacht, daß der praktische kaufmännische Gelderwerb die Oberhand bei mir behält und daß sich danach das andere richtet.
> Auf diese Weise hoffe ich mich vor der Lumperei zu bewahren und dann auch noch hinlängliche Muße für Liebhabereien zu finden.[95]

Ausschlaggebend für seine Entscheidung war das Schicksal einiger seiner Freunde, die entweder ohne feste Arbeit waren oder ihren kärglichen Lebensunterhalt von der Schriftstellerei bestritten. Er dachte insbesondere an seinen langjährigen Freund Hermann Püttmann, der ihn im Rheinland zu seinen ersten Gedichten angeregt und ihn zu überreden versucht hatte, von der Schriftstellerei zu leben. Wie Weerth seinem Bruder Wilhelm schilderte, lebte Püttmann damals „im größesten Pech bei Konstanz mit Frau und acht Kindern, man hat ihn vielfach unterstützt, da er aber nur sehr mittelmäßiges Zeug schreibt, so haben ihn viele ganz aufgegeben".

In den Jahren 1846 und 1847 — als Weerth in Brüssel wohnte — hatten sich viele deutsche Kommunisten in der belgischen Hauptstadt niedergelassen, denn persönliche Bewegungsfreiheit und politische Aktivität waren in Belgien weniger eingeschränkt als anderswo auf dem Festland. Sie trugen wesentlich dazu bei, daß Brüssel zum Mittelpunkt kommunistischer Tätigkeit auf dem europäischen Festland wurde.

In Brüssel hatten Marx und Engels im Februar 1846 das Kommunistische Korrespondenz-Komitee mit der Absicht gegründet, regelmäßige Verbindungen zu anderen kommunistischen Zentren in den verschiedenen europäischen Ländern herzustellen. Weerth gehörte dem Komitee zwar nicht an, erledigte aber auf seinen Handelsreisen hin und wieder Aufträge für Marx und Engels. Als einer von Marx' und Engels' engsten Freunden war er absolut zuverlässig und vertrauenswürdig, als Vertreter einer führenden und angesehenen englischen Textilfirma wurde er nicht politischer Aktivität verdächtigt und als jemand, der nicht vorbestraft war und keine einschlägige politische Vergangenheit hatte, wurde er polizeilich nicht beobachtet. So war Weerth in jeder Weise ein idealer und sicherer Kurier für das Komitee.

Durch seine Arbeit für das Komitee trug Weerth dazu bei, die Verbindungen zwischen Brüssel und anderen kommunistischen Zentren in Europa aufrechtzuhalten und zu verbessern. Auch ohne sich vollständig für das Komitee zu engagieren, half er Marx und Engels in nicht geringem Maße zu einer Zeit, als sie die kommunistische Bewegung in Brüssel und Paris, den beiden wichtigsten Zentren kommunistischer Tätigkeit auf dem Festland, organisierten.

Im Januar 1847 entsandte die Londoner Zentrale des Bundes der Gerechten Joseph Moll, eines ihrer führenden Mitglieder, nach Brüssel und Paris, um Marx und Engels zu überreden, dem Bund beizutreten. Bisher hatten sich Marx und Engels dagegen gesträubt, weil der Bund ihrer Ansicht nach zu konspiratorisch und sektiererisch organisiert war. Moll versicherte ihnen, daß der Bund von der Richtigkeit ihrer Ansichten inzwischen überzeugt war und bot ihnen an, bei der Neugestaltung des Bundes mitzuwirken und ein Manifest mitzuentwerfen, das auf dem von ihnen entwickelten wissenschaftlichen Kommunismus beruhte.

Unter diesen Bedingungen traten Marx und Engels dem Bund bei und übernahmen darin eine führende Rolle. Als der Bund im Juni 1847 in London einen Kongreß einberief, vertrat Engels Paris, während Wilhelm Wolff an Stelle von Marx, der sich die Reise finanziell nicht leisten konnte, Brüssel repräsentierte. Auf diesem Kongreß wurde der Bund neu organisiert und nannte sich fortan Bund der Kommunisten.

Nach dem Kongreß kehrte Engels nach Paris zurück, um die drei dortigen Sektionen des Bundes zu reorganisieren. Danach begab er sich Ende Juli nach Brüssel und half Marx, die Brüsseler Sektion zu bilden. Diese wurde am 5. August 1847 gegründet und bestand aus Marx' und Engels' engsten Freunden. Es ist anzunehmen, daß Weerth Mitglied des Bundes wurde und somit ein Kommunist der ersten Stunde war. Falsch wäre jedoch die

Behauptung, daß er von Anfang an zu den aktivsten Mitgliedern des Bundes gehörte.

Marx' und Engels' nächster Schritt war, einen Deutschen Arbeiterbildungsverein ins Leben zu rufen mit der Absicht, ein Forum für politische Debatten und kommunistische Propaganda zu errichten und die talentiertesten und nützlichsten Mitglieder des Vereins für den Bund der Kommunisten zu rekrutieren. Als der Verein Ende August 1847 gegründet wurde, zählte er 37 Mitglieder. Im Frühjahr 1848 waren es fast 100. Weerths Name fehlt jedoch auf der Mitgliedsliste des Vereins. Das überrascht nicht, da Weerth kaum Kontakt mit der Masse der in Brüssel lebenden deutschen Kommunisten hatte, die zum großen Teil Handwerker und einfache Arbeiter waren.

Abgesehen von seinen Kurierdiensten für das Kommunistische Korrespondenz-Komitee und den Bund der Kommunisten unterstützte Weerth Marx und Engels hauptsächlich durch seine schriftstellerische Tätigkeit. Er half ihnen, die *Deutsche-Brüsseler-Zeitung,* die seit dem 3. Januar 1847 zweimal wöchentlich erschien und die sich vorwiegend an die deutsche Flüchtlingskolonie in Brüssel wandte, in ein kommunistisches Organ umzuwandeln. Weerth war der erste von Marx' und Engels' Freunden, der etwas in der *Deutschen-Brüsseler-Zeitung* veröffentlichte. Seine ersten Beiträge waren zwei Gedichte, die er in England geschrieben hatte: *Das ist das Haus am schwarzen Moor* (31. Januar 1847) und *Gebet eines Irländers* (18. Februar 1847). Als Marx und Engels die Richtung der Zeitung zu bestimmen begannen und ihre Freunde baten, aktiver mitzuarbeiten, verfaßte Weerth eigens für die Zeitung einige neue Gedichte: *Die deutschen Verbannten in Brüssel* (27. Juni 1847), *Ein Abenteuer in Ostende* (26. August 1847), *Salomo* (24. Oktober 1847), *Herr Joseph und Frau Potiphar* (28. November 1847) und *Haute Volée* (20. Januar 1848). Obwohl Weerth keine große Lust mehr hatte, Gedichte zu schreiben und er auch nach Theodor Althaus' Kritik eigentlich keine mehr veröffentlichen wollte, tat er es dennoch, weil Marx und Engels ihn dazu ermunterten.

In diese Zeit, als die Brüsseler Gemeinde des Bundes der Kommunisten und der Deutsche Arbeiterverein entstanden,

Marx und Engels die *Deutsche-Brüsseler-Zeitung* zu einem Sprachrohr kommunistischer Ideen machten, fällt ein Ereignis, das den Höhepunkt von Weerths politischer Laufbahn bildete: seine Rede auf dem Freihandelskongreß, der vom 16. bis 18. September 1847 in Brüssel gehalten wurde und auf dem die Vorzüge des Freihandels im Anschluß an die ein Jahr vorher beschlossene Abschaffung der Kornzölle in England diskutiert werden sollten. Einberufen wurde der Kongreß von der Association Belge pour la Liberté Commerciale, die führende Ökonomen und Politiker aus Amerika, Belgien, Dänemark, Deutschland, England, Frankreich, Holland, Italien, Portugal, Rußland, Spanien, Schweden und der Schweiz eingeladen hatte.

Da Weerth sich seit seinem Englandaufenthalt und seiner Bekanntschaft mit Engels für ökonomische Fragen interessierte, freute er sich darauf, die „Koryphäen der europäischen Politik und Wirtschaft" erleben zu können. Obwohl er keine Ahnung von Stenographie besaß, gelang es ihm, einen Platz auf der Stenographenbank zu erhalten, von wo er einen ausgezeichneten Blick auf die Sitzung hatte.

Während der ersten beiden Tage des Kongresses wurden die Vorteile des Freihandels im allgemeinen diskutiert, am dritten und letzten Tag sollte gezeigt werden, daß der freie Handel zur Prosperität der arbeitenden Klasse führte. Diese Frage interessierte ihn brennend, wie er seinem Bruder Wilhelm schrieb:

> Ich gehöre seit mehreren Jahren zu einer Partei, die es sich zum Ziele gesteckt hat, die soziale Misere unseres Jahrhunderts ans Licht herauszuzerren. Wo liegt diese Misere entsetzlicher am Tage als in dem Zustand, in dem sich die arbeitende Klasse, die Grundlage der ganzen jetzigen Gesellschaft, befindet? Der Kongreß gab uns durch seine dritte Frage eine herrliche Gelegenheit, mit all unseren Argumenten, mit unserer ganzen Wut und Begeisterung in die Schranken zu treten und das zur Sprache zu bringen, was uns Tag und Nacht keine Ruhe läßt.[96]

Weerth hielt sich für „zu unfähig, persönlich aufzutreten". So ersuchte er einen der „talentvollsten unserer Anhänger", „diesen günstigen Moment nicht verstreichen zu lassen". Als dieser es ablehnte, fragte er noch andere, niemand besaß aber in Weerths Augen den „Mut" oder die „Entschlossenheit", auf dem Kongreß aufzutreten. Wahrscheinlich wandte sich Weerth zuerst an Marx. Obwohl Marx eine Rede vorbereitet hatte, muß er im letzten Augenblick Zweifel gehabt haben, das Thema zur Sprache zu bringen. Daraus erklärt sich, warum andere Mitglieder des Bundes der Kommunisten, die Weerth dann ansprach — darunter bestimmt auch Engels und Wilhelm Wolff — noch weniger Lust verspürten, auf dem Kongreß eine Rede zu halten.

Enttäuscht vom Verhalten seiner Freunde, um so mehr, da während der ersten beiden Tage des Kongresses kein Redner die Freihandelsfrage vom sozialen Gesichtspunkt her behandelt hatte, entschloß sich Weerth, selbst aufzutreten. Welche Gefühle sich in ihm am Vorabend des letzten Kongreßtages regten, beschrieb er anschaulich in einem Brief an seinen Bruder Wilhelm (26. September 1847):

> Es wurde Abend — ich war in einer fürchterlichen Aufregung — ich weiß nicht — ob Du so etwas kennst — die Galle steht einem bis oben im Halse, das Blut rumort einem im Leibe, als sollte es aus allen Poren herausspritzen — wie wahnsinnig lief ich in der Stadt herum: es war unterdes Mitternacht geworden — ich konnte nicht anders mehr, ich nahm mir fest vor, am nächsten Morgen auf die Tribüne zu steigen.[97]

Weerth holte dann einen Bekannten, der fließend Französisch schrieb, aus dem Bett und diktierte ihm seine Rede. Leider wissen wir nicht, wer dieser Bekannte gewesen sein könnte. Als Weerth am nächten Morgen seine Rede durchlas, war er „mehr als je entschlossen, es aufs Äußerste kommen zu lassen". Er verspürte eine große Lust, die ihm heuchlerisch und arrogant erscheinende Versammlung herauszufordern. Zur gleichen Zeit wußte er nur zu gut, daß er sich entweder entsetzlich blamieren oder einen großen Erfolg davontragen würde. „Die Aussicht auf den letzteren überwand zuletzt alle Furcht", erklärte er seinem Bruder Wilhelm.

Als er sich am 18. September um 9.00 Uhr im Brüsseler Rathaus einfand und vom Präsidenten der Versammlung das Wort verlangte, hatte er gehofft, als erster Redner aufzutreten. Zu seinem Entsetzen stellte er aber fest, daß sich sieben andere Redner bereits vor ihm eingetragen hatten. Als erster Redner wollte er die Versammlung zur Rede stellen und die Debatte in die von ihm gewollte Richtung lenken. Er war sich darüber im Klaren, daß nach sieben „alten Philistern" die „soziale Frage" „längst auf ein sehr unschuldiges Feld hinübergespielt" sein würde.

Vergeblich bat er den Präsidenten, ihn zuerst reden zu lassen.

Sir William Brown, Mitglied des englischen Parlaments (MP), eröffnete die Sitzung. Ausnahmsweise durfte er seine Rede auf Englisch halten. Ansonsten wurden die Sitzungen in französischer Sprache geführt. Nach Weerths Urteil war Sir William Browns Rede jedoch weder akustisch verständlich noch sehr interessant, und die Versammlung atmete auf, als Sir William nach über einer halben Stunde aufhörte. Da Sir John Bowring, ebenfalls MP, ein führender Vertreter des Freihandels, als nächster sprechen sollte, erwartete man seine Rede mit großer Spannung. Da gab der Präsident plötzlich bekannt, daß Sir John heiser sei und nicht zu sprechen wünsche. Somit erteile er Monsieur Georges Weerth aus der Rheinprovinz das Wort, der „dringend gebeten habe, das Wort im Anfang der Sitzung ergreifen zu dürfen".

Die Versammlung blickte mit Erstaunen und Neugier auf Weerth, als er sich seinen Weg nach vorn bahnte. Die Unruhe, die sich bei Sir Williams Rede bemerkbar gemacht hatte, hörte schlagartig auf, als Weerth die Rednertribüne betrat. Bevor er begann, überschaute Weerth sein Auditorium. Da war der Kongreßausschuß mit dem ehemaligen belgischen Minister Charles de Brouckère als Präsidenten, dem französischen Diplomaten und Pair de France, Herzog d'Harcourt, dem Ökonomen und Statistiker und Direktor der Berlin-Hamburger Eisenbahngesellschaft Karl Wilhelm Ascher und mehreren belgischen Advokaten als Vizepräsidenten und Sekretären. Unter den Versammelten befanden sich die Franzosen Alphonse de Lamartine, Michel Chevalier, Adolphe Jérôme Blanqui, Horace Say und Charles Dunoyer, der Pole Ludwik Wolowski, einige Spanier unter Ramon de la Sagra, eine Delegation aus Florenz und Genua unter der Leitung des Marquis Rodolphi, der Philanthrop W. H. Suringar aus Holland und John Prince-Smith, der Gründer und Leiter der deutschen Freihandelspartei. Aus England waren u. a. anwesend Sir John Bowring, MP; Sir William Brown, MP; Thomas Ewart, MP; Thomas Perronet-Thompson, MP; und George Wilson, der Gründer der Anti-Corn-Law-League. Weiterhin war das gesamte belgische Kabinett versammelt:

In einer solchen Versammlung, die zwar höchstens 500 Menschen groß war, die aber die Koryphäen der europäischen Politik und Wirtschaft umschloß, wagte ich das Wort zu nehmen. Es war eine lächerliche Dreistigkeit; ich stand nun aber einmal auf dem verhängnisvollen Orte, auf der Tribüne, und nun mußte gesprochen sein.

Weerths Rede hatte folgenden Wortlaut:

Meine Herren, es ist in diesen beiden Tagen von beiden Seiten sehr viel Teil-nahme für das Wohl der arbeitenden Klassen an den Tag gelegt worden, und der Einfluß, den die Einführung des Freihandels auf ihr Los haben wird, soll sogar heute den ausschließlichen Gegenstand der Besprechung bilden. Es kommt mir aber etwas wundersam vor, daß ich in diesem Saale bisher einen Vertreter der Arbeiter nicht gesehen habe; nur die Bourgeoisie (die höhere, bemittelte Bürgerklasse) hat ihre Abgeordneten hierher geschickt. Frank-reichs Bourgeoisie hat einen Pair, Englands Bourgeoisie hat mehr als ein Parlamentsmitglied, Belgien sogar einen ehemaligen Minister hierher gesandt; selbst Deutschlands Bourgeoisie ist in einer ihrer Stellung unter den industriellen Völkern Europas ganz angemessenen Weise vertreten; aber wo sind die *Sprecher der Arbeiter?* Erlauben Sie mir daher, meine Her-ren, *im Namen der Arbeiter* das Wort zu nehmen. (Beifall). Ich fordere es im Namen der Arbeiter und besonders der 3 Millionen englischen Arbeiter, in deren Mitte ich mehrere der fruchtreichsten Jahre meines Lebens verbracht und deren Erinnerung stets eine der teuersten meines Herzens sein wird. (Rauschender Applaus.)
Ich habe die arbeiterfreundlichen Gesinnungen dieser Versammlung mit viel Vergnügen wahrgenommen. Und wahrlich, die Arbeiter haben großen Anspruch auf etwas mehr Großmut, als ihnen bisher zuteilgeworden. Man hat sie bisher in der ökonomischen Wissenschaft so wie in der industriellen Praxis behandelt: Nicht wie lebende, fühlende Menschen, ja nicht einmal so gut wie Lasttiere, sondern lediglich wie einen Ballen irgendeiner Ware. Man hat ihr Los abhängen lassen nicht von ihren menschlichen Bedürfnissen, sondern von einem starren Gesetze, von den unbarmherzigen Zufällen der Nachfrage und Zufuhr. Ja, in England hat sich diese Anschauungsweise in der Bourgeoisie so entschieden eingewurzelt, daß die dortigen Fabrikanten nicht sagen: Ich beschäftige 100 Leute, sondern 200 Hände (hands). Daher hat auch die Bourgeoisie nie Anstand genommen, Arbeiter ihren früheren Geschäftskreisen zu entziehen und in einer neuen Fabrikation zu verwen-den, wenn es im Interesse der Herren Kapitalisten lag, und sie hat sich ebensowenig je gescheut, ihre Arbeiter auf die Straßen und außer Brot zu setzen, wenn die Arbeit derselben dem Kapital nicht mehr Zinsen genug abzuwerfen schien. So ist es denn auch dahin genommen, daß die Lage die-ser Parias der industriellen Gesellschaft überall gleich scheußlich und ent-setzlich ist. Wohin Sie immer Ihren Blick wenden mögen, meine Herren, sei es an der Rhone blühenden Gestaden oder nach den schmutzigen und stin-kigen Gäßchen von Manchester, Leeds und Birmingham, sei es nach Schle-siens und Sachsens Gebirgen oder Westfalens Ebenen, sei es auch nur hinab

in die Straßen dieser Hauptstadt — überall, überall werden Sie jammerstieren, hungerbleichen Arbeitergesichtern begegnen, überall werden Sie dasselbe Elend des Proletariats finden, das vergeblich nach seinem Platz und seinem Rechte in der Gesellschaft späht. (Großes Aufsehen.)

Ich weiß nicht, ob diese fürchterliche Lage sovieler Millionen eine Schuld des Systems der *Schutzzölle* ist; aber was ich weiß, ist, daß dieses System kein Heilmittel für dieses grausame Übel besitzt. Soweit reicht seine Macht nicht. Jedenfalls aber ist die Lage der Arbeiter so tief gesunken, daß ein Schlimmerwerden nicht möglich ist, und darum heißt er und heiße ich mit ihm jede Änderung willkommen, sei sie auch nur eine Umdrehung des vom Liegen wunden Kranken auf eine andere Seite. — Darum verwerfe ich die Schutzzölle. (Beifall.) Ich bin entschieden für den Freihandel, ich will ihn; aus welchem Standpunkt man ihn immer verteidige: Ich gebe keinen Heller für einen Schutzzöllner. Aber ich bin weit entfernt, die Illusionen der Freihandelsmänner zu teilen und mit ihnen zu glauben, daß der Freihandel auf bleibende Weise das Los der Arbeiter verbessern wird.

Der *Freihandel* wird dem Prinzip der freien Konkurrenz seine volle Entfaltung geben, ich erkenne es gern an und will hier nicht untersuchen, ob dies Prinzip wirklich zur Grundlage einer Gesellschaft sich eigne. Ich will bereitwillig zugestehen, daß die größere Konkurrenz eine Erniedrigung der Preise aller Waren herbeiführen, daß aus dieser Erniedrigung ein größerer Verbrauch, aus diesem wieder eine vermehrte Produktion, also die Beschäftigung einer größeren Anzahl von Arbeitern folgen wird, und daß somit eine Zeitlang die Arbeiter den Doppelvorteil hoher Löhne und billiger Warenpreise genießen werden. Aber wie lange wird diese Herrlichkeit dauern? Ach, nur geringe Zeit! Neben ihren *guten* Folgen wird die freie Konkurrenz bald auch ihre ebenso unausbleiblichen schlimmen entfalten. Die freie Konkurrenz der nicht mehr auf ein Land beschränkten Kapitalien wird in noch höherem Maßstabe als jetzt eintreten. Sie führt notwendig zu Versuchen noch größerer und wohlfeilerer Produktion durch Erfindung neuer Maschinen usw. Die Maschinenkraft wird, wie immer, Arbeiter unnutz machen; diese, die leben müssen, werden immer wieder die Rolle spielen, die heute die Irländer gegenüber den englischen Arbeitern haben; sie werden ihre Arbeit zu geringeren Preisen anbieten; der Fabrikant, der stets auf Verringerung seiner Produktionskosten sinnen muß, wenn er nicht der Konkurrenz erliegen will, wird nicht unterlassen, von dieser Konkurrenz der Arbeiter Nutzen zu ziehen, und so wird sehr bald der Tagelohn wieder auf den jetzigen Satz herabgedrückt sein, d. h. auf die Kleinigkeit, die eben unerläßlich ist, damit der Arbeiter irgendwie lebe. Nach wie vor wird der Arbeiter das Opfer der Konkurrenz der Kapitalien sein. Denn, meine Herren, nach wie vor auch werden wir Überproduktion, Überfüllung der Märkte und Handelskrisen haben; ja sie werden noch umfassender, noch heftiger sein als jetzt. Und Sie, meine Herren Freihandelsmänner, täuschen sich durchaus, der freie Handel werde der Krise ein Ende machen — nein, sie müssen wiederkehren, denn sie sind eben auch nur eine Folge der durch nichts geregelten freien Konkurrenz der Kapitalien, die sich nur von der Rücksicht ihrer

Profite leiten lassen, wenn sie sich einem Industriezweig zuwenden und ohne alle Voraussicht des Bedarfs und des Verhältnisses desselben zur Produktion sind, von deren Umfang ja auch die einzelnen kaum sich einen richtigen Begriff machen können. (Anhaltende gespannte Aufmerksamkeit im Saale.)

Sie sehen also, meine Herren, der Freihandel wird *nur für den Augenblick* das Los des Arbeiters verbessert haben, und derselbe wird bald wieder in jenes Elend zurücksinken, was heutzutage sein gewöhnliches Los ist.

Meine Herren, es sind nicht meine individuellen Ansichten, die ich hier ausspreche; es sind die der einsichtsvollsten und aufgeklärtesten unter den englischen Arbeitern. Einige Tatsachen werden es Ihnen beweisen. 6 volle Jahre hatte die *League* in England schon ihre Freihandelsagitation betrieben, und noch hatte sie die Chartisten nicht zum Beitritt bewegen können. Dieselben wußten zu gut, daß die Freihandelsmänner ihre natürlichsten Feinde seien und daß ein Bündnis mit ihnen nicht der Mühe lohne; sie gedachten der Vorgänge von 1842 in Manchester und des hartnäckigen Widerstandes der Bourgeoisie gegen die Zehnstunden-Bill, welche die Arbeiter wollten. Erst im *siebten* Jahre traten die *Chartisten* der League bei, um den gemeinsamen Feind, den die Bourgeoisie allein nicht bezwingen konnte, die *Bodenaristokratie,* zu besiegen. Aber nie haben die englischen Arbeiter auch nur ein Wort der trügerischen Verheißungen der Herren Cobden, Bright und Kollegen geglaubt; nie hofften sie der Erfüllung von *cheap bread, plenty to do and high wages* (billiges Brot, Arbeit in Fülle und hohe Löhne) von den Bourgeois. Nein, sie suchten ihr Heil stets in ihren eigenen Bemühungen und scharten sich nur um so enger um das Banner der Volkscharte und ihrer Führer, des unermüdlichen Freiheitskämpfers *Duncombe* und des trotz aller Verleumdungen der Bourgeoisiepresse nun doch zu ihren Kollegen, meine Herren englischen Parlamentsmitglieder, erwählten irischen Agitators *Feargus O'Connor* (Beifall.)

Im Namen dieser Millionen nun, die mit mir nicht glauben, daß der Freihandel eine Panazee für ihre Leiden ist, fordere ich Sie auf, auch noch an andere Mittel als den Freihandel zu denken, wenn Sie die Lage der arbeitenden Klassen wirklich verbessern wollen. Denken Sie daran auch in Ihrem eigenen Interesse, meine Herren. Denn nicht nur feindliche Einfälle der Kosaken haben Sie zu fürchten, aber den Krieg Ihrer Arbeiter gegen Sie, den Krieg der Armen gegen die Reichen, den Krieg der weißen Sklaven gegen ihre Unterdrücker. Die Arbeiter sind satt der Versprechungen ohne Erfüllung; sie wollen nichts mehr wissen von den nimmerbezahlten Anweisungen auf den Himmel.

Sie verlangen eine materielle Genugtuung. Sie verlangen Taten von Ihnen; Ihren Worten trauen sie nicht mehr. Und wundern Sie sich dessen nicht; die Arbeiter, die in London die Reform-Bill-Agitation unterstützt, die sich in den Gassen von Paris und Brüssel 1830 für Sie geschlagen, erinnern sich sehr gut, daß sie damals von Ihnen geliebkost und fêtiert wurden, daß sie aber — als sie später Brot forderten, Arbeit verlangten, um zu leben —, daß sie da in Paris und in Lyon und in Manchester statt des Brotes Flintenkugeln

99

erhielten. Und Sie, meine Herren aus Deutschland, denken Sie an das Riesengebirge und seine *Weber;* die Weber haben nichts vergessen und viel gelernt. Darum nochmals sage ich es Ihnen, meine Herren: *Wollen Sie den Arbeitern wirklich helfen, so denken Sie auf etwas mehr als auf den Freihandel!*[98]

Als Weerth von der Rednertribüne stieg, wurde ihm „der wildeste Beifall zuteil." „Voilà du courage! Voilà la verité!" hallte es durch den Saal. Der Aufruhr legte sich erst, als der Präsident mit der Verhandlung fortfuhr.

Trotz seiner Heiserkeit erhob sich Sir William Bowring und griff nun seinerseits Weerth ebenso unerbittlich an, wie Weerth die Bourgeoisie angegriffen hatte. Sir William sprach Weerth das Recht ab, als Anwalt der englischen Arbeiter aufzutreten. In einer Rede, die von statistischen Angaben strotzte, versuchte er, Weerth zu widerlegen und zu beweisen, „daß der freie Handel ein wahres Panazee für die Arbeiter sei". Nach ihm griffen noch mehrere Redner Weerth an. Darunter befanden sich der Pole Ludwik Wolowski, der Engländer Thomas Ewart und der Herzog d'Harcourt. Laut Weerth herrschte aber allgemeine Übereinstimmung, „daß mir niemand etwas Gründliches erwidert hat."

Weerths Rede war von geschichtlicher Bedeutung. Sie erregte deshalb so großes Aufsehen, weil zum erstenmal jemand kommunistisches Gedankengut vor prominenten Politikern und Wirtschaftsexperten aus aller Welt vorgetragen hatte. Interessanterweise besteht wenig Ähnlichkeit zwischen der von Weerth gehaltenen Rede und seinem Konzept. Offensichtlich hatte er sich, angeregt durch die Größe des Augenblicks, intuitiv stärker als beabsichtigt an die Gefühle der Versammelten gewandt.

Weerths Rede war in der Tat der Höhepunkt des Freihandelskongresses. Welche Wirkung er mit seiner Rede erzielt hatte geht aus den Berichten der europäischen Presse hervor. Alle belgischen Zeitungen sowie die führenden Blätter Frankreichs, Deutschlands und Englands brachten sie, manche sogar sehr ausführlich. Einige Zeitungen behandelten seine Rede in ihren Leitartikeln.

So erlangte Weerth über Nacht eine gewisse Berühmtheit. „Alle Salons waren mir geöffnet", schrieb er seinem Bruder Wilhelm. „Offiziere, Beamte, Kaufleute, Schriftsteller, Sozialisten und eine Menge anderer Menschen machten mir am selben Abend Komplimente und luden mich ein, sie zu besuchen." Der Congrès pénitentiaire, der dem Congrès des Economists folgte, ernannte ihn zu seinem Mitglied. Die Fourieristen luden ihn ein, ihre Versammlungen zu besuchen, und ein Mitglied der flandrischen Armenwesenverwaltung wollte von ihm mehr über seine Erfahrungen auf dem Gebiet der Armenhilfe in England wissen.

Wie wichtig für Weerth der Erfolg war, geht aus dem ausführlichen Brief an seinem Bruder Wilhelm vom 26. September 1847 hervor. Dort heißt es u. a.:

> Ich will wahrhaftig nicht mit meinem Rednertalent, mit meinen Kenntnissen und dergleichen renommieren, aber ich hatte ein rechtes Wort am rechten Orte gesagt. Das ist mein Verdienst.[99]

Weerth erwähnte sarkastisch, daß er in einer Viertelstunde unter Belgiern und Franzosen das erlangt hatte, was er „bei den Eseln von deutschen Buchhändlern in Jahren nicht fertigbringen konnte". Diese Äußerung deutet darauf hin, daß Weerth trotz aller (besonders Marx und Engels gegenüber) zur Schau gelegten Gleichgültigkeit, was seine Publizistik betraf, doch gerne anerkannt sein wollte.

Ermutigt durch seinen unerwarteten Erfolg auf dem Freihandelskongress, erwog Weerth weitere öffentliche Auftritte:

> Ich will sehen, ob ich auf der einmal betretenen Bahn weiter fortschreiten kann. Bei meiner nächsten Anwesenheit in Paris werde ich im Saale Montesquieu das Wort verlangen. Außerdem werde ich zu dem über ein Jahr stattfindenden Kongress, wenn es eben geht, nach Lyon reisen. Meine Stellung als Kaufmann und homme de lettres à la fois bietet mir zu diesen Unternehmungen prächtig die Hand.[100]

Einige von Weerths Freunden, darunter Marx und Engels, fürchteten, daß der Erfolg ihm zu Kopf gestiegen war und ihn aus dem Gleichgewicht zu werfen drohte. Als es darum ging, einen Delegierten aus Brüssel zum zweiten Kongreß des Bundes der Kommunisten zu schicken, der vom 29. November bis 8. Dezember 1847 in London stattfand, und Weerths Name zur Debatte stand, schrieb Engels an Marx:

> Weerth um Gottes Willen nicht als Repräsentanten! Einer, der immer zu faul war, bis ihn der Kongreß — succès d'un jour hineinlancierte! Und der obendrein noch an independent member sein will. Il faut le retenir dans sa sphère.[101]

Engels' entschiedene Ablehnung Weerths als Repräsentanten ist aufschlußreich. Zum einen warf Engels Weerth vor, sich für den Bund der Kommunisten nur halbherzig engagiert zu haben. Zum anderen glaubte er, daß Weerth ihrer Sache am wirkungsvollsten durch seine Schriftstellerei helfen könnte. Indem er ihn als „independent member" bezeichnete, verriet Engels etwas über Weerths Stellung innerhalb des Kommunistenbundes. Obwohl Weerth eines der Gründungsmitglieder war und für den Bund als Kurier arbeitete, und obwohl er zu Marx' und Engels' engsten Freunde zählte und ihre Ansichten teilte, setzte er sich nie voll und ganz für den Bund ein, wie es Marx und Engels gehofft hatten. Stattdessen bestand er auf einer gewissen Bewegungsfreiheit und Unabhängigkeit. Und schließlich wußten sie, daß sein Handelsberuf Vorrang vor allem andern hatte.

Da Weerths Geschäfte im Spätherbst 1847 wegen der in ganz Europa herrschenden Handelskrise schlecht gingen, hatte er viel Zeit, sich mit anderen Dingen zu beschäftigen. So veröffentlichte er am 27., 28. und 29. November 1847 eine Artikelserie in der *Kölnischen Zeitung* unter dem Titel *Die englische Geldkrisis und die Eröffnung des Parlamentes.* Georg Weerths Großneffe Karl Weerth erwähnt in seinem 1930 erschienenen Buch *Georg Weerth. Der Dichter des Proletariats,* daß ein Tory-Abgeordneter auf Grund dieser Artikelreihe im House of Commons behauptete, daß Mr. George Weerth aus Deutschland mehr über die englische Wirtschaft wisse als das Parlamentsmitglied Dr. Bowring. Wahrscheinlich berief sich Karl Weerth auf die am 2., 3., 13. und 15. Dezember 1847 im House of Commons gehaltenen Debatten über die Handelskrise. Der *Hansard,* der alle Parlamentsdebatten widergibt, erwähnt Weerth zwar nicht, was aber nicht heißen will, daß Weerths Name in der Debatte nicht gefallen ist, da *Hansard* nur Auszüge aus den Debatten abdruckte.

Nach seinem Auftritt auf dem Freihandelskongreß wurde Weerth politisch aktiver, ohne sich jedoch ganz in die Politik zu stürzen. Am 28. November 1847 schrieb er seiner Mutter:

> Überhaupt geht mir jetzt keine Minute mehr unbenutzt vorüber, denn da ich nun aus Zufall ein bekannter Mensch geworden bin, so nimmt man mich von allen Seiten in Anspruch. Ich schlage indes das meiste aus, um unabhängig zu bleiben.

> Nur eine Ehre habe ich gern angenommen. Man hat mich nämlich in das Komitee der demokratischen Association gewählt...[102]

Das Komitee der Association démocratique, die am 7. November 1847 in Brüssel gegründet wurde, bestand aus dem belgischen General Armand François Mellinet, der in der belgischen Revolution von 1830 gekämpft hatte (Ehrenpräsident), dem belgischen Demokraten und Journalisten Lucien Jottrand (Präsident), dem französischen Journalisten und Revolutionär Charles Imbert und Karl Marx (Vizepräsidenten), dem belgischen Advokat Albert Picard (Sekretär), dem Advokat Funk (Schatzmeister), dem polnischen Historiker und Revolutionär Joachim Lelewel, dem deutschen Kommunisten Charles Gustave Maynz, dem belgischen Advokaten Charles Louis Spilthoorn und Georg Weerth, der als Dolmetscher fungierte.

Vom November 1847 bis zum Ausbruch der europäischen Revolutionen im Februar und März 1848 war die Association démocratique die bedeutendste internationale Vereinigung ihrer Art in Brüssel, vergleichbar im restlichen Europa nur mit den Fraternal Democrats in London. Da viele ihrer Mitglieder zu der Kolonie der deutschen Kommunisten gehörten, vertrat die Association démocratique in zunehmend starkem Maße kommunistische Anschauungen, die den internationalen Aspekt der Arbeiterbewegung hervorhoben.

Weerth besuchte die meisten Versammlungen der Association zwischen November 1847 und Februar 1948. Am 29. November unterschrieb er mit anderen eine Grußbotschaft der Association an das Schweizer Volk zur Beendigung des Sonderbundkrieges. Am 5. Dezember berichtete er der Association von einem Bankett, das am 29. November in London aus Anlaß des Jahrestags der polnischen Revolution von 1830 gehalten worden war. Am 9. Januar 1848 hörte er Marx' Rede über den Freihandel und eine Woche danach nahm er an einer Diskussion über das gleiche Thema teil.

Im Februar und März 1848 brachen in mehreren europäischen Ländern Revolutionen aus. Für Weerth, der die Revolutionen miterleben wollte, war dies eine Zeit hektischen Herumreisens. Im Februar befand er sich auf einer Geschäftsreise in Rotterdam, als er vom Ausbruch der Revolution in Paris hörte.

Sofort begab er sich nach Paris, „um die letzte Revolution in ihren unmittelbaren Folgen zu beobachten". Er traf morgens am 28. Februar, vier Tage nach Ausbruch der Revolution, in Paris ein. Am nächsten Tag zog er mit einigen Deutschen zur Redaktion der *Réforme* und des *National,* den Organen der neuen Regierung, wo sie einen Aufruf an alle in Paris lebenden Deutschen erließen, „sich zu einer großen Demonstration zugunsten der Republik zu versammeln".

Diese Demonstration fand am 6. März statt und endete mit einer Versammlung im Café Mulhouse, auf der Georg Herwegh zum Präsidenten gewählt wurde. Ein Komitee wurde gebildet, in das u. a. Weerth gewählt wurde. Am gleichen Tage gab es eine weitere Massenversammlung im Saale Valentino, zu der ungefähr 4000 Menschen kamen. Herwegh führte wieder den Vorsitz. Außer ihm befanden sich Weerth, Marx (der aus Belgien ausgewiesen worden war) und Ernest Jones, einer der Chartistenführer, auf dem Podium.

Zwei Tage später — am 8. März — nahm Weerth an einer weiteren Massendemonstration der deutschen Demokraten zugunsten der französischen Republik teil. Ungefähr 7000 Deutsche hatten sich auf dem Place du Carousel versammelt. Von dort marschierten sie in Viererreihen das Seineufer entlang zum Hôtel de Ville. An der Spitze des Zuges wehten die schwarzrotgoldene Fahne und die Trikolore, und 500 Sänger sangen französische und deutsche Lieder. Als der Zug am Ziel war, betrat das Komitee das Hôtel de Ville, wo sie von Ledru-Rollin, Crémieux und Dupont de l'Eure empfangen wurden. Herwegh las ihre Adresse vor, und Crémieux erwiderte darauf im Namen der provisorischen Regierung.

Nach Verlassen des Rathauses empfing eine große Menschenmenge die deutsche Delegation mit den Rufen „Vive l'Allemagne!" und „Vive la République!" und begleitete sie auf ihrem Rückmarsch zur Colonne de Juillet. Dort feierten sie, wie Weerth seiner Mutter am 11. März 1848 schrieb,

den Schluß eines der schönsten Tage, welche ich je erlebt habe. O liebe Mutter! Ich kann dir nicht sagen, was ich hier seit 14 Tagen gesehen und gehört habe! So etwas läßt sich nicht wiedererzählen, man muß dabeigewesen sein, um zu begreifen, wie man auf offener Straße vor Freude weinen kann!...

Diese Revolution wird die Gestalt der Erde ändern — und das ist auch nötig! — Vive la République![103]

Weerth, der teils aus eigener Initiative und teils im Auftrage des Bundes der Kommunisten in Paris aktiv gewesen war und bei den Versammlungen und Kundgebungen auch eine führende Rolle gespielt hatte, mußte am 13. März aus geschäftlichen Gründen nach Brüssel zurück. Er war voller innerer Unruhe, daß er nicht in Paris sein und an den weiteren Ereignissen teilnehmen konnte. Engels, der zur selben Zeit in Brüssel weilte, schrieb in einem Brief an Marx, daß Weerth wie ein „wütender Republikaner" herumlief. Engels' Bemerkung zeigt deutlich, wie das Revolutionsfieber Weerth gepackt hatte.

Am 20. März fuhr Weerth geschäftlich nach Verviers. Dort hörte er die Nachricht von Revolutionen in Deutschland. Sofort eilte er nach Köln, um die Vorgänge in Deutschland mit eigenen Augen zu erleben. Dabei kam es ihm sehr gelegen, daß in solchen Zeiten politischer Unruhe auch nicht die geringste Aussicht auf Geschäfte bestand. So konnte er sich voll und ganz der Politik widmen.

Wieder leistete er wertvolle Arbeit für den Bund der Kommunisten, indem er über die politische Lage in Deutschland und die mögliche Gründung einer demokratischen Tageszeitung im Rheinland berichtete. Er informierte Marx über eine von ihm besuchte Versammlung von Demokraten und Kommunisten auf dem Gürzenich in Köln, wo die Gründung einer neuen Zeitung zur Debatte stand.

Nach Erfüllung seines Auftrags kehrte er am 26. März nach Brüssel zurück. Seine Bekannten waren fast alle verschwunden, „der eine dahin, der andere dorthin; alles ist zerstoben und geflogen". Er haderte mit dem Schicksal, das ihn in Brüssel zum Nichtstun verurteilte:

Aber es ist eine wahre Schande, jetzt gesund zu Hause zu sitzen, während sich andere für das Heil der Welt schlagen müssen.[104]

Da an Geschäfte weiterhin nicht zu denken war, siedelte er Ende April nach Köln über und half Marx und Engels bei der Gründung der von ihnen geplanten Zeitung.

V

Feuilletonredakteur

der *Neuen Rheinischen Zeitung*

1848-1849

Es gab verschiedene Gründe, warum Marx und Engels sich für Köln als Erscheinungsort ihrer Zeitung entschieden. Als Hauptstadt der Rheinprovinz lag Köln im industriell weitestentwickelten Teil Deutschlands. Dort fanden Marx und Engels ein ausgeprägtes Proletariat und eine bedeutende Arbeiterbewegung vor. Dort existierte eine gut organisierte Gemeinde des Bundes der Kommunisten, unter deren Mitgliedern Marx und Engels viele Freunde hatten. Auch war Köln für sie kein unbekanntes Gebiet, da Marx bereits 1842 und 1843 Chefredakteur der in Köln erschienenen *Rheinischen Zeitung* war. Hauptsächlich aber hatten sie Köln gewählt, weil die im Code Napoléon verankerte bürgerliche Rechtsprechung, die noch von der französischen Besetzung der Rheinprovinz von 1795 bis 1815 herrührte, ihnen die größtmögliche Pressefreiheit gewährte: „am Rhein hatten wir unbedingte Pressefreiheit — und wir haben sie ausgenutzt bis auf den letzten Tropfen" sagte Engels später.

Rückblickend schrieb Engels über die von Marx und ihm geplante Zeitung:

Damit war uns, als wir in Deutschland eine große Zeitung begründeten, die Fahne von selbst gegeben. Es konnte nur die der Demokratie sein, aber die einer Demokratie, die überall den spezifisch proletarischen Charakter im einzelnen hervorhob, den sie noch nicht ein für allemal aufs Banner schreiben konnte. Wollten wir das nicht, wollten wir nicht die Bewegung an ihrem vorgefundenen, fortgeschrittensten, tatsächlich proletarischen Ende aufnehmen und weiter vorantreiben, so blieb uns nichts, als Kommunismus in einem kleinen Winkelblättchen dozieren und statt einer großen Aktionspartei eine kleine Sekte stiften. Zu Predigern in der Wüste aber waren wir verdorben; dazu hatten wir die Utopisten zu gut studiert. Dazu hatten wir unser Programm nicht entworfen.[105]

Als Marx und Engels am 11. April 1848 in Köln eintrafen, bekamen sie unerwartete Konkurrenz von einigen Kölner Demokraten und Kommunisten, die ihre eigene demokratische Zeitung gründen wollten. Marx und Engels ließen sich aber nicht von ihrem Plan abbringen und innerhalb von vierundzwanzig Stunden gehörte die Zeitung ihnen. Als Zugeständnis an die Kölner Demokraten nahmen sie den Kölner Heinrich Bürgers in das Redaktionskomitee ihrer Zeitung.

Das nächste Problem war die Finanzierung der Zeitung. Marx und Engels gingen von einem Arbeitskapital von 30 000 Talern aus, das sie durch den Verkauf von Aktien zu 50 Taler das Stück eintreiben wollten. Während Marx sich in Köln bemühte, Aktien zu verkaufen, tat Engels das gleiche in Barmen und Elberfeld. Beide merkten aber bald, daß selbst die radikalen Bourgeois, mit deren Unterstützung sie gerechnet hatten, zu ängstlich waren, weil sie in Marx und Engels ihre zukünftigen Hauptfeinde erblickten. Die allgemeine Furcht vor den entschieden auftretenden Demokraten und Kommunisten hatte Weerth schon während seines Besuchs in Köln Ende März zu spüren bekommen. Am 25. März hatte er Marx geschrieben, „der Kommunismus" wäre das „Hauptschreckwort. Ein offen auftretender Kommunist würde gesteinigt werden." So war es kein Wunder, daß die Zeitung, so Engels, „mit einem sehr beschränkten Aktienkapital" begann „von dem nur wenig eingezahlt war, und die Aktionäre selbst mehr als unsicher. Gleich nach der ersten Nummer verließ uns die Hälfte, und am Ende des Monats hatten wir gar keine mehr."

In einem Prospekt vom 24. April kündigten Marx und Engels das bevorstehende Erscheinen der *Neuen Rheinischen Zeitung. Organ der Demokratie* an. Sie nannten die Zeitung deswegen so, weil sie das Erbe der liberalen *Rheinischen Zeitung* antreten sollte. Ursprünglich war das Erscheinen der *Neuen Rheinischen Zeitung* für den 1. Juli geplant; da Marx und Engels aber täglich mit neuen Gesetzen zur Einschränkung der Pressefreiheit rechneten, erschien die erste Nummer der Zeitung bereits einen Monat früher, am 1. Juni 1848.

Weerth, der sich seit Ende April in Köln aufgehalten hatte, konnte Marx und Engels bei den Vorarbeiten weitgehend unterstützen, da er infolge der unsicheren politischen Lage auf dem Festland keine geschäftlichen Verpflichtungen hatte. In Abwesenheit der anderen Redakteure half Weerth Marx bei der Hauptarbeit in Köln. Am 6. Mai begleitete er ihn für einige Tage nach Elberfeld, wo sie mit Engels Gespräche über die Zeitung führten. Dann kehrten Marx und Weerth wieder nach Köln zurück, während Engels am 20. Mai nachkam. In dieser Zeit gehörte Weerth zu ihren engsten Vertrauten und trug wesentlich zur Gründung der *Neuen Rheinischen Zeitung* bei.

Weerth übernahm das Feuilleton der *Neuen Rheinischen Zeitung*. Dem Redaktionskomitee gehörten ferner an: Marx als Chefredakteur, Engels als stellvertretender Chefredakteur sowie Heinrich Bürgers (1820-1878), Ernst Dronke (1822-1891), Ferdinand Wolff (1812-1895) und Wilhelm Wolff (1809-1864). Weerth und Dronke waren mit 26 Jahren die jüngsten, Bürgers und Engels waren 27, Marx 30, Ferdinand Wolff 36 und selbst Wilhelm Wolff, der älteste, war erst 38 Jahre alt.

Alle waren Mitglieder des Bundes der Kommunisten. Weerth kannte Marx seit mindestens drei und Engels seit mindestens vier Jahren, beide aber vermutlich schon viel länger. Mit Bürgers war er seit seinem Köln-Aufenthalt Anfang der 40er Jahre und mit Dronke und den beiden Wolffs seit seinem Aufenthalt in Brüssel von 1846 bis 1848 bekannt.

Abgesehen von ihrer politischen Tätigkeit im Bund der Kommunisten hatten die meisten Redakteure auch journalistische Erfahrung. Marx, Engels, Wilhelm Wolff und Weerth hatten schon an der *Deutschen-Brüsseler-Zeitung* zusammengearbeitet und sie in ein Organ des Bundes der Kommunisten umgewandelt. Diese Arbeit erwies sich als nützliches Vorspiel für ihre Tätigkeit an der *Neuen Rheinischen Zeitung*.

Marx war die treibende Kraft der Zeitung. Darüber, wie er die Zeitung leitete, äußerte sich Engels später folgendermaßen:

Die Verfassung der Redaktion war die einfache Diktatur von Marx. Ein großes Tageblatt, das zur bestimmten Stunde fertig sein muß, kann bei keiner anderen Verfassung eine folgerechte Haltung bewahren. Hier aber war noch dazu Marx' Diktatur selbstverständlich, unbestritten, von uns allen gern anerkannt.[106]

Das bedeutete nicht, daß die Stimmung im Redaktionsbüro feierlich oder todernst war. Im Gegenteil, die Redakteure sorgten dafür, daß es im Redaktionsbüro nie langweilig zuging. In seinen Erinnerungen an Karl Marx sprach Wilhelm Liebknecht von dem „genialischen Treiben" in der Redaktion der *Neuen Rheinischen Zeitung* und den „ausgelassenen Streiche[n]" einiger Redakteure und fügte hinzu:

> Nur wenn Marx in der Redaktion war, herrschte Ruhe und Ordnung, soweit es in solcher Gesellschaft überhaupt möglich — während seine Abwesenheit zu idealster Anarchie führte, welche nicht selten, wenn sie von dem sehr ordnungsliebenden und etwas diktatorisch angehauchten Engels unterbrochen oder gestört ward, in offene Rebellion ausbrach, die erst durch Marx selbst wieder gedämpft werden konnte.[107]

Schließlich wurde Wilhelm Wolff zum Redaktionsordner ernannt, vor dessen „eisernem Ernst" und „grimmiger Gewissenhaftigkeit" sich alle beugten, wie Wilhelm Liebknecht ferner in seinen Erinnerungen berichtet.

In dieser Umgebung leitete Weerth das Feuilleton der *Neuen Rheinischen Zeitung*. Es war eine Zeit, auf die er später mit Stolz und Freude zurückblickte. Seine feuilletonistischen Beiträge ergänzten den politischen Teil der Zeitung und machten Weerth zum ersten sozialistischen Feuilletonschriftsteller Deutschlands.

Das Feuilleton selbst stammte aus Frankreich. Das erste Feuilleton, geschrieben von Abbé de Geoffroy, erschien am 28. Januar 1800 im Anzeigenteil des *Journal des Débats*. Die ‚Avertissements' waren eine Beilage zum politischen Hauptteil der Zeitung. In dieser Beilage veröffentlichte Abbé de Geoffroy Theaterbesprechungen, kurze Reisebeschreibungen und eine Klatschspalte. Da Zeitungen sich nicht mehr ausschließlich an gebildete Leser wandten, sollte das Feuilleton die wachsende Zahl der Leser, die sich für andere Sachen als Politik interessierten, unterhalten. Als das *Journal des Débats* die Beilage abschaffte, tauchte das Feuilleton im politischen Hauptteil auf, war aber durch einen dicken schwarzen Strich von ihm getrennt. Das führte zur Beschreibung des Feuilletons als der Teil einer Zeitung, der „unter dem Strich" erschien.

In seiner modernen Form erschien das erste Feuilleton in Deutschland im Jahre 1831 im *Nürnberger Korrespondent*.

Zuerst war es inhaltlich äußerst trivial, ein „Mischmasch ohne Ziel und Zweck". Erst in der Vormärzzeit, zum Beispiel bei Heine und Börne, gewann es politische und literarische Bedeutung. Nach der Revolution von 1848 setzte Weerth diese Tradition im Sinne der demokratischen Bewegung fort.

Weerths Beiträge zur *Neuen Rheinischen Zeitung* begannen mit den *Humoristischen Skizzen aus dem deutschen Handelsleben.* Er hatte bereits vor der Revolution vier Kapitel in der *Kölnischen Zeitung* veröffentlicht. Da ihm durch seine Mitarbeit an der *Neuen Rheinischen Zeitung* jetzt ein eigenes Publikationsorgan zur Verfügung stand, unterbrach er die Fortsetzung in der *Kölnischen.* Für die *Humoristischen Skizzen* interessierte er sich aber weiter, zumal er deren kritisches Potential für die *Neue Rheinische Zeitung* erkannte. Er hatte noch weitere sieben Kapitel fertig, die er aber für zu harmlos und unpolitisch hielt. So schrieb er im Mai 1848 fünf neue Kapitel, in denen er die Handlung in die Zeit der Revolution verlegte und den *Humoristischen Skizzen* somit größere Aktualität verlieh.

Im ersten für die *Neue Rheinische Zeitung* geschriebenen Kapitel begegnen wir dem unter dem Schock der Pariser Februarrevolution stehenden Herrn Preiss. Er blickt zurück auf die friedlichen Tage vor der Revolution, als der Handel gut ging und das Geschäft blühte. Weerth führt uns aber die Falschheit und Hinterlist des Kaufmanns vor Augen, der in allem, was er denkt und tut, immer nur auf Profit sinnt. In Preiss' folgendem Selbstgespräch enthüllt Weerth dessen ganze Scheinheiligkeit:

> Froh und glücklich lebten wir dahin. Ein lauterer Bach war unser Leben, kaum getrübt von einer Fallite. Ruhig schlafend bei Nacht, gestärkt erwachend am Morgen, taten wir, was Gott gebot und unser eignes Interesse. Taten wir Böses, so lag es in der Natur der Sache, denn schwache Menschen sind wir, schwach und vergänglich. Zur Arbeit erhoben wir die Hände, steckten wir sie in die Tasche, so geschah es aus Gründen – um zu halten, was wir hatten. Segen folgte unserem Beginnen wie das Ende dem Anfang. Manchmal waren's 20 Prozent; manchmal darüber. Kam uns die Post, da gab's was. Ein Brief von den Ufern der Lahn, von der Mosel, von den Höhen des Schwarzwaldes: 10 Fässer Heringe, eine Ordre auf Rosinen und jedesmal war verdient. Ruhig gaben wir Kredit, wie uns selbst kreditiert wurde von Bankier zu Bankier. Gab es Gefahr, da mahnten wir stark, aber immer mit Anstand. Vertrauen genossen wir, Vertrauen gaben wir. Wir zahlten stets so spät als möglich, aber immer in Zeiten. Wir waren immer gefällig, nur

> nicht zu unserm Nachteil. Sorgend für uns, schadeten wir niemand — uns am
> wenigsten. Wir ließen leben und lebten, das letztere war die Hauptsache.
> Zufrieden waren wir mit Gott und aller Welt, weil wir zufrieden waren mit
> uns. Trotzend der Konkurrenz, überwanden wir vieles. Leuchtend lag die
> Zukunft vor uns — da schlägt die verfluchte Revolution hinein![108]

Nach seiner Klage über die schlechten Zeiten will Preiss gerade
seinen Buchhalter Lenz entlassen, als ihm der Postbote die Zeitung bringt mit der Nachricht von der Märzrevolution in Berlin.
Das ist zu viel für Herrn Preiss, der in seinem Sessel zusammen-
sinkt mit den Worten: „Jetzt ist der Teufel erst recht los". In jener
Nacht träumt Preiss davon, daß alle Zahlen in seinem Haupt-
buch sich gegen die Nullen erheben, erkennt aber nicht die welt-
historische Bedeutung seines Traumes, in dem die Zahlen das
Proletariat und die Nullen die Aristokratie darstellen. Zuerst ist
Preiss reiner Zuschauer in seinem Traum, wird aber immer akti-
ver, je mehr er merkt, daß der Aufstand der Zahlen seine
Geschäftsinteressen bedroht.

Nach der Revolution paßt sich Preiss den veränderten Zeitumständen an und spekuliert in Schrapnells. Dadurch erfährt er
die Dankbarkeit seines Vaterlandes und es eröffnet sich für ihn
der Weg in die Politik. Aus sicherer Quelle hört er, daß man ihn
zur Bildung eines neuen Ministeriums erwartet. Die *Humoristischen Skizzen* enden mit dem Gerücht, daß Herr Preiss Mini-
sterpräsident wird, worauf ihm „rohe Proletarier" die Fenster
einwerfen.

Obwohl sie einen Angriff auf die Bourgeoisie darstellen, sind
die *Humoristischen Skizzen* im Gegensatz zu einigen anderen
Arbeiten Weerths aus der Revolutionszeit frei von persönlichem Haß. Sie sind lustig und geistreich und das Humoristisch-
ste, was Weerth geschrieben hat. Ein gutes Beispiel seines
Humors ist der folgende Auszug, in dem Weerth schildert, wie
sich der ängstliche Preiss nach der Nachricht von der Revolution
in Berlin anschickt, ins Bett zu gehen:

> Gegen 11 Uhr schlich der würdige Mann mit todesverächtlicher Miene die
> Treppe hinauf in sein Schlafgemach. Tiefe Stille. Es war sehr unheimlich. —
> „Jedenfalls siehst du einmal unter dein Bett!" dachte Herr Preiß — die eine
> türkische Pistole in der Hand, bückte er sich mühsam, und voll schauerlicher
> Freude überzeugte er sich davon, daß alles in Ordnung, daß kein Schinder-
> hannes zugegen und daß nur der weiße, unschuldige Nachttopf ruhig und

gelassen dastand in der Fülle seiner harmonischen Formen. Wie es jeder Fromme zu tun pflegt, zog der Herr Preiß auch diesmal vor dem Nachtgebet seine Uhr auf, eine Genfer Repetieruhr laufend in sechs falschen Diamanten. Dann eine baumwollene Mütze mit großem Quast aus der Kommode ziehend, krönte er sein müdes Haupt bis tief über die Ohren.

„Die Unterhose kannst du anbehalten", murmelte er. „Man kann nicht wissen, wofür es gut ist; auch die Strümpfe werde ich nimmer ausziehen; man weiß nicht, was passiert…" Da setzte er den Fuß auf die Lehne des Bettes. Also dastehend in weißer Unterhose, in baumwollener Nachtmütze und das eine Bein auf dem Rande des Lagers, empfahl Herr Preiß sich dem allmächtigen Schöpfer Himmels und der Erde, und noch einmal hinaushorchend, ob sich auch gar nichts rege da draußen in der revolutionären Außenwelt, taumelte er dann mit einem kühnen Salto mortale in die sanften vaterländischen Kissen. Auf dem Nachttisch aber lagen die zwei türkischen Pistolen, ein Federmesser und drei Dutzend Schwefelhölzer.[109]

Handelten die *Humoristischen Skizzen* von der Bourgeoisie, so beschäftigte sich Weerth in seiner nächsten größeren Arbeit, *Leben und Taten des berühmten Ritters Schnapphahnski,* mit dem Adel. Am 8. August 1848 begann die *Neue Rheinische Zeitung* mit der Veröffentlichung des *Schnapphahnski,* Weerths umfangreichster Arbeit in der Zeitung und gleichzeitig das einzige seiner Werke, das zu seinen Lebzeiten in Buchform erschien.

Nachdem das Feuilleton sich einmal in vielen Zeitungen etabliert hatte, erschienen auch bald Kurzgeschichten und Romanauszüge „unter dem Strich". 1836 veröffentlichte Emile de Girardin den ersten Roman in Fortsetzungen in *La Presse.* Sechs Jahre später erschien Eugene Sues *Les Mystères de Paris* im *Journal des Débats.* Der Erfolg der *Mystères de Paris* sicherte dem Roman einen festen Platz in den französischen Zeitungen. Weerths *Schnapphahnski* war der erste deutsche Feuilletonroman.

Als Quelle für *Schnapphahnski* diente Weerth das Leben des Fürsten Felix Lichnowski (1814-1848), einer der bekanntesten politischen Persönlichkeiten aus dem Revolutionsjahr 1848. Lichnowski war 1814 in Schlesien geboren, wo seine Familie große Güter besaß. 1834 ging Lichnowski zur preußischen Armee, die er vier Jahre später verließ. Er trat dann in den Dienst des spanischen Kronprätendenten Don Carlos, der einen Bürgerkrieg gegen die Königinwitwe Isabella führte. In diesem Bürgerkrieg avancierte Lichnowski zum Brigadegeneral und zu Don Carlos' Generaladjutanten. Nach Don Carlos' Niederlage 1840 verließ er Spanien und ging nach Brüssel, wo er seine im Bürgerkrieg gemachten Erfahrungen in den *Erinnerungen aus den Jahren 1837-1839* niederschrieb. Lichnowskis Kriegserinnerungen führten zu einem Streit mit dem spanischen General Montenegro, der mit einem Duell endete, in dem Lichnowski schwer verwundet wurde. 1847 wurde er zum Mitglied der Herrenkurie des ersten preußischen Vereinigten Landtags gewählt. Nach der Revolution vertrat er Ratibor in der deutschen Nationalversammlung in Frankfurt am Main.

Seine politische Karriere verdankte Lichnowski vor allem der am preußischen Hof sehr einflußreichen Herzogin von Sagan. Lichnowski vertrat die Interessen des Adels und gehörte der äußersten Rechten in der Nationalversammlung an. Dort hatte er sich bald wegen seiner auf Wirkung gezielten aber ansonsten inhaltlosen Reden einen Namen gemacht. Er war voller Verachtung für die demokratische Bewegung und griff seine politischen Gegner auf die verletzendste Art und Weise an.

So war Lichnowski eine der von den Demokraten und Kommunisten meistgehaßten Personen des Revolutionsjahres. Er wurde von der radikalen Presse — gerade auch von der *Neuen Rheinischen Zeitung* — unerbittlich angegriffen und karikiert. Am 18. September 1848 wurde er „verdientermaßen", wie Engels schrieb, von einer aufgebrachten Menge bei Frankfurt/M. erschlagen.

Weerth begann die Arbeit am *Schnapphahnski,* als Lichnowski auf der Höhe seiner politischen Laufbahn war. Viele vertrauliche und zuverlässige Informationen über Lichnowski teilte ihm Gräfin von Hatzfeldt mit, die er durch Ferdinand Lassalle kennengelernt hatte. Engels, Varnhagen von Ense und Weerths Freund, der Historiker Eduard von Vehse, bestätigten, daß *Schnapphahnski* auf Tatsachen beruhte und Weerths Quellen korrekt waren.

Den Namen seines ‚Helden' hat Weerth von Heine übernommen, der in seinem Gedicht *Atta Troll* Lichnowski so tituliert, als dieser nach Don Carlos' erfolgloser Kampagne Spanien fluchtartig und ohne Geld verläßt. Der Titel *Leben und Taten des berühmten Ritters Schnapphahnski* erinnert an den deutschen

Titel von Cervantes' Roman *Don Quijote: Leben und Taten des scharfsinnigen Junkers Don Quijote von der Mancha,* der seit Tiecks Übersetzung in Deutschland sehr beliebt war.

Im Gegensatz zu den milder gestimmten *Humoristischen Skizzen* stellt *Schnapphanski* einen scharfen Angriff auf Weerths Feinde dar. Er ist eine bittere Satire auf den preußischen Adel im allgemeinen und auf Lichnowski im besonderen. Wie Weerth selbst sein Werk verstand, sehen wir aus folgender Stelle im *Gürzenich,* dem letzten Kapitel des *Schnapphahnski,* wo Weerth eine imaginäre Begegnung zwischen Fürst Lichnowski und ihm, dem Verfasser, schildert. Der aufgebrachte Fürst zieht dort folgendermaßen über Weerth her:

> Wehe über diesen profanen Skribenten, der alle preußischen Junker, ja, der den ganzen deutschen Adel verhöhnt hat, indem er, ach, so treu mein Leben schilderte, ja, indem er das Leben und die Taten beschrieb: „des berühmten Ritters Schnapphahnski!"[110]

Zum Teil erklärt sich Weerths stärkere Verhöhnung des Adels aus seinem persönlichen Haß auf Lichnowski und den Typ des Krautjunker, den er verkörperte, zum Teil aus den veränderten politischen Zeitumständen, unter denen der *Schnapphahnski* entstand. Während er die *Humoristischen Skizzen* im Gefolge der erfolgreichen Revolution schrieb, als die Anhänger der Revolution sich in einer Hochstimmung befanden, arbeitete er am *Schnapphahnski* zu einer Zeit, als der Adel sich von den Rückschlägen des März wieder erholte und die Revolution in Gefahr geriet. Weerth spürte, daß es nicht mehr ausreichte, seine Feinde auf gutmütige Art zu behandeln. So wurde seine Satire im Angesicht der erstarkenden Konterrevolution leidenschaftlicher und aggressiver.

Wegen der delikaten Natur seines Stoffes verwendete Weerth nicht die wirklichen Namen der Beteiligten. Die Personen, mit denen sein ‚Held‘ in Berührung kommt, lassen sich aber alle leicht als wirkliche Menschen identifizieren. Darunter befinden sich u. a. die Herzogin von Sagan, der Herzog von Croy, Graf Hatzfeldt, Metternich und Talleyrand. Weerth beschreibt gewisse Züge in Lichnowskis Charakter und gewisse Abschnitte in seinem Leben: seine Liebesaffären, seine Duelle, seine militärischen Abenteuer und seinen Eintritt in die Politik. Er wählt verschiedene Episoden aus Lichnowskis Leben — „dem abscheulichen Gewirr der Lügen, der Heuchelei, der widerwärtigsten Eitelkeit und der schamlosesten Intrigen" —, um seine Feigheit, seine Unmoral, seine Verlogenheit, seinen Hochmut und seine Gerissenheit auf seinem von Liebschaften, Spielabenteuern, Duellen und Betrügereien übersäten Weg durch Europa bloßzustellen.

Der Roman enthält in sich abgeschlossene Kapitel, die von bestimmten Episoden aus Lichnowskis Leben handeln. Dieser Aufbau eignete sich für eine Veröffentlichung im Feuilleton der *Neuen Rheinischen Zeitung,* wo der Roman zuerst in Fortsetzungen erschien. Das Ende das Romans bildet eine für die Buchausgabe 1849 hinzugefügte Beschreibung des Kölner Domfests vom 15. August 1848 aus Anlaß der Sechshundertjahrfeier der Grundsteinlegung.

Die lockere offene Form des Romans gestattete es Weerth, von Schnapphahnskis Leben abzuschweifen und sich ausführlich über Themen zu äußern, die ihm am Herz lagen. Er nimmt bestimmte Stationen in Schnapphahnskis Leben als Ausgangspunkt und Anlaß zu persönlichen Reflexionen und politischen Exkursen, von denen er immer wieder zu Schnapphahnski zurückkehrt.

Im Kapitel *Berlin* z. B. stellt er uns Schnapphahnski als Flaneur vor. Weerth behauptet, daß das Flanieren gerade dann Spaß macht,

wenn alle andern Leute wie die lieben Zugstiere arbeiten müssen. Ich bin fest davon überzeugt, ein westindischer Pflanzer fühlt sich nicht nur deswegen so wohl in seiner Haut, weil er jedes Jahr an seinen Plantagen diese oder jene Summe profitiert, nein, sondern nur aus dem Grunde scheint ihm das Leben um so wonniger, weil er eben dann recht wohlgefällig seine Havanna-Zigarren rauchen kann, wenn um ihn her die schwarzen Afrikaner in der Glut der Sonne und unter der Wucht der Arbeit zu vergehen meinen. Hole der Teufel die Flaneure und die westindischen Pflanzer. Die Proletarier werden einst die ersten und die Sklaven die letzteren totschlagen. Ja, tut es! Es ist mir ganz recht — aber nur einen verschont mir: den Ritter Schnapphahnski![111]

Als Lichnowski/Schnapphahnski im Roman dem spanischen Kronprätendenten Don Carlos seine Dienste anbietet, nutzt Weerth diese Gelegenheit zu einer humoristisch-verbitterten

116

Abschweifung über die Dummheit und Einfältigkeit der deutschen Landsknechte:

> Deutsche Landsknechte waren tapfer zu allen Zeiten. Dieselben großen
> Lümmel, die zu Hause in Filzschuhen, in gestrickten Kamisölern und in
> baumwollenen Nachtmützen faul wie altgewordene Hunde und feige wie
> weibliche Hasen hinter den Öfen oder auf den Wirtshausbänken herumlun-
> gerten, sie haben sich im Auslande, für fremde Fürsten, stets mit einer
> Gewissenhaftigkeit und mit einer Ausdauer geprügelt, die wirklich alle
> Grenzen übersteigt. Wer daheim ein Kaninchen war, er wurde draußen ein
> Tiger; die Träumer verwandelten sich in Raufbolde; die blonden sentimen-
> talen Schlingel in Totschläger; die sanften blassen Heinriche und Gottfriede
> in donnerwetternde Generäle und Feldwebel, die ihre Feinde so gemütlich
> ums Leben brachten, wie sie seinerzeit Korn mähten oder Spargel stachen.
> Auf allen Schlachtfeldern aller Jahrhunderte haben sich Deutsche für ihren
> pünktlich ausbezahlten Sold auch pünktlich totschlagen lassen. Mit ihren
> frommen blauen Augen schauten sie so gutmütig in die kohlschwarzen
> Schlünde der Kanonen, als sollten ihnen gebratene Tauben statt kopfdicker
> Kugeln daraus entgegenfliegen, und wenn sie die Gewehre umdrehten und
> mit dem Kolben dreinfegten, da schnitten sie keine schlimmern Grimassen
> als unsere Dorfschulmeister in Hessen oder in Nassau, wenn sie den Bau-
> ernjungen das Einmaleins oder das Christentum einbleuen.[112]

Im Kapitel *Brüssel* nimmt Weerth Schnapphahnskis Aufenthalt
in der belgischen Hauptstadt zum Anlaß, sich über das schöne
Geschlecht zu äußern, das nach Weerths Ansicht „in keinem
Lande der Welt" „mehr vernachläßigt" ist „als in Belgien." Und
Schnapphahnskis Besuch der Brüsseler Oper veranlaßt Weerth
zur Bemerkung, daß der Tanz manchen Körperteil enthüllt,
„den wir bei der Prüderie unseres Jahrhunderts selten en masse
zu bewundern Gelegenheit haben."

Die peinliche Situation, als Schnapphahnski in einer Gesellschaft in Brüssel sich unanständig benimmt, verwendet Weerth
zu einer langen und höchst amüsanten autobiographischen Aus-
schweifung über seinen eigenen Besuch der St. Paul's Cathedral
in London einige Jahre zuvor, als ihm auf der Spitze der Kathedrale ähnliches widerfuhr:

> Da preßte ihm die Mutter Natur plötzlich einen jener heimischen Laute aus,
> der wie ein Pistolenschuß in der Kuppel der Kirche widerklang, und einer
> Leiche ähnlich sank der Unglückliche hinab, zwischen die nach allen Seiten
> auseinanderstiebenden Genossen, deren er sicher im Niedersinken mehrere
> zerschmettert hätte, wäre der Laut nicht so herrlich à propos gekommen, so
> voll, so donnernd — doch kehren wir zurück zu Schnapphahnski.[113]

An anderer Stelle — im Kapitel *Die Römerfahrt*, das von Schnapphahnskis Audienz beim Papst handelt —, spricht Weerth vom Katholizismus als der Religion des Glanzes und der Pracht und erwähnt im Vergleich dazu seinen eigenen „nüchternen protestantischen Religionsunterricht" in Detmold.

Autobiographisches enthält auch das *Gürzenich*-Kapitel, wo Weerth den Kölner Karneval von 1841 ins Gedächtnis zurückruft, den er verkleidet als Don Quijote mitmachte.

Schnapphahnski ist kein einheitliches Werk. Weerth ging es auch nicht darum, ein formvollendetes Kunstwerk zu schaffen, sondern um Polemik, und zwar gegen einen ihm verhaßten Vertreter des preußischen Feudalabsolutismus. Die offene Form des Feuilletonromans erlaubte es ihm, sprachliche und stilistische Mittel zu variieren und die Erzählform zu wechseln. So wechseln Dialoge mit epischer Beschreibung, Anekdoten und Reflexionen; spöttischer Humor wechselt mit todernster Kritik; der gemütliche Plauderton des Feuilletonisten wechselt mit den geharnischten Angriffen des politisch Engagierten auf die Mißstände der Gesellschaft. Dabei wendet sich Weerth direkt an seine Leser, bezieht sie mit ein in seine Erzählung und vertraut sich ihnen an. Und immer wieder unterbricht er Schnapphahnskis/Lichnowskis Lebensgeschichte und steigert dadurch das Interesse des Lesers an der Fortsetzung.

Der Roman schildert zwar Schnapphahnskis Aufstieg in der Welt, ist also in gewisser Hinsicht ein Entwicklungsroman, indem er den Weg des Helden nach oben beschreibt, doch unterscheidet er sich in vielem von anderen Aufstiegs- oder Entwicklungsromanen. Schnapphahnski ist kein weltfremder Simplizissimus auf seinem Weg durchs Leben, sondern ein raffinierter, berechnender und höchst unsympathischer „Held", dem unsere Sympathien gehören. Wir identifizieren uns nicht mit ihm, sondern verfolgen seine Karriere ohne persönliches Engagement. Interessant wäre schließlich zu wissen, welche Wirkung der Roman in seinem Erscheinungsjahr auf die Leser hatte. Empfanden sie den ‚Helden' als eine übertriebene Karikatur ohne Wirklichkeitsbezug oder als Persiflage einer lebenden Person der Revolution von 1848?

Die elfte Folge des *Schnapphahnski* erschien in der *Neuen*

Rheinischen Zeitung vom 19. September 1848. Es war der Tag, an dem Fürst Lichnowski getötet wurde. Obwohl Weerth sofort die Fortsetzung unterbrach, geriet er bald mit den Behörden in Konflikt. Am 25. September machte das Reichsministerium der Justiz in Frankfurt/M. in einem Schreiben an den Generalprokurator beim Rheinischen Appellationsgerichthof in Köln „auf die Gefahren der überhand nehmenden Mißbräuche der freien Presse und sogleich auf die Notwendigkeit der schleunigsten und schärfsten Anwendung der Gesetze hiergegen" aufmerksam. Unter den Organen der schlechten Presse rage die *Neue Rheinische Zeitung* hervor, „die unter anderem durch ihre Schandartikel gegen den Fürst Lichnowski [...] zu dem Hasse einer gewissen Partei gegen das Parlamentsmitglied, und dadurch mittelbar zu dessen Ermordung beigetragen habe." Demzufolge sei eine Untersuchung gegen die Expedition der *Neuen Rheinischen Zeitung* einzuleiten.

Als Mitredakteur der Zeitung und Verfasser des *Schnapphahnski* wurde auch Weerth zur Verantwortung gezogen und mußte Ende September vor dem Instruktionsrichter des Königlich Preußischen Landgerichtes in Köln erscheinen. Weerth erklärte bei seiner Vernehmung, daß *Schnapphahnski* eine Fortsetzung des Heineschen Gedichtes *Atta Troll* sei. „Um die Erzählung der Jetztzeit mehr anzupassen, habe er seinen „Helden auch zum Mitglied einer Nationalversammlung gemacht." Entschieden bestritt er, eine bestimmte Person, nämlich Fürst Lichnowski, damit gemeint zu haben.

Die Justizbehörden betrachteten die Tatsache, daß Weerth gleich nach Lichnowskis Tod die Fortsetzung des *Schnapphahnski* eingestellt hatte, als ein Schuldbekenntnis. Dies bewog Weerth, den *Schnapphahnski* fortzusetzen, „um den Gerichten und dem Publikum zu beweisen, daß unter dem Schnapphahnski nicht ausschließlich dieser oder jener bestimmte Mensch, sondern *die ganze Kategorie der preußischen Krautjunker zu verstehen sei.*" Er habe „nicht die Persiflage eines gewissen Menschen geliefert", sondern „schilderte eine ganze Klasse der Gesellschaft."

Einerseits überraschte Weerth die Absurdität der Anklage, andererseits fühlte er sich geschmeichelt, daß die Gerichte ihn als einen Verbrecher betrachteten. Vor einem Jahr hatte er nach seinem Auftritt auf dem Brüsseler Freihandelskongreß im Rampenlicht der Öffentlichkeit gestanden. Jetzt war es ähnlich. Er freute sich, daß man sich für ihn interessierte, auch wenn es die Justizbehörden waren. Das geht aus dem übermütig-frivolen Ton des Vorspiels zum zweiten Teil des *Schnapphahnski* hervor, der am 13. Dezember in der *Neuen Rheinischen Zeitung* erschien. Dort beschrieb Weerth seine Lage folgendermaßen:

> Der Verfasser des *Schnapphahnski* hielt sich bisher für einen der unschuldigsten Menschen unseres verderbten Jahrhunderts. Er hatte sich oft darüber geärgert — denn nichts ist langweiliger und uninteressanter als die Unschuld. Als er aber den Gerichtsvollzieher sah und den Erscheinungsbefehl, in dem es klar und deutlich zu lesen war, daß er sich binnen zwei Tagen in dem Verhörzimmer des Richters melden solle, widrigenfalls nach der ganzen Strenge der Gesetze gegen ihn verfahren werde — kurz als er sich davon überzeugte, daß man ihn für nichts mehr und nichts weniger als einen — Verbrecher halte: da sprang er empor mit dem Schrei des Entzückens, mit dem Jubel der Freude ob der endlich verlorenen Unschuld — er warf den Sessel um und den Tisch und alles, was darauf stand, und wäre fast dem Gerichtsvollzieher um den Hals gefallen, um ihn zu herzen und zu küssen, und ein über das andere Mal frohlockte er: Ich bin ein Verbrecher! ein Verbrecher! Verbrecher![114]

Im Dezember 1848 hatte das Gericht die Untersuchung gegen Weerth abgeschlossen. Weerth beschäftigte sich danach mit anderen Arbeiten, der *Schnapphahnski* rückte vorerst wieder in den Hintergrund. Die letzte Folge des Romans erschien in der *Neuen Rheinischen Zeitung* am 21. Januar 1849 und schloß mit Schnapphahnskis Eintritt in die Politik.

Außer den *Humoristischen Skizzen* und *Schnapphahnski* veröffentlichte Weerth in der *Neuen Rheinischen Zeitung* eine Reihe kürzerer Feuilletons sowie einige Gedichte. Er richtete seine Angriffe nicht nur gegen die Bourgeoisie und den Adel, sondern auch gegen den preußischen König Friedrich Wilhelm IV., den Reichsverweser Erzherzog Johann, die deutsche Nationalversammlung in Frankfurt a. M., die preußische Armee und die konservative Presse.

Weerth behandelte alle seine Gegner mit der äußersten Geringschätzung. Er deckte ihre Schwächen auf und fühlte sich verpflichtet, „sie der allgemeinen Heiterkeit preiszugeben." Zwar sind seine Feuilletons oft voller Humor und Ironie, doch

haben sie gewöhnlich einen ernsten und politischen Unterton.
Spott und Übermut charakterisieren Weerths beste Feuilletons. Ein Meisterstück sprühenden Witzes ist das aus unbe-
kannten Gründen ungedruckt gebliebene *Fragment einer War-
nung vor der „Neuen Rheinischen Zeitung"*, in dem Weerth sich
in der Gestalt des reaktionären *Rheinischen Beobachters* über
die *Neue Rheinische Zeitung* und deren Feuilleton hermacht.
Der *Rheinische Beobachter* beschreibt die *Neue Rheinische Zeitung* als „Ausbund aller Frechheit", als ein „ruchlose[s]" „unheil-
volle[s]" Blatt, in dem „kein Respekt" herrsche. Weiter heißt es:
„Ja, gerade der Stil, der Witz und die Kenntnisse der verderbli-
chen Menschen, welche dieses Blatt schreiben, bilden das
Gefährliche und das Abscheuliche desselben." Weerth spricht
von sich und seinen Mitredakteuren als „jenen sündhaften sieben Redakteuren, die da Anarchie und Unheil predigen",
„denen nichts heilig ist als das Böse und deren ganzes Streben
und Wirken in nichts anderem besteht als im Übel und in der
Sünde." Schließlich kommt Weerth auf das Feuilleton zu sprechen. Mit auf die Spitze getriebener Ironie schreibt er:

> Ja, dem Feuilleton! diesem abscheulichen Rez-de-chaussée der „Neuen
> Rheinischen", in dem man alles Große und Herrliche mit schlechten Witzen
> zu überschütten strebt. Mit wahrhaft empörender Frechheit sucht der Ver-
> fasser seine Kollegen in ihren destruktiven Tendenzen zu unterstützen; es ist
> entsetzlich, er kann keinen ehrlichen Mann mehr zufrieden lassen, und er ist
> reif dafür, daß ihm ein Mühlstein an den Hals gehängt wird und daß man ihn
> ersäuft, wo der Vater Rhein am tiefsten ist.[115]

Gelegentlich versiegt Weerths Humor und er geht zu einem
direkten Angriff auf seine Gegner über. In dem Feuilleton *Reaktionäre Gedanken einer Dame* zitiert er aus einem Artikel der
Karlsruher Zeitung, in dem die Verfasserin sich beklagt hatte,
daß nichts unternommen worden sei, um das Übergreifen re-
publikanischer Ideen auf die badische Bevölkerung zu verhin-
dern. Zuerst mokiert sich Weerth über die „reaktionäre Dame",
doch dann nimmt er plötzlich einen anderen Ton an, als er an das
Schicksal der republikanischen Gefangenen in Baden denkt:

> An Ihrer wohllöblichen Entrüstung sehe ich, verehrte reaktionäre Dame,
> daß Sie wie die meisten politischen Blaustrümpfe ein edles, fühlendes Herz
> haben. Ja, abscheulich ist es, gebundene Feinde noch mit Fußtritten und
> Faustschlägen zu mißhandeln. *Sie* denken an die Könige, *ich* zufällig an die

geschlagenen Republikaner, die man von der französischen Grenze her mit Kolbenstößen in die badischen Gefängnisse jagte. Die armen jugendlichen Republikaner in den Zellen von Bruchsal, nebeneinandergepfercht wie die Afrikaner des Sklavenschiffes, auf feuchtem Boden liegend, verhöhnt und mißhandelt von dummen Soldaten, von gimpelhaften Offizieren – als sie im Rausche des Enthusiasmus, ihrer einige Hundert oder Tausend, dem Untergange entgegenmarschierten, nun, wenn sie da noch nicht etwas mehr als so viele Schuster und Schneider waren, die ihre Arbeit verließen, um für eine Idee zu siegen oder zu sterben, so gleichen sie doch wenigstens in diesem Augenblick gefangenen Adlern, da sie, ungebeugt von Hohn und Kerker, noch jeden erwachenden Tag mit dem Ruf „Es lebe die Republik!" begrüßen und jedes verblühende Abendrot mit demselben Schrei: „Es lebe die Republik!"[116]

In seinem Gedenkartikel über Weerth im *Sozialdemokrat* am 7. Juni 1883 bezweifelte Engels, „ob je eine andere Zeitung ein so lustiges und schneidiges Feuilleton hatte". Er nannte Weerth den „ersten und *bedeutendsten* Dichter des deutschen Proletariats" und behauptete, daß „seine sozialistischen und politischen Gedichte denen Freiligraths an Originalität, Witz und namentlich an sinnlichem Feuer weit überlegen" waren.

Weiter meinte Engels, daß Weerth zwar oft Heinesche Formen anwandte, „aber nur, um sie mit einem ganz originellen, selbständigen Inhalt zu erfüllen." Er glaubte sogar, daß Weerth im „Ausdruck natürlicher, robuster Sinnlichkeit und Fleischeslust" Heine übertraf „und in deutscher Sprache nur von Goethe übertroffen" wurde.

Engels vermutete, daß sich manche Leser des *Sozialdemokrat* entsetzen würden, wollte er einige von Weerths Feuilletons aus der *Neuen Rheinischen Zeitung* abdrucken lassen, dennoch konnte er nicht die Bemerkung unterdrücken, „daß auch für die deutschen Sozialisten einmal der Augenblick kommen muß, wo sie dies letzte deutsche Philistervorurteil, die verlogene spießbürgerliche Moralprüderie offen abwerfen". Auch die deutschen Arbeiter müßten sich daran gewöhnen, „von Dingen, die sie täglich oder nächtlich selbst treiben, von natürlichen, unentbehrlichen und äußerst vergnüglichen Dingen ebenso unbefangen zu sprechen wie die romanischen Völker, wie Homer und Plato, wie Horaz und Juvenal, wie das Alte Testament und die *Neue Rheinische Zeitung*".

Als Engels dies schrieb, dachte er wahrscheinlich an

Gedichte wie *Kein schöner Ding ist auf der Welt, als seine Feinde zu beißen,* wo es folgendermaßen heißt:

Mit schönen Fraun hab ich lieber zu tun
Als mit schönen preuß'schen Soldaten.
Und als ich am Lurlei vorüberkam:
Da war ich verkauft und verraten.
Ich sah sie sitzen, die nackte Fee,
Und ich hörte ihr lüsternes Singen;
Und mit Koffer und Reisesack sank ich hinab,
Ihren wonnigen Leib zu umschlingen.
Das war eine Barrikadenschlacht
Auf ihren schneeweißen Brüsten!
Mit heiler Haut kam ich eben davon,
Doch verlor ich Koffer und Kisten —[119]

Weerths Begeisterung für die Revolution, sein lebensbe-jahender Übermut und sein frivol-sinnlicher Stil finden viel-leicht am treffendsten Ausdruck in dem Gedicht *Heute morgen fuhr ich nach Düsseldorf,* das am 14. Juli 1848 in der *Neuen Rheinischen Zeitung* erschien:

Heute morgen fuhr ich nach Düsseldorf
In sehr honetter Begleitung:
Ein Regierungsrat — er schimpfte sehr
Auf die Neue Rheinische Zeitung.
„Die Redakteure dieses Blatts" —
So sprach er — „sind sämtlich Teufel;
Sie fürchten weder den lieben Gott
Noch den Ober-Prokurator Zweiffel.
Für alles irdische Mißgeschick
Sehn sie die einzige Heilung
In der rosenrötlichen Republik
Und vollkommener Güterteilung.
Die ganze Welt wird eingeteilt
In tausend Millionen Parzellen;
In so viel Land, in so viel Sand
Und in so viel Meereswellen.
Und alle Menschen bekommen ein Stück
Zu ihrer speziellen Erheitrung —
Die besten Brocken: die Redakteur'
Der Neuen Rheinischen Zeitung.
Auch nach Weibergemeinschaft steht ihr Sinn.
Abschaffen wolln sie die Ehe:
Daß alles in Zukunft ad libitum
Miteinander nach Bette gehe:
Tartar und Mongole mit Griechenfraun,

Cherusker mit gelben Chinesen,
Eisbären mit schwedischen Nachtigalln,
Türkinnen mit Irokesen.
Tranduftende Samojedinnen solln
Zu Briten und Römern sich betten,
Plattnasige düstre Kaffern zu
Alabasterweißen Grisetten.
Ja, ändern wird sich die ganze Welt
Durch diese moderne Leitung —
Doch die schönsten Weiber bekommen die
Redakteure der Rheinischen Zeitung!
Auflösen wollen sie alles schier;
Oh, Lästrer sind sie und Spötter;
Kein Mensch soll in Zukunft besitzen mehr
Privateigentümliche Götter.
Die Religion wird abgeschafft,
Nicht glauben mehr soll man an Rhenus,
An den nußlaub — und rebenbekränzten, und nicht
An die Mediceische Venus.
Nicht glauben an Kastor und Pollux — nicht
An Juno und Zeus Kronion,
An Isis nicht und Osiris nicht
Und an deine Mauern, o Zion!
Ja, weder an Odin glauben noch Thor,
An Allah nicht und an Brahma —
Die Neue Rheinische Zeitung bleibt
Der einzige Dalai-Lama."
Da schwieg der Herr Regierungsrat,
Und nicht wenig war ich verwundert:
Sie scheinen ein sehr gescheiter Mann
Für unser verrückt Jahrhundert!
Ich bin entzückt, mein werter Herr,
Von ihrer honetten Begleitung —
Ich selber bin ein Redakteur
Von der Neuen Rheinischen Zeitung.
Oh, fahren Sie fort, so unsern Ruhm
Zu tragen durch alle Lande —
Sie sind als Mensch und Regierungsrat
Von unbeschränktem Verstande.
Oh, fahr er fort, mein guter Mann —
Ich will ihm ein Denkmal setzen
In unserm heitern Feuilleton —
Sie wissen die Ehre zu schätzen.
Ja, wahrlich, nicht jeder Gimpel bekommt
Einen Tritt von unsern Füßen —
Ich habe, mein lieber Regierungsrat,
Die Ehre, Sie höflich zu grüßen.[118]

124

Mochte Engels auch eher politische als literarische Maßstäbe verwendet haben, nach denen er Weerth einstufte, so besitzen gerade die während des Revolutionsjahres 1848 geschriebenen Gedichte Weerths so viel Frische und Vitalität, daß sie noch heute äußerst amüsant und natürlich wirken.

Insgesamt veröffentlichte Weerth 115 Feuilletons in der *Neuen Rheinischen Zeitung.* Es war seine ergiebigste Schaffensperiode und zugleich die einzige Zeit in seinem Leben, wo er viel veröffentlichte. Nach dem Verbot der *Neuen Rheinischen Zeitung* im Mai 1849 veröffentlichte er nichts mehr. Und so hörte Weerth im Alter von 27 Jahren auf, literarisch tätig zu sein.

Weerths Entschluß, in die Redaktion der *Neuen Rheinischen Zeitung* zu treten, stieß bei seiner Mutter und seinen Brüdern auf wenig Verständnis. Seine Mutter schrieb ihm Anfang Juni 1848, daß es „besser wäre, Holz zu hacken, als sich an einem so impertinenten Blatt zu beteiligen und immer nur darauf zu sinnen, andere zu verunglimpfen." Auch sein Bruder Wilhelm, der zwischen Georg und der Mutter vermitteln wollte, hatte Bedenken, was Georgs neue Stellung betraf. Am 13. Juni 1848 schrieb er ihm:

> Die Mutter scheint sehr ungehalten auf Dich zu sein und will sich nicht von mir beruhigen lassen. Ich wage kein Urteil über Deine jetzige Stellung zu fällen, weil ich sowohl sie als auch Deine frühern Verhältnisse nicht genau genug kenne, aber es sollte mir leid tun, wenn Du mit Deiner Vergangenheit ganz gebrochen hättest und hinfort nur Literat sein wolltest, da Du in dieser Stellung auf die Dauer, wie ich befürchte, nur ein sehr kümmerliches Auskommen finden wirst, dagegen aber ein für Dich sehr angreifendes und aufreibendes, auf die Dauer undankbares Geschäft betreibst.[119]

Georgs Mutter machte sich nicht nur wegen seines politischen Treibens Sorgen sondern auch wegen seines Gesundheitszustandes. Bald nach seiner Ankunft in Köln trat sein Halsleiden wieder auf, an dem er schon in Bradford stark gelitten hatte. Brieflich bat er den Detmolder Hausarzt der Familie Weerth, Hofrat Piderit, um Rat. Piderit schrieb ihm, daß er Gefahr liefe, an Tuberkulose zu erkranken, wenn er sich kopfüber in die Politik stürze und sich dabei emotional engagiere. Wenigstens, riet Piderit, sollte er jeden Sommer sechs Wochen in Aachen eine Badekur machen.

Weerth war jedoch zu sehr mitgerissen vom Revolutionsfieber und hatte sich zu sehr engagiert für die *Neue Rheinische Zeitung,* als daß er auf seine Angehörigen hören oder dem Rat des Hofrats Piderit folgen konnte. Auf keinen Fall wollte er Köln verlassen zu einer Zeit, wo seine Arbeit an der *Neuen Rheinischen Zeitung* gerade erst begonnen hatte und wo jeder Redakteur voll beschäftigt war.

Im Sommer 1848 lernte Weerth Ferdinand Lassalle (1825-1864) kennen. Der in Breslau geborene Lassalle hatte an der dortigen Universität und später in Berlin Philosophie, Geschichte und Klassische Philologie studiert. Nach einem Ende Februar 1860 datierten Brief an Marx begriff er sich seit 1840 als Revolutionär und seit 1843 als entschiedener Sozialist. 1846 begegnete er der Gräfin Sophie von Hatzfeldt, die zu der Zeit in einer Scheidungsklage gegen ihren Mann, Graf Edmund von Hatzfeldt-Wildenburg, verwickelt war. Gerührt vom Schicksal der Gräfin, deren eigene Familie sich von ihr distanzierte, nahm Lassalle sich ihrer Sache an und zog im Januar 1848 nach Düsseldorf. Von Februar bis August 1848 war Lassalle im Gefängnis in Köln. Er war der Beihilfe zum Kassettendiebstahl angeklagt. Zwei seiner Freunde hatten die Schmuckkassette einer Mätresse des Grafen Hatzfeld entwendet, weil Lassalle ein wichtiges Dokument darin vermutet hatte. Die Schwurgerichtsverhandlung gegen Lassalle fand vom 5. bis 11. August in Köln statt und endete mit seinem Freispruch.

Nach seiner Entlassung lernte Lassalle Marx und die anderen Redakteure der *Neuen Rheinischen Zeitung* kennen, die ausführlich über seinen Prozeß berichtet hatten. Es bildete sich ein besonders herzliches Verhältnis zwischen Lassalle und Weerth, der ihn als „den geistreichsten Menschen, den ich außer Marx kenne," beschrieb. Durch Lassalle wurde Weerth mit Gräfin Hatzfeldt bekannt. Diese Bekanntschaft erwies sich als sehr nützlich für Weerth, weil die Gräfin ihm Einblicke in das Leben des deutschen Adels gewährte und Material und Hintergrundinformationen für den *Schnapphahnski* lieferte.

Im November 1848 wurde Lassalle wiederum verhaftet, diesmal wegen Aufreizung der Bürger zur Bewaffnung gegen die königliche Gewalt und Aufforderung zum gewaltsamen Widerstand gegen Staatsbeamte. Seine Verhaftung fiel mit dem in Düsseldorf verhängten Belagerungszustand zusammen. Da die Gräfin Hatzfeldt in dieser Zeit um die Sicherheit ihres Sohnes Paul bangte, des einzigen Kindes, das ihr noch nicht genommen war, bot Weerth an, ihn vorübergehend mit nach Detmold zu nehmen.

Weerths Mutter war jedoch alles andere als begeistert, als Georg mit dem 17-jährigen Paul, dem späteren Botschafter des Deutschen Reichs in London, in Detmold eintraf. Weerth wohnte mit seinem „Anhängsel", wie die Mutter den jungen Grafen nannte, im Gasthaus. Wilhelmine Weerth, der an einer offenen Aussprache mit ihrem Sohn über dessen politische und sozialistische Tätigkeit gelegen war, sah ihn außer zu den gemeinsam eingenommenen Mahlzeiten selten. Außerdem war damals auch das Verhältnis zwischen Georg und seinem ältesten Bruder Carl, der mit der Mutter zusammenlebte, getrübt. Carl und er hatten zwar wegen des großen Altersunterschiedes — Carl war 10 Jahre älter — nie ein sehr enges Verhältnis gehabt, doch so große Differenzen wie bei diesem Besuch hatte es noch nicht gegeben. Ausschlaggebend dafür waren Georgs Lebensstil und seine politische Tätigkeit, die Carl verurteilte. Zwar vertrat Carl in seiner Jugend auch liberale Ansichten, als Anhänger der Idee eines einigen, freiheitlichen Deutschlands hatte er selbst unter der Demagogenverfolgung gelitten, doch die politische Richtung seines Bruders Georg und der *Neuen Rheinischen Zeitung* war ihm zu radikal.

Obwohl dies Weerths erster Besuch bei seiner Mutter in Detmold seit seiner Tätigkeit an der *Neuen Rheinischen Zeitung* war, schien seine Mutter erleichtert zu sein, als er nach ungefähr einer Woche wieder mit Paul Hatzfeldt in Richtung Düsseldorf abreiste. In einem Brief an ihren Sohn Wilhelm erwähnte Wilhelmine Weerth, daß Georg „im Grund seines Herzens derselbe gute liebe Mensch" sei, „die heurigen politischen Ereignisse und seine Umgebung wirkt nur leider! — bewildernd auf ihn…"

Im Gegensatz zu Lassalle und den anderen Redakteuren der *Neuen Rheinischen Zeitung* beteiligte sich Weerth abgesehen von seiner journalistischen Tätigkeit nicht aktiv an der demokratischen Bewegung in der preußischen Rheinprovinz. In Köln, dem Zentrum der demokratischen Bewegung, bestanden u. a.

der Kölner Arbeiterverein und die Demokratische Gesellschaft, in der Marx, Engels und Wilhelm Wolff besonders aktiv waren.

Im September 1848 verschärfte sich die politische Lage in Deutschland infolge der Vorgänge in den Parlamenten in Berlin und Frankfurt a. M. Anfang September kam es in Preußen zu einer Krise zwischen der Konstituierenden Versammlung und der Krone, weil das preußische Kriegsministerium sich weigerte, auf Verlangen der Mehrheit der Abgeordneten alle konterrevolutionären Offiziere aus der Armee zu entfernen. Zur gleichen Zeit hatte sich auch die Lage in Frankfurt am Main wegen des Kriegs mit Dänemark zugespitzt. Die Demokraten und Kommunisten betrachteten diesen Krieg als revolutionär und patriotisch, da es um die Herzogtümer Schleswig-Holstein ging, die eine provisorische Regierung gebildet und sich eine demokratische Verfassung gegeben hatten, was einen Aufstand gegen Dänemark bedeutete, das sich Schleswig-Holstein einverleiben wollte. Als Preußen am 26. August mit Dänemark einen Waffenstillstand schloß und dabei Schleswig-Holstein an Dänemark abtrat, wandte sich alle Aufmerksamkeit nach Frankfurt. Sollte die Franfurter Nationalversammlung den Waffenstillstand hinnehmen, bedeutete das einen Sieg für Preußen und die Konterrevolution. Stimmte sie aber dagegen, bestand die Hoffnung auf einen revolutionären Volkskrieg, auf einen Aufstand gegen Preußen.

Vor diesem Hintergrund fanden die von den rheinischen Demokraten und den Redakteuren der *Neuen Rheinischen Zeitung* Mitte September 1848 organisierten Massenkundgebungen in Köln und der Umgebung statt. Am 13. September versammelten sich zwischen 5000 und 6000 Menschen auf dem Frankenplatz in Köln. Vier Redakteure der *Neuen Rheinischen Zeitung* — Engels, Wilhelm Wolff, Bürgers und Dronke — hielten Reden. Zu dem aus 30 Personen gewählten Sicherheitsausschuß gehörten u. a. fünf Redakteure der *Neuen Rheinischen Zeitung*: Marx, Engels, Bürgers, Dronke und Wilhelm Wolff. Eine weitere Massenkundgebung fand am 17. September auf der Fühlinger Heide bei Worringen, in der Nähe von Köln, statt. Diesmal fanden sich ungefähr 10 000 Menschen ein. Zu den Rednern zählten Engels, Wilhelm Wolff und Lassalle. Die Versammlung erklärte sich für die demokratisch-soziale deutsche Republik.

Inzwischen hatte die Frankfurter Nationalversammlung Preußens Waffenstillstand mit Dänemark zugestimmt. Das führte zu einem bewaffneten Aufstand in Frankfurt am 18. September, der jedoch niedergeschlagen wurde. Danach ging die Regierung verschärft gegen die demokratische Bewegung in anderen Teilen Deutschlands vor. Besonderes Augenmerk richteten die Behörden dabei auf die Rheinprovinz. Wegen „Komplotts zum Umsturz" wurde am 25. September eine Untersuchung gegen Engels, Bürgers und Wilhelm Wolff eingeleitet. Die Lage in Köln begann sich immer mehr zuzuspitzen, so daß die Regierung mehr Truppen in die Rheinprovinz verlegte, um einen etwaigen Aufstand im Keim zu ersticken.

Ungeachtet der sich zuspitzenden politischen Lage hielten die Kölner Demokraten am 25. September auf dem Alten Markt eine Versammlung ab. Wilhelm Wolff führte den Vorsitz auf dieser Versammlung, an der u. a. auch Marx, Bürgers, Moll und Weerth teilnahmen. Es ist dies das einzige Mal, daß Weerth auf irgendeiner politischen Versammlung oder Kundgebung im Rheinland erwähnt wird. Und selbst jetzt spielte er keine führende Rolle, sondern blieb im Hintergrund.

Auf Befehl der Polizei, die schon durch die aufgebrachte Menge, welche den Arbeiterführer Joseph Moll aus dem Gefängnis befreit hatte, beunruhigt war, sollte die Bürgerwehr die Versammlung auflösen. Diese weigerte sich jedoch einzugreifen, und die Versammlung wurde friedlich fortgesetzt. Nach Ende der Versammlung verbreitete sich das Gerücht, daß Truppen im Anmarsch auf die Stadt seien. Sofort wurden Barrikaden zur Verteidigung errichtet, aber nichts geschah, weder im Laufe des restlichen Tages noch in der Nacht.

Am folgenden Tag, dem 26. September 1848, wurde der Belagerungszustand über Köln verhängt, der bis zum 3. Oktober dauerte. Das Versammlungsrecht wurde aufgehoben, die Bürgerwehr der Stadt aufgelöst und alle demokratischen Vereine, Organisationen und Zeitungen verboten. Die *Neue Rheinische Zeitung* erschien zum letzten Mal am 27. September 1848.

Obwohl Weerth bei keiner der politischen Veranstaltungen eine führende Rolle gespielt hatte, war ihm nicht wohl bei dem

Gedanken, während des Belagerungszustandes in Köln zu bleiben. Wie alle anderen Redakteure der Zeitung (mit Ausnahme von Marx) verließ er die Stadt. Seiner Mutter erklärte er seine Abreise so:

> Du wirst bereits gelesen haben, daß die „N.Rh.Z." aufgehört hat und daß Köln in Belagerungszustand erklärt ist. Da dieser Zustand gar zu unangenehm ist, so habe ich es vorgenommen, meine oberländischen Freunde für einige Tage zu besuchen und abzuwarten, wie sich die Dinge ferner gestalten werden. Ich teile Dir dies mit, daß du nicht unruhig um mich wirst. Mehrere meiner Kollegen haben sich bei den letzten Vorfällen ziemlich beteiligt. Ich hielt mich davon zurück.[120]

Weerth fuhr nach Bingen, wo er sich bei seinem Freund, Joseph Soherr, dem Gastwirt der Schenke *Zum weißen Roß,* aufhielt. Weerths Entschluß, Köln zu verlassen, erwies sich als wohlbegründet, denn die Polizei fahndete vergebens nach ihm, sowohl dort als auch anderswo in der Rheinprovinz.

Nach acht Tagen wurde der Belagerungszustand in Köln aufgehoben, weil die Regierung befürchtete, daß die Aufrechterhaltung zum Erstarken der demokratischen Bewegung im Rheinland führen würde. Weerth kehrte sofort nach Köln zurück, aber außer Marx war keiner der anderen Redakteure anwesend. Trotz der finanziellen Schwierigkeiten war Marx entschlossen, die *Neue Rheinische Zeitung* wieder erscheinen zu lassen. Es ging ihm darum, unter allen Umständen die Stellung zu behaupten und die politische Position nicht aufzugeben. Damit die Zeitung wieder fortgeführt werden konnte, steckte Marx 1000 Taler, einen großen Teil seines eigenen Vermögens, in das Unternehmen.

Am 12. Oktober erschien die *Neue Rheinische Zeitung* wieder. Weerth wollte eigentlich nicht mehr an der Zeitung mitwirken, sondern sich auf seine Geschäfte konzentrieren, trat aber auf Drängen von Marx doch wieder in die Redaktion ein. Zuerst mußten Marx und Weerth die Arbeit allein bewältigen. Weerth half Marx besonders beim politischen Teil und in Verwaltungssachen, bis Wilhelm Wolff, der Redaktionssekretär, Ende Oktober nach Köln zurückkehrte. Da Wilhelm Wolff nun einen Großteil von Weerths Arbeit übernahm und inzwischen auch Ferdinand Freiligrath neu ins Redaktionskomitee eingetreten war und Weerth im Feuilleton unterstützte, begann Weerth sich wieder mehr dem Handel zu widmen. Ende Oktober reiste er nach Brüssel, wo er für Emanuel & Son einige Geschäfte erledigte. Dies war das erste Mal, daß er Deutschland seit den Vorarbeiten an der *Neuen Rheinischen Zeitung* im April verlassen hatte.

Um seine Mutter zu beruhigen, erzählte Weerth ihr, daß er nur noch bis 1849 bei der *Neuen Rheinischen Zeitung* bleiben würde. Danach plane er eine ausgedehnte Geschäftsreise nach Italien. Seine Mutter war froh, daß er seine Arbeit für Emanuel & Son wieder aufgenommen hatte. Dies geht eindeutig aus ihrem Brief an den Sohn Wilhelm vom 29. Oktober 1848 hervor. Mit Bezug auf Georgs für 1849 geplante Italien-Reise schrieb sie:

> Bis dahin werde er noch an der Zeitung mitarbeiten, dann aber neben dem kaufmännischen Geldverdienst auch wieder neue Länder zu sehen und neue Dinge zu lernen suchen und o! wie gönne ich ihm dies — ist er nur 'mal glücklich von der unglückseligen Zeitungsschreiberei erlöst.[121]

Ende Januar 1849 reiste Weerth nach Hamburg, um seine Aufträge für die kommenden Monate mit Emanuel & Son zu besprechen. Er wohnte im vornehmen Hotel *Streit* am Alsterbassin, hatte an der Börse zu tun und war viel eingeladen. Aus einem Redakteur der *Neuen Rheinischen Zeitung* war wieder ein respektierter Geschäftsmann geworden, „dessen Name in dem großen Buch der Hamburger Börse angeschrieben steht." Diese Veränderung bekam ihm „ausnehmend gut". Einerseits war er froh, daß „Köln mit all seinem Gestank und mit aller seiner Politik" hinter ihm lag, andererseits freute es ihn, daß er „alle Drangsale der „Neuen Rh. Ztg." mit durchgemacht" hatte und er „gerade in dem Augenblick von dannen zog, wo die Demokratie so glänzend bei den Wahlen siegte."

Obwohl Weerth als angesehener Geschäftsmann in Hamburg behandelt wurde, machte er kein Hehl aus seinen politischen Ansichten. „Ich trete aber nach wir vor als Republikaner auf. Ich zanke mich aber mit niemandem mehr," schrieb er seiner Mutter. Er blieb, was er war und ließ „andern Leuten ebenfalls ihr Vergnügen." Diese neue und überlegene Haltung hatte er aus der Erkenntnis gewonnen, daß die Presse „das beste Mittel der

131

Propaganda" war. In der *Neuen Rheinischen Zeitung* hatte er klipp und klar seinen Standpunkt vertreten. Als Parteipolitiker zu wirken und gegen Andersgesinnte aufzutreten — daran lag ihm nichts.

In Hamburg besuchte er auch Julius Campe (1792-1862), den Verleger von Heine und Börne und Inhaber des Verlages Hoffmann und Campe. Mit ihm besprach er die Buchausgabe des *Schnapphahnski*, die im Sommer 1849 bei Hoffmann und Campe erschien.

Außerdem besuchte Weerth auch auf Wunsch von Marx in Harburg den Kongreß Hannoverscher Demokraten, wo er Probeexemplare der *Neuen Rheinischen Zeitung* verteilte und um finanzielle Unterstützung für das Blatt warb.

Von Hamburg wollte Weerth ursprünglich nach Italien reisen. Er mußte aber diesen Plan aufgeben, teils, weil Emanuel & Sons neues Geschäft in Hamburg noch nicht so weit eingerichtet war, daß er nach Italien reisen konnte, teils, weil die politische Lage in Italien für eine Geschäftsreise ungünstig war. So fuhr er nach England, „um die Lage des Handels wieder einmal am Platze selbst zu untersuchen, mich zu unterrichten und bei den steigenden Wollpreisen Einkäufe [...] zu machen."

Nach einer Abwesenheit von fast drei Jahren kam Weerth Anfang Februar 1849 in Bradford an. „Nichts hatte sich verändert. Stadt und Menschen noch wie früher", konstatierte er. „Ungeheure Tätigkeit herrschte in allen Fabriken. Ich sah nie einen solchen Maschinenspektakel und einen solchen Rauch." Es war fast noch schlimmer als bei seiner Ankunft in Bradford im Dezember 1843, und schon damals fand er Bradford bedrückend und überwältigend.

Da er viel zu tun hatte, blieb er nicht lange in Bradford. Zuerst besuchte er mit Rickmann, dem Leiter des Leinengeschäfts des Bradforder Hauses Emanuel & Son, die Leinengarnspinnereien in und um Leeds. Darauf reiste er mit Schütt, der Emanuel & Sons Wollgeschäft leitete, nach Halifax, Huddersfield und Wakefield, den Zentren der Wollherstellung. Auf diesen Reisen kaufte Weerth Leinengarn, Wollengarn und rohe Wolle ein. Außerdem hatte er Gelegenheit, sich die neusten Entwicklungen in der Maschinentechnik der Textilherstellung anzusehen. Nach Beendigung seiner Arbeit in Bradford und der West Riding von Yorkshire fuhr er mit Schütt nach Liverpool, wo gerade rohe Wolle versteigert wurde. Dort gelang es ihm, mehrere Kontakte für das belgische Geschäft zu knüpfen. Er hatte eigentlich vor, von Liverpool nach Schottland und Irland zu fahren. Die Zeit drängte aber, sodaß er auch diesen Plan fallenlassen mußte. Als nächstes reiste er nach Manchester. Er hielt sich dort nur einen Tag auf, erledigte seine Geschäfte, machte einige Privatbesuche und begab sich dann nach London.

Sein Aufenthalt in London veranschaulicht wieder einmal, wie Weerth es verstand, seine geschäftlichen und politischen Interessen zu verbinden. Gleich nach seiner Ankunft in London suchte er seinen Freund, den Chartistenführer George Julian Harney auf, den er von seinem Bradford-Aufenthalt aus den Jahren 1843-1846 her kannte. Die Tatsache, daß Weerth Harney als den Chef der Chartisten-Partei beschrieb, zeigt, daß seine Sympathien im Kampf um die Führerschaft der Partei Harney galten. Weerth unterstützte ihn, weil der anerkannte Führer der Chartisten, der Ire Feargus O'Connor, der Idee einer internationalen Arbeiterbewegung ablehnend gegenüberstand und sich auf keine Zusammenarbeit mit europäischen Revolutionären einließ. Dagegen war Harney derjenige unter den Chartistenführern, der sich am meisten für den Internationalismus in der Arbeiterbewegung einsetzte. Daraus ergab sich auch sein enger Kontakt zu Marx und Engels. Zur Zeit, als Weerth ihn besuchte, war Harney in der internationalen Arbeiterorganisation Fraternal Democrats tätig und gab die *Democratic Review,* eine Monatszeitschrift der internationalen Arbeiterbewegung, heraus.

Harney berichtete Weerth über die Chartisten, über die politische Lage in England und Irland sowie über die in London lebenden französischen Revolutions-Flüchtlinge, zu denen Louis Blanc und Marc Caussidière gehörten. Weerth hatte ein Treffen mit Caussidière vereinbart, das aber nicht zustande kam, da Weerth Caussidières Hausnummer vergaß und vergeblich „4 Stunden lang zu Fuß und zu Wagen durch das große Babylon" irrte.

Den folgenden Tag hatte Weerth zuerst mit einem Geschäftsmann wegen Roheisen zu tun. Danach begab er sich auf die Börse, besorgte sich eine Liste der in London vorhandenen und zum Verkauf liegenden Wollvorräte und ging damit zu den Docks und untersuchte die dort gelagerte Wolle. Eingeschoben in seine Geschäftstermine war eine Verabredung mit einem Politiker in Westminster. Leider wissen wir nicht, um wen es sich handelte. Am späten Nachmittag ging er in die Hall of Commerce, wo die Wolle, die er vormittags begutachtet hatte, versteigert wurde. Nach Ende der Versteigerung um 20.00 Uhr fuhr er zum House of Commons, wo gerade die irische Zwangsbill (Coercion Bill) und die Zulassung der Juden zum Parlament zur Debatte standen. Da Weerth keine Zeit gehabt hatte, sich eine Eintrittskarte zu verschaffen, er sich aber die Debatten anhören wollte, ließ er den ihm vom Brüsseler Freihandelskongreß bekannten Colonel Thompson, MP, rufen. Thompson, ein Freihändler und ehemaliges führendes Mitglied der Anti-Corn Law League, erinnerte sich an Weerth und führte ihn in die Speaker's Gallery. Dort hörte Weerth von 21.00 Uhr bis zum Ende der Debatte nach 1.00 Uhr u. a. Sir George Grey, Sharman Crawford, Feargus O'Connor und Lord John Russell. Um 2.00 Uhr war Weerth schließlich wieder in seinem Hotel.

Dieser eine Tag in London zeigt beispielhaft, wie Weerth auf seinen Geschäftsreisen seinen persönlichen Interessen nachging und Zeit und Gelegenheit hatte, für seine politischen Freunde Kurierdienste zu leisten.

Nach drei Tagen verließ Weerth London wieder und reiste nach Brüssel, Antwerpen, Lüttich und Verviers. Da er gute Geschäfte machte („Der Handel geht jetzt sehr gut, und man muß die Zeit nutzen"), blieb er eine Woche in Belgien, bevor er Anfang März nach Köln zurückkehrte.

Dort wurde er von seinen Kollegen an der *Neuen Rheinischen Zeitung* freudig empfangen. Besonders Freiligrath, der in Weerths Abwesenheit das Feuilleton geleitet hatte, war froh über Weerths Rückkehr, da er, der dem Journalismus keine große Begeisterung abgewann, sich nun der Beendigung seines Gedichtes *Venus und Adonis* widmen konnte.

Offensichtlich angeregt durch seine England-Reise, verfaßte Weerth einen Leitartikel über die englische Wirtschaft, der am

7. März 1849 in der *Neuen Rheinischen Zeitung* erschien. Weiter schrieb er eine Feuilletonreihe über England unter dem Titel *Die Langeweile, der Spleen und die Seekrankheit*. Sie erschien in der *Neuen Rheinischen Zeitung* am 6., 9., 11., 20., 21., 25. und 29. März 1849.

In vielem ähneln diese Feuilletons den *Skizzen aus dem sozialen und politischen Leben der Briten*. Diese neue Feuilletonreihe dokumentiert Weerths anhaltende Beschäftigung mit England. Zum Teil fußen die Feuilletons auf Weerths Besuch im House of Commons im Februar 1849, wo er u. a. auch den Chartistenführer Feargus O'Connor hörte. Diese Feuilletons enthalten Weerths Abrechnung mit dem von ihm früher so verherrlichten Chartistenführer. Jetzt hatte Weerth nichts als Vorwürfe und Verachtung für ihn. Er warf O'Connor vor, daß er die englische Arbeiterbewegung in eine Farce verwandelt hatte, „weil er vor dem Äußersten zurückschreckte, weil er nicht jenen offenen Kampf wagte, ohne den keine Bewegung der Welt zu einem Resultat zu bringen ist." Zusammenfassend urteilte er über O'Connor:

> Aus war es mit der Achtung der Feinde und mit dem Vertrauen der Freunde, und wenn die Feinde sich damit begnügen, den gesunkenen Mann mit dem gerechtesten Hohn zu überschütten, so werden die früheren Freunde nicht dabei stehenbleiben, sondern einst den Fuß auf seinen Nacken setzen um, über ihn hinweg, desto sicherer dem Siege entgegenzuschreiten.[122]

Weniger als einen Monat nach seiner Rückkehr nach Köln begann Weerth seine zweite ausgedehnte Geschäftsreise seit seiner Tätigkeit an der *Neuen Rheinischen Zeitung*. Sie führte ihn zuerst nach Brüssel, dann nach Amiens und dem Département du Nord, wo er dänische Wolle verkaufte, und schließlich nach Amsterdam. Die ganze Reise dauerte ungefähr einen Monat. Mitte Mai traf er wieder in Köln ein.

Er kam gerade noch rechtzeitig an, um das Ende der *Neuen Rheinischen Zeitung* mitzuerleben. Nachdem die Reichsverfassung, die von der Frankfurter Nationalversammlung nach monatelangen Debatten angenommen wurde, von den meisten deutschen Staaten, darunter Preußen, Bayern und Sachsen, abgelehnt worden war, näherte sich der Kampf zwischen der Revolution und der Regierung der Entscheidung. Obwohl die

Neue Rheinische Zeitung in der Vergangenheit häufig die Frankfurter Nationalversammlung angegriffen hatte, trat sie voll und ganz für die Reichsverfassung ein, die als die erste bürgerliche Verfassung Deutschlands ein bürgerlich-konstitutionelles System für ganz Deutschland vorsah und Deutschland zu einem erblichen Kaiserreich unter preußischer Führung und unter Ausschluß Österreichs machen sollte. So wurde die Reichsverfassung für die Volksmassen zum Symbol für die Revolution.

Im Mai 1849 kam es zu Volksaufständen für die Reichsverfassung in verschiedenen Teilen Deutschlands, u. a. in Sachsen, im Rheinland, in Westfalen, Baden und der Pfalz. Nachdem der Aufstand im Rheinland unterdrückt worden war, wandte sich die Regierung der *Neuen Rheinischen Zeitung* zu, deren Sprache mit jeder Nummer heftiger und leidenschaftlicher geworden war und die sich ganz hinter die Aufständischen gestellt hatte.

Die *Neue Rheinische Zeitung* wurde der „Aufreizung zur Verachtung der bestehenden Regierung, zum gewaltsamen Umsturz und zur Einführung der sozialen Republik" angeklagt. Dennoch wagte die Regierung nicht, die Zeitung zu verbieten, weil sie sonst mit Unruhen im Rheinland zu rechnen hatte. Stattdessen wies sie Marx als Chefredakteur aus Preußen aus. Marx erhielt seinen Ausweisungsbefehl am 16. Mai und hatte innerhalb von 24 Stunden Köln zu verlassen. Marx' Versuch, auch ohne ihn die Zeitung am Leben zu erhalten, scheiterte, als die Regierung auch Dronke und Weerth als Nichtpreußen auswies und gegen Engels, Ferdinand und Wilhelm Wolff gerichtlich vorging.

Am 19. Mai 1849 erschien die letzte Nummer der *Neuen Rheinischen Zeitung*, die bezeichnenderweise ganz in rot gedruckt war. Sie enthielt u. a. Weerths letztes Feuilleton, die übermütige *Proklamation an die Frauen*, in der er sich von seinen Leserinnen folgendermaßen verabschiedete:

Seit dem 1. Juni 1848, wo die „Neue Rheinische Zeitung" wie ein fremder Wunderstern drohend und prächtig über Ländern und Meeren heraufstieg und wo das Feuilleton wie ein humoristischer Kometenschweif hinterdrein flackerte, hat dieser Kometenschweif so unbeschreiblich viel geleistet, daß meine freundlichen Leserinnen weinend ihre holden Gesichter verhüllen werden, wenn sie die schreckliche Kunde vernehmen, daß auch dieser Kometenschweif in der augenblicklichen Götterdämmerung der „Neuen

Rheinischen Zeitung" dem Auge profaner Sterblicher entrückt wird, um vielleicht erst später wieder den Himmel mit seinem lustigen Zickzack zu durchschießen[122]

So endete die *Neue Rheinische Zeitung,* nach Lenin das „beste Organ des revolutionären Proletariats", weniger als ein Jahr nach ihrem Beginn. Trotz beträchtlicher finanzieller Schwierigkeiten, einer ihr fast ausschließlich feindlich gesinnten deutschen Presse und fortgesetzter Versuche seitens der Regierung, sie zu unterdrücken, war die *Neue Rheinische Zeitung* die während des Revolutionsjahres meistgelesene und beliebteste proletarische Zeitung in Deutschland.

Angefangen mit einer Auflage von 800, hatte sie im September 1848 bereits eine Auflage von fast 5000. Nach dem Belagerungszustand in Köln und ihrem vorübergehenden Verbot mußte sie im Oktober 1848 praktisch wieder von vorne anfangen. Im Dezember hatte sie es schon wieder auf eine Auflage von 3000 gebracht. Im Mai 1849 wurde eine Auflage von 6000 erreicht, nur 3000 weniger als die renommierte *Kölnische Zeitung.* Von der letzten Nummer am 19. Mai 1849 wurden 15 500 Exemplare verkauft.

Als einziges proletarisches Blatt erlangte die *Neue Rheinische Zeitung* eine überregionale Bedeutung. 1884 schrieb Engels rückblickend über die *Neue Rheinische Zeitung:*

Keine deutsche Zeitung, weder vorher noch nachher, hat je die Macht und den Einfluß besessen, hat es verstanden, so die proletarischen Massen zu elektrisieren wie die „Neue Rheinische."[124]

Nach Aufhören der *Neuen Rheinischen Zeitung* gingen die Redakteure verschiedene Wege. Marx, Engels und Dronke fuhren in Richtung Frankfurt/M. dann weiter nach Baden und der Pfalz, wo die Reichsverfassungskampagne noch Aussicht auf Erfolg besaß. Wilhelm Wolff nahm seinen Sitz in der Frankfurter Nationalversammlung ein, während Freiligrath und Weerth nach Holland reisten. In Arnheim trennten sie sich. Freiligrath fuhr nach Amsterdam, Weerth nach Lüttich. Weil er in Lüttich Geschäfte hatte, beabsichtigte er, einstweilen dort seinen Wohnsitz zu nehmen.

VI

Gefängnishaft

1850

Es fiel Weerth schwer, sich in Lüttich auf seine Geschäfte zu konzentrieren. Er war ruhelos und langweilte sich. Er fühlte, daß er hier nicht an seinem eigentlichen Platze war. Es ging etwas in der Welt vor, und es ärgerte ihn, daß er nicht dabei war. Er hatte sich gegen eine Beteiligung an der Reichsverfassungskampagne in der Pfalz entschieden, weil er überzeugt war, daß die Sache ein trauriges Ende nehmen würde. Andererseits hoffte er, daß die Ereignisse in Frankreich die Pfalz und ganz Deutschland retten konnten. So reiste er kurz entschlossen nach Paris. „Ich beging wahrscheinlich wie schon so oft eine Unvorsichtigkeit, aber ich konnte nicht anders", schrieb er seinem Bruder Wilhelm am 16. Juni 1849.

Die politische Krise in Frankreich war dadurch entstanden, daß Louis Napoleon französische Truppen nach Italien entsandt hatte, um die Römische Republik niederzuwerfen und die Macht des Papstes wiederherzustellen. Dies war eine Verletzung der französischen Verfassung und führte zu einer Konfrontation zwischen der Montagne, der Partei der Demokraten und Republikaner, und der Regierung. Weerths politischer Instinkt hatte ihn nicht getäuscht, denn für den Tag seiner Ankunft in Paris, den 13. Juni, hatte die Montagne eine Demonstration angekündigt.

Als Weerths morgens um 6.00 Uhr in Paris ankam, war der Bahnhof schon von Soldaten besetzt. In Erwartung eines Aufstandes hatte die Regierung bereits die notwendigen Vorkehrungen getroffen. Zuerst stieg Weerth in einem Hotel im Stadtzentrum ab, erfrischte sich von seiner nächtlichen Fahrt und begab sich dann in das Menschengewühl der erwachenden Stadt. Durch Zufall traf er einige Bekannte, „die zu unserer Partei gehören". Mit ihnen ging er ins Palais National, wo Ledru-Rollin, der Führer der Montagne, mit den Rufen „Vive la République!", „Vive la Constitution!" begrüßt wurde. Weerth kannte Ledru-Rollin bereits. Am 8. März 1848 hatte Weerth einer deutschen Delegation unter Herwegh angehört, die eine Adresse an die provisorische Regierung Frankreichs übergeben hatte und von Ledru-Rollin, Crémieux und Dupont l'Eure empfangen worden war.

Vom Palais National begab sich Weerth mit seinen Parteifreunden zur Rue de Lille, wo sie einige Kampfgefährten abholten. Diese Freunde waren höchstwahrscheinlich Marx und Ferdinand Wolff, die zehn Tage früher in Paris angekommen waren und Nr. 45, Rue de Lille wohnten. Ernst Dronke hielt sich zur selben Zeit auch in Paris auf, sodaß Weerth wahrscheinlich auch ihn traf.

Zusammen machten sie sich alle auf den Weg zum Château d'Eau, dem Versammlungsort der Demonstration. Unterwegs stellte sich jedoch heraus, daß Regierungstruppen alle strategisch wichtigen Punkte eingenommen hatten und den Weg versperrten, „und nur mit Mühe gelangten wir auf dem Caroussel-Platz an". Von da zogen 20000 bis 30000 Menschen in Reihen von 20 Mann zur Nationalversammlung. Die Anwesenheit der Truppen einerseits und die Entschlossenheit der Montagne andererseits schuf eine gefährliche Situation, deren europäische Bedeutung Weerth folgendermaßen schilderte:

> Der Kampf war heraufbeschworen. Die Montagne konte nicht mehr zurück, und das Gouvernement nicht weniger. Die Revolution und die Konterrevolution boten sich die Stirn; die Freiheit Frankreichs und das Schicksal von ganz Europa sollte entschieden werden.[125]

Als der Demonstrationszug die Ecke der Rue de la Paix erreichte, befahl General Changarnier seinen Truppen, die Demonstration aufzulösen. Zusammen mit vielen anderen eilte Weerth zum Palais National, wo Waffen ausgegeben werden sollten. Zu einem bewaffneten Widerstand kam es jedoch nicht. Innerhalb einer halben Stunde hatten die Truppen alle wichtigen Positionen besetzt, sodaß jeder Versuch, Barrikaden zu errichten oder Widerstand zu leisten, zum Scheitern verurteilt war. Gegen 15.00 Uhr, vier Stunden nachdem Weerth sich auf den Weg zum Château d'Eau gemacht hatte, herrschte wieder Ruhe in den Straßen von Paris. Der Belagerungszustand wurde über Paris verhängt und die Führer der Montagne wurden, wenn sie nicht entkommen waren, eingesperrt.

Wie Marx in seinem am 29. Juni 1849 im *Volksfreund* veröffentlichten Artikel *Der 13. Juni* gab Weerth der Montagne die Schuld für die fehlgeschlagene Demonstration. Marx behauptete, der Hauptfehler der Montagne habe darin bestanden, daß sie geglaubt hätte, ihr Ziel durch eine friedliche Demonstration erreichen zu können. Ähnliches schrieb Weerth in seinem Bericht über die Ereignisse des 13. Juni in Paris. Er hielt das Zögern der Montagne für „sehr schlimm", auch war die friedliche Demonstration in seinen Augen „Unsinn". Er war der Ansicht, „daß man gleich bewaffnet auftreten müsse".

Was die Folgen der Paris-Ereignisse betraf, war Weerth weniger besorgt um Frankreich, wo die Republik auf festen Füßen stand, als um das übrige Europa und besonders um Deutschland:

Deutschland, unser armes Deutschland, wird den Preußen und dem Chaos anheimfallen — wie lange?[126]

„Ziemlich mißmutig" über den Verlauf der Ereignisse in Frankreich und die politische Zukunft Deutschlands verließ Weerth Paris am 17. Juni. Ohne jegliche Begeisterung für seine Handelsgeschäfte kehrte er nach Lüttich zurück. Kaum war er jedoch dort angekommen, wurde er verhaftet, „in ein Gefängnis unter die Erde gesteckt und am nächsten Tage mit zwei Gendarmen in voller Rüstung in einem Wagen über die Grenze nach Holland gebracht.

Interessant ist, daß Weerth als ehemaliges Mitglied der *Association démocratique* zu einer Zeit aus Belgien ausgewiesen wurde, wo er politisch nicht mehr aktiv war. Während seiner Amtszeit als Vorstandsmitglied der *Association démocratique* war er nicht belästigt worden. Seine Ausweisung läßt sich am ehesten erklären als Ausdruck der feindlichen Haltung der belgischen Regierung gegenüber ausländischen Demokraten und

Kommunisten nach 1848. Die Tatsache, daß sich Weerth über Belgien und die belgische Regierung in zwei Feuilletons der *Neuen Rheinischen Zeitung* (*Das tragikomische Belgien*, 8. Juni, *Louis Blanc in Belgien und England*, 3. September 1848) lächerlich gemacht hatte, wird für die belgischen Behörden bestimmt ein weiterer Grund gewesen sein, seinen Aufenthalt in Belgien als nicht erwünscht zu betrachten.

Leider bedeutete seine Ausweisung aus Belgien den Verlust seines ganzen ziemlich einträglichen Geschäfts dort. Das war um so schmerzlicher, als sich seine Geschäfte in Belgien nach anfänglichen Schwierigkeiten gut entwickelt hatten. Nach Paris wollte er nach den Ereignissen des 13. Juni nicht zurückkehren. In Preußen lief noch der *Schnapphahnski*-Prozeß gegen ihn. Und Holland reizte ihn sowieso nicht. So ging er mit dem Gedanken um, eine Agentur in England zu gründen.

Von Maastricht, wo er sich nach seiner Ausweisung aus Belgien aufgehalten hatte, machte er sich auf den Weg nach Hamburg. Er reiste inkognito über Köln, weil er dort vor kurzem als Nichtpreuße ausgewiesen worden war. In Köln suchte er Freiligrath auf, der sich über Weerths überraschenden Besuch in einem Brief an Marx (22. Juni 1849) folgendermaßen äußerte:

> Gestern trat zu meiner nicht geringen Freude u. Überraschung der humoristische Teil des entschlafenen Feuilletons in meine Stube — eine wahre Erheiterung u. Erquickung in dieser Lausezeit. Seine höchst komischen Lüttticher Abenteuer, die ihn als Woll- und Hasenfellhändler rücksichtslos ruiniert haben, wird der Humorist Dir wohl selbst erzählen.[127]

Unter seinen Freunden galt Weerth als Humorist und Spaßmacher, der oft auch ernste Sachen, wie zum Beispiel den *Schnapphahnski*-Prozeß, auf humoristische Weise behandelte. So erlebte ihn auch Freiligrath bei seinem Besuch. Daß ihm die Ausweisung aus Belgien doch nahe ging, ließ Weerth sich nicht anmerken. Oft verbarg er seine wahren Gefühle unter dem Deckmantel des Humors. Einige seiner Freunde kannten ihn eigentlich nur von dieser humoristischen Seite und ahnten nicht, daß dahinter noch ein anderer Weerth steckte, dem oft gar nicht nach Lachen zumute war.

Auf der Weiterfahrt nach Hamburg machte Weerth auch in Detmold Halt. Nach ungefähr einer Woche erkrankte er an rheumatischem Fieber und Grippe. Sein angegriffener Gesundheitszustand war zweifellos zurückzuführen auf sein hektisches Umherreisen in den vergangenen Monaten, sein emotionales Engagement für die Revolution und nicht zuletzt die Ungewissheit über seine berufliche Zukunft.

Weerth hatte seiner Firma vorgeschlagen, eine Agentur für sie in Liverpool zu gründen. Carl Worms, sein Chef, schrieb ihm daraufhin am 29. Juni, daß solch ein Schritt finanziell riskant wäre, wollte aber dennoch die Angelegenheit mündlich mit ihm Mitte Juli in Hamburg besprechen, wenn sich Weerth von seiner Krankheit wieder erholt hatte. Weerth wußte von den Schwierigkeiten eines solchen Unternehmens, war aber überzeugt, daß es sich rentieren würde, und war entschlossen, es zu versuchen.

Zu den Sorgen um seine Zukunft trug die *Schnapphahnski*-Affäre in starkem Maße bei. Während seiner Krankheit erhielt er von Stefan Naut, dem ehemaligen Geranten der *Neuen Rheinischen Zeitung,* die Nachricht, daß er von der Korrektionell-Appellationskammer in Köln am 4. Juli der Verleumdung für schuldig befunden und zu drei Monaten Haft, fünf Jahren Verlust der Bürgerrechte und zu Übernahme von einem Siebentel der Gerichtskosten verurteilt worden war.

Die Nachricht seiner Verurteilung erreichte ihn in „seinem ohnehin noch sehr reizbaren, körperlich angegriffenen Zustande". Sie kam unerwartet, weil er die ganze Affäre als abgeschlossen betrachtet hatte, seit die Zuchtpolizeikammer des Königlichen Landgerichts Köln die Verleumdungsklage gegen ihn am 29. Mai 1849 wegen nicht gehörig substantivierter Klage verworfen hatte. Auch als er hörte, daß das Öffentliche Ministerium dagegen Berufung eingelegt hatte, beunruhigte ihn dies nicht sonderlich. Er war zuversichtlich, daß die Korrektionell-Appellationskammer in ihrer Sitzung am 4. Juli, zu der er aus Krankheitsgründen nicht vor Gericht erscheinen konnte, das Urteil erster Instanz bestätigen würde.

Ohne Zweifel war der Juli 1849 einer der Tiefpunkte in Weerths Leben. Zu der Enttäuschung über die gescheiterte Revolution und der anschließenden politischen Verfolgung gesellte sich nun die gerichtliche Verurteilung in Sachen *Schnapphahnski.* Vorrangig ging es Weerth darum, Zeit zu gewinnen und seine berufliche Zukunft mit seinem Chef zu besprechen, denn den Handelsberuf wollte er unter keinen Umständen aufgeben.

Mit welchen Gedanken sich Weerth in dieser Zeit befaßte, zeigt sehr anschaulich der Brief seiner Mutter an den Bruder Wilhelm vom 15. Juli 1849, wo sie u. a. berichtete,

daß, wenn die gehörigen Maßregeln ergriffen würden (auf die dahingehenden juristischen Bezeichnungen lasse ich mich nicht ein) es nicht zum äußersten kommen würde; sollte es indes *doch* dazu kommen, so ist's schon immer viel wert, daß durch eben diese Maßregeln soviel Zeit gewonnen wird, seine Zusammenkunft mit Herrn Worms zu bewerkstelligen und sollte er genötigt sein, *gleich* anderswohin zu gehn, so wollte er sich auch *gar nicht stellen,* - nach 3 Jahren wäre dergleichen verjährt und wollte er dann so lange schon das Terrain zu meiden suchen.[128]

Für Wilhelmine Weerth war die Nachricht von der Verurteilung ihres Sohnes „ein schrecklicher Donnerschlag". Sie suchte sich aber „mit aller Gewalt zu halten […] bei seinem ohnehin noch so sehr reizbaren, körperlich angegriffenen Zustande" und war erst erleichtert, als Georg Detmold am 12. Juli verließ:

Bei Georgs Abreise (Donnerstag abend 11 Uhr aus Bückeburg) stritten die entgegengesetztesten Empfindungen in mir ; es konnte mir nicht anders als lieb sein, daß er wenigstens wieder in Bewegung gesetzt wurde, da ihm die hiesige Ruhe und gezwungener Müßiggang je länger, desto unerträglicher wurde, zugleich aber tauchte die erneute Kölner Affäre wie ein drohendes Gespenst in meiner Seele immer wieder auf.[129]

In Hamburg erreichte Weerth ein Schreiben seines Anwalts, Theodor Hagen, „daß das Urteil zugestellt, die Opposition eingelegt ist, Sie daher am 25. d. Mts. hier sein müssen, oder das Urteil ist rechtskräftig, wenn Sie nicht Kassation einlegen wollen. Ob aber nun doch gerade am Mittwoch den 25. dies. Mts. die Sache vorkommen wird, das ist bei Oppositionen immer zweifelhaft, allein Sie müssen hier sein."

Tatsächlich wurde Weerths Berufung am 25. Juli gehört. Wieder war Weerth nicht anwesend. Auf seinen schriftlichen Antrag aber vertagte das Gericht den Fall auf den 3. Oktober.

Weerth hatte um Vertagung der Verhandlung gebeten, weil er auf das Erscheinen der Buchausgabe des *Schnapphahnski* wartete. Diese wollte er dem Gericht als Beweis seiner Unschuld vorlegen. In einem Brief an den Präsidenten des Königlichen

144

Landgerichtes in Köln rechtfertigte er sich folgendermaßen:

> Die sr. Zt. erschienenen Feuilletons der „Neuen Rheinischen Zeitung" bildeten nämlich nur den Anfang der Novelle, und würde das ganze Werk augenblicklich den Beweis liefern, daß ich nicht den genannten Fürsten Lichnowski damit zu „verleumden" beabsichtigte, sondern daß ich nur ganz allgemein das Leben eines sinnreichen Junkers darin zu schildern und eine Fortsetzung des Bären Atta Troll von Heine zu liefern versuchte und folglich kein größeres Verbrechen beging als weiland der Brite Shakespeare, indem er den Sir John Falstaff und Dortchen Lakenreißer „verleumdete", oder als der Spanier Cervantes, indem er den Don Quijote und den Sancho Pansa der allgemeinen Heiterkeit preisgab, oder als der Franzose Louvet, indem er den liebenswürdigsten aller leichtsinnigen Edelleute, den Chevalier Faublas, unsterblich machte.[130]

Da die Buchausgabe Ende Juli 1849 jedoch noch nicht erschienen war, beauftragte Weerth seinen Verleger, „Ihnen, Herr Präsident, und dem aus fünf Mitgliedern bestehenden Richterkollegium zusammen 6 Exemplare meines Werkes franko p. Post zuzusenden, um auf diese Weise sofort eine Sache zum Schluß zu bringen, welche wirklich zu heiter ist, als daß sie mit dem tragischen Ende des unglücklichen und von mir lebhaft betrauerten Fürsten Lichnowski in Verbindung gebracht werden sollte."

Trotz des Ernstes der Sache kommt auch im Brief an den Präsidenten des Königlichen Landgerichtes Weerths Humor wieder zum Vorschein.

Weerth war der Sitzung am 25. Juli hauptsächlich deswegen ferngeblieben, weil er erst eine geschäftliche Übereinkunft mit Carl Worms, seinem Chef, erreichen wollte. Als das erreicht und sein Chef mit Weerths Plan, sich in Liverpool niederzulassen, einverstanden war, verließ Weerth Hamburg am 25. Juli, an dem Tag, an dem seine Berufung in Köln gehört wurde. Vorher fuhr er noch nach Frankreich, um verschiedene Geschäftsleute zu besuchen, mit denen er später von Liverpool aus in Verbindung stehen würde. Über Le Havre reiste er nach Rouen und Elbeuf, dem Zentrum der Textilindustrie in der Normandie. Nach Abschluß seiner Geschäfte begab er sich nach Paris, wo er am 1. August eintraf.

Weerth hatte nicht erwartet, nach dem 13. Juni wieder so schnell in Paris zu sein. Diesmal hatte er „mehr in Handelsgeschäften als in andern Angelegenheiten" zu tun, fand aber Zeit, alte Freunde zu besuchen, u. a. auch Marx. Es freute ihn, „Marx auf freien Füßen inmitten seiner Familie anzutreffen. Das französische Gouvernement hat ihn bis jetzt geduldet, aber nur nach vielen Protestationen."

Zu einer Begegnung mit Heinrich Heine (1797-1856) kam es aber nicht, wie Weerth seiner Mutter am 12. August 1849 schriftlich mitteilte:

> Heine hatte gewünscht, mich kennenzulernen, und Marx führte mich zu ihm; wir trafen den armen Mann aber in einem so leidenden Augenblick, daß er uns nicht sehen konnte. Es scheint daher, als wenn ich den Schriftsteller, der mich gerade vor allen andern interessiert, nie kennenlernen soll; schwerlich treffe ich ihn später noch am Leben, denn er geht seinem Ende entgegen.[131]

Heine war durch die Lektüre des *Schnapphahnski* auf Weerth aufmerksam geworden und bat ihren gemeinsamen Freund Marx, sie miteinander bekannt zu machen. Da Weerth Paris bereits wieder am 5. August verließ, mußte er bis zu seinem nächsten Paris-Besuch anderthalb Jahre später im Februar 1851 warten, bevor er den von ihm so geschätzten Dichter kennenlernte.[130] Am Schluß seiner Tour durch Frankreich erlebte Weerth in Calais „eins der prächtigsten Abenteuer [...], welches einem Menschen wie mir begegnen kann." Es handelt sich um die Bekanntschaft mit Lola Montez (1820-1861). Lola Montez war eine schottische Tänzerin, die in Wirklichkeit Maria Dolores Gilbert hieß. Bekannt wurde sie als Geliebte von Ludwig I., König von Bayern, der ihretwegen 1848 abdanken mußte. Danach kehrte sie nach England zurück und heiratete 1849 George Trafford Heald, einen Offizier in den Life-Guards. Mit ihm kam sie Mitte August nach Calais.

Da Weerth in den *Humoristischen Skizzen aus dem deutschen Handelsleben* (Skizze VII, *Der Makler*) und in mehreren Feuilletons in der *Neuen Rheinischen Zeitung* (*Das Domfest von 1848*, 31. August, *Die Beine der Frau Zimman*, 8. November, und *Punch, Harlequin und Henneschen*, 30. Dezember 1848) auf Lola Montez und ihr Verhältnis mit Ludwig I. angespielt hatte, war er neugierig, diese Frau, die so viel Einfluß am bayrischen Hof gehabt hatte, kennenzulernen.

Nach einem mit ihr und ihrem Mann verbrachten Abend, im

Laufe dessen „Lola mir in Gegenwart ihres Gemahls einen großen Teil ihrer Aventüren mit dem eigenen schönen Munde
erzählte", stieg Weerth „wie nach einem Märchen von ‚Tausend-
undeiner Nacht'" in die Eisenbahn und fuhr nach Dünkirchen
zurück.

Am 22. August traf Weerth in Liverpool ein, wo er sich
geschäftlich niederlassen wollte. Noch vor Ablauf von 14 Tagen
kam er aber „zu der Überzeugung, daß ich mich in der Wahl meines künftigen Geschäftskreises geirrt hatte und daß nicht Liverpool, sondern nur London der einzige Ort sei, auf dem meine
Pläne auszuführen waren" und „ohne auf die Einwilligung meiner Hamburger und Bradforder Freunde zu warten, packte ich
daher meine Koffer aufs neue" und reiste nach London. Carl
Worms, sein Chef, war mit seiner Entscheidung völlig einverstanden. Er hatte ihn bisher nur gewähren lassen, weil Weerth
„so sehr auf Liverpool bestanden hätte."

Am 13. September zog Weerth in sein neues Büro in St.
Michael's Chambers, 42 Cornhill, im Herzen der Londoner
City. Nr. 42 Cornhill befand sich an der Ecke Cornhill, einer der
großen Geschäftsstraßen der Londoner City, und St. Michael's
Alley, und grenzte an die St. Michael's Church auf der einen
Seite und an das Geburtshaus des Dichters Thomas Gray auf
der anderen Seite. Das Büro lag äußerst günstig im Bankenvier-
tel und in unmittelbarer Nähe der Börse.

Wie bei seinem ersten London-Besuch im Oktober 1843 und
wie auch bei vielen späteren London-Aufenthalten wohnte
Weerth wieder Nr. 21, Norfolk Street, Strand. Norfolk Street,
die heute einem Wohnviertel gewichen ist, führte von der
Hauptstraße Strand bis zur Themse hinab. Nr. 21 befand sich
auf der Südseite der Straße, an der Stelle, wo jetzt das der
U-Bahn Station Temple gegenüberliegende Howard Hotel
steht, und reichte bis an die Themse.

In einem Brief an seine Mutter vom 16. September 1849 beschrieb Weerth den Blick aus seinem Fenster folgendermaßen:

Aus meinem Fenster sehe ich auf die Themse und hinüber nach dem rechten
Ufer des Flusses. Den Strom hinab sehe ich die St. Pauls Kirche und bis nach
London Bridge, den Fluß hinauf blicke ich zunächst nach der Terrasse von
Somerset House, weiter über verschiedene Brücken bis an die Westminster-

abtei und das neue Parlamentsgebäude. Die Themse hinauf und hinab brausen die Dampfschiffe zu Zwanzigen und Dreißigen, und da es gerade Flut ist, so schäumen die Wellen bis hoch an die Mauern unseres Hauses hinauf. Ich wollte, daß Dir ein Blick aus meinem Fenster vergönnt wäre, denn alle Beschreibung hilft nichts bei der Großartigkeit dieser enormen Stadt. Paris ist der schönste und angenehmste Ort der Welt, aber im Vergleich mit London ist Paris nur ein Dorf.[132]

Wenn er morgens um 10 Uhr aus dem Hause ging und sich über den Strand, die Fleet Street und Cheapside zu seinem Büro in Cornhill begab, passierte er die belebtesten Straßen der Stadt. Ihm gefiel London so sehr, daß er zum ersten Mal in seinem Leben ernsthaft mit dem Gedanken spielte, sich an einem Orte niederzulassen. Einige Tage nach seiner Ankunft in London berichtete er seiner Mutter:

Die Hauptsache ist, daß ich mich endlich an meinem Platze und ganz komfortabel fühle. In geschäftlicher Beziehung liegt hier die ganze Welt vor mir, und es hängt nun von mir selbst und dem Glücke ab, inwieweit ich mir hier einen dauernden Aufenthalt erobere.[133]

Wieder fällt hier das Schlüsselwort „komfortabel". „Komfort über alles! Es geht nichts über den Komfort!", hatte er seiner Mutter am 22. November 1844 aus Bradford geschrieben. Auch während der Zeit seines politischen Engagements genoß er einen Lebensstil, der bei Marx und anderen Parteimitgliedern auf Ablehnung stieß.

In dem Brief an seine Mutter vom 16. September 1849 schilderte er, was ihn an London besonders faszinierte:

Ich schere mich um niemand, und niemand schiert sich um mich — mit einem Worte, gerade das, was für mich immer den größesten Reiz hatte, ich finde es hier: ich habe ewige Kontraste; das Leben hat nur Reiz durch seine Kontraste.[134]

Bis auf eine ungefähr zehntägige Geschäftsreise nach Holland Mitte November und eine weitere Geschäftsreise nach Bradford und York im Dezember hielt sich Weerth von Anfang September 1849 bis Januar 1850 in London auf. Er war sich von Anfang an bewußt, daß er es in geschäftlicher Hinsicht in London nicht leicht haben würde. Am 22. Oktober berichtete er seiner Mutter, daß es trotz der Unterstützung seiner Firma, durch die er bei dem „ersten und vornehmsten englischen Kaufmann eingeführt, bei Baring Brothers & Co.", und des Eingangs der ersten Aufträge aus Deutschland, Belgien und Amerika mit den Geschäften „noch schwach" ging. Weerth war von Natur aus ungeduldig, und so wird es auch mit dem Londoner Geschäft gewesen sein. Es ging ihm zu langsam. Wenn er etwas anpackte, dann wollte er auch schnell den Erfolg sehen.

Sicherlich war die Tatsache, daß Weerth mit seiner geschäftlichen Etablierung sehr beschäftigt war, ein Grund, warum er für alle politischen Freunde, die nach der Niederlage der europäischen Revolutionen 1849 nach London gekommen waren, nur wenig Zeit erübrigen konnte. So schrieb er seiner Mutter Ende November, daß eine 14tägige Wollauktion in der folgenden Woche beginne „und dann vom Morgen bis zum Abend die Ballen in allen Magazinen besehen werden müssen. Dies gibt viel Arbeit. Überhaupt habe ich soviel zu tun, daß ich von allen meinen alten Bekannten, die jetzt aus allen Teilen der Welt eintreffen, eigentlich nichts zu sehen bekomme." Ein anderer Grund war, daß Weerth sich von jetzt an gezwungenermaßen aus der Politik heraushalten wollte.

Verfolgt in ihren Heimatländern, waren Demokraten und Kommunisten aus ganz Europa nach England geflüchtet. Im Herbst 1849 war London „wieder der Sammelplatz der ganzen europäischen Demokratie geworden" (Weerth im oben zitierten Brief an seine Mutter). Unter den vielen Flüchtlingen befand sich auch eine zahlenmäßig große und einflußreiche Kolonie aus Deutschland.

Marx war mit Ferdinand Wolff am 26. August in London eingetroffen, das bis zu seinem Tod 1883 sein Zuhause bleiben sollte. Als die Behörden ihn aus Paris auswiesen, hatte Marx es vorgezogen, nach London zu gehen, anstatt sich nach Vannes verbannen zu lassen. Seine Frau, ihre drei Kinder und ihre Haushälterin Helene Demuth folgten ihm am 15. September. Bei ihrer Ankunft in London wurde Jenny Marx von Weerth empfangen „und krank und matt mit den 3 kleinen hin- und hergehetzten Kindern in Leicester Square in einem kleinen Boardinghouse bei einem Schneidermeister untergebracht."

Als Engels am 10. November in London ankam, war bereits die Mehrzahl der führenden Mitglieder des Bundes der Kommunisten dort versammelt. Gleich nach seiner Ankunft in London hatte Marx mit der Reorganisation des Bundes begonnen. Vorrangig ging es darum, die Verbindung zwischen der Zentralbehörde in London und den vielen Kreisen in Deutschland herzustellen, ein Presseorgan zu gründen, den vielen notleidenden Flüchtlingen zu helfen und Kontakt zu den Chartisten und den Führern der französischen und ungarischen Flüchtlinge aufzunehmen.

Als einer von Marx' und Engels' engsten Freunden kannte Weerth die führenden Mitglieder des Bundes der Kommunisten wie Heinrich Bauer, Johann Georg Eccarius, Karl Pfänder, Wilhelm Pieper, Konrad Schramm, Sebastian Seiler und August Willich, die sich alle in London eingefunden hatten. Noch besser kannte er Ferdinand Wolff, den „roten Wolff", mit dem er zusammen im Redaktionskomitee der *Neuen Rheinischen Zeitung* gearbeitet hatte. Er traf sie gelegentlich bei Marx und Engels, hatte aber ansonsten wenig Kontakt zu ihnen, teils, weil er — wie bereits erwähnt — geschäftlich zu viel zu tun hatte, teils, weil er politisch nicht mehr aktiv sein wollte. Sein Verhältnis zu Marx und Engels war zu dieser Zeit eher gesellschaftlicher als politischer Natur.

Marx und Engels hatten Weerth gebeten, Beiträge für die von ihnen geplante *Neue Rheinische Zeitung. Politisch-ökonomische Revue* zu liefern, mit der sie von England aus die Tradition der unterdrückten *Neuen Rheinischen Zeitung* fortsetzen wollten. Weerth hatte aber nach der Revolution kein Interesse, wieder schriftstellerisch oder journalistisch tätig zu werden. Auch Harneys Angebot, etwas Literarisches oder Politisches für seine *Democratic Review* zu schreiben, lehnte er ab.

Zu der bei Weerth nach der gescheiterten Revolution einsetzenden politischen Desillusionierung kam sein Bestreben, sich zu einer Zeit, wo er den Schnapphahnski-Prozeß „auf dem Nakken hatte", nicht weiter politisch zu kompromittieren.

Im Oktober 1849 erfuhr er, daß die Korrektionell-Appellationskammer des Königlichen Landgerichts Köln seine Berufung verworfen hatte. Weerth war der Sitzung am 3. Oktober ferngeblieben, hatte dem Gericht aber ein von seinem Bradforder Arzt und Freund John Little McMichan ausgestelltes und von den englischen Behörden beglaubigtes Attest eingereicht.

In dem vom 25. September 1849 datierten Attest erwähnte McMichan u. a., daß Weerth während seines Englandaufenthalts 1844 und 1845 an einer Erkrankung der Brustorgane (Thoracic Viscera) litt und daß sich sein Gesundheitszustand seither nicht gebessert hatte. McMichan vertrat die Ansicht, daß Weerths Rückkehr nach Köln und die damit verbundenen Strapazen und Aufregungen eines politischen Prozesses seiner Gesundheit ernstlich schaden würden.

Gegen das Urteil der Korrektionell-Appellationskammer vom 3. Oktober legte Weerth am 5. Oktober durch seinen Anwalt Hagen beim Königlichen Revisions- und Kassationshof in Berlin das Rechtsmittel der Kassation ein. Bis der Kassationshof zu einer Entscheidung kam, hatte Weerth die Wahl, sich provisorisch zur Haft zu stellen oder gegen eine Kaution seine provisorische Freilassung zu beantragen. In einem geistreichen und witzigen Brief vom 11. Oktober 1849 an den Präsidenten des Königlichen Landgerichts in Köln ersuchte Weerth um seine provisorische Freilassung. Der Brief ist Beweis, daß Weerth trotz der ernsten Lage seinen Sinn für Humor nicht verloren hatte. Er schrieb u. a.:

Sie werden leicht begreifen, Herr Präsident, daß mir die provisorische Freiheit lieber ist als die provisorische Haft.
Übrigens begreife ich nicht, warum ich Sie noch um diese provisorische Freiheit bitten soll, da ich mich faktisch schon auf durchaus freien Füßen befinde.
Die Ratschlüsse der hehren Göttin der Gerechtigkeit sind aber unerforschlich und rätselhaft, und an meinem eigenen schwachen Verstande verzweifelnd, beuge ich mich daher vor ihrer tiefen, unermeßlichen Weisheit.
Haben Sie daher die Güte, Herr Präsident, mich trotz meiner vollständigen Freiheit provisorisch in Freiheit zu setzen, und wenn eine sogenannte Kaution dabei nötig ist, so messen Sie dieselbe nicht nach dem Reichtum dieser neblicht-nordischen Weltstadt, sondern lassen Sie sich vom dem Gedanken leiten, daß es einem Menschen wie mir lieber wäre, wenn er London verlassen könnte, um mit den Schwänen und den Kranichen in den Süden zu ziehen, wo der Himmel heiter ist und der Wein so billig wie zur Zeit, als es noch keine Gerechtigkeit auf Erden gab, kein Landgericht, keine Kaution und keinen Kassationshof.[135]

Weerth versprach sich nicht viel Erfolg beim Kassationshof, dennoch unternahm er diesen letzten Schritt, um das Urteil rückgängig zu machen. Gegen eine Kaution von 200 Talern, die ihm sein Chef Worms vorgeschossen hatte, wurde Weerth einstweilen auf freiem Fuß gelassen.

Auch Lassalle, den Weerth in dieser Angelegenheit um Rat und Hilfe gebeten hatte, äußerte sich nicht sehr zuversichtlich über Weerths Chancen. Er bezeichnete es als Fehler, daß Weerth nicht zur Sitzung der Korrektionell-Appellationskammer am 3. Oktober erschienen war. In einem Brief an Marx vom 24. Oktober 1849 beurteilte Lassalle die Lage folgendermaßen:

> Die Sache wird sich *sehr* schwer, ohne übermäßige Geldopfer zu riskieren (eine Kaution von 500 Rt. zirka), an den Kassationshof bringen lassen. Doch habe ich Hagen vorgestern ausführlich geschrieben, und wenn er, wie ich nicht zweifle, meine Aufträge pünktlich ausführt, ist ein Erfolg ohne großes Risiko vielleicht noch möglich; aber *sehr* schwer.[136]

Weerth hätte sich keinen besseren Ratgeber als Lassalle wünschen können, der in den vergangenen drei Jahren in verschiedene Prozesse verwickelt gewesen war und ein ausgezeichnetes juristisches Fachwissen besaß. Wahrscheinlich stammte auch Weerths Eingabe, in der er eine falsche Anwendung bestimmter Artikel des Strafgesetzbuches sowie Verletzung einer Kabinettsorder behauptete, von Lassalle. Weerths Verteidigung basierte darauf, daß die Verleumdungsklage gegen ihn eine „actio meram vindicatam spirans" sei. Die von Weerth angeführten Artikel des Strafgesetzbuches setzten eine noch lebende Person voraus, deren Beleidigung gerächt werde. Die Verleumdungsklage könne von den Erben nicht erhoben werden, wenn der Beleidigte selbst sie ungerügt hatte hingehen lassen. Da Verleumdungen nur auf Antrag des Beleidigten von Amts wegen verfolgt werden durften, Lichnowski inzwischen aber tot war, müsse die Klage eingestellt werden.

Trotz dieser sorgfältig ausgearbeiteten Eingabe, die Weerths Anwalt, Advokat Dorn, dem Gericht auch mündlich vortrug, verwarf der Königliche Revisions- und Kassationshof in Berlin Anfang Januar 1840 Weerths Berufung als „unbegründet" und „unannehmbar", bestätigte das Urteil der Korrektionell-Appellationskammer vom 4. Juli und verurteilte Weerth außerdem zur Übernahme der Verfahrenskosten.

Das Interessante an der Urteilsbegründung ist, daß der Kassationshof Weerth wahrscheinlich nicht verurteilt hätte, wenn dieser am 3. Oktober 1849 vor Gericht erschienen wäre.

Weerth erfuhr das Urteil des Kassationshofes auf einer Geschäftsreise in Bradford. Überrascht war er allerdings nicht, da er sich keine allzu großen Hoffnungen gemacht hatte. Am 25. Januar kehrte er nach London zurück, wo er Briefe seiner Firma aus Hamburg vorfand, die ihn nötigten, aus geschäftlichen Gründen nach Holland zu fahren. Dort hielt er sich bis in die zweite Februarhälfte auf und begab sich dann zum Haftantritt nach Köln.

Marx hatte Weerth geraten, sich nicht zu stellen, da Weerth in England sicher war und nicht nach Preußen ausgeliefert werden konnte. Wäre Weerth aber Marx' Rat gefolgt, hätte er „nicht nur die Kaution verloren und eine steckbriefliche Verfolgung erfahren, sondern einstweilen auch nicht mehr nach Preußen und dem größern Teile von Deutschland zurückkehren können." Das wäre eine „ewige Hemmnis in meinen kaufmännischen Unternehmungen, bei denen Reisen nach Deutschland durchaus notwendig sind!" Er entschloß sich daher nach Absprache mit seinem Firmenchef, die Gefängnisstrafe abzusitzen, „um auf diese Weise hintereinander alle Schwierigkeiten aus dem Wege zu räumen", die ihn seit fast anderthalb Jahren verfolgt hatten.

Vor allen Dingen aber war ihm klar, daß er, wenn er sich nicht gestellt hätte, zu einem der vielen politischen Flüchtlinge geworden wäre. Und das war ein Los, das er durchaus vermeiden wollte. In einem Brief an Marx vom 2. Mai 1850 äußerte er sich dazu folgendermaßen:

> Außerdem kommt es mir zu heiter vor, daß ich als vermeintlicher politischer Flüchtling in der Welt herumtaumeln soll; wenn Leute wie Du, Engels, Willich usw. im Auslande bleiben, so hat das Sinn und Verstand, aber ich — voilà ce que serait ridicule! ich habe wahrhaftig zu wenig verbrochen, als daß es mir einfallen dürfte, mit politischen Wundmalen zu renommieren.[137]

Den gleichen Gedanken sprach Weerth auch seinem Bruder Wilhelm gegenüber aus:

> Fürs erste wäre es zu traurig gewesen, wenn ich mich wegen einer solchen Lumperei wie der Prozeß Schnapphahnski aus Deutschland hätte verbannen wollen. Einmal im Exil, wäre ich mehr oder weniger in die Reihe der politischen Flüchtlinge geraten, was mir wirklich sehr unangenehm gewesen wäre.[138]

Ähnlich wie Weerth dachte auch Heine über das Leben im Exil. Am 5. November 1851 schrieb Heine an Weerth:

> Welche schreckliche Sache ist das Exil! Zu den traurigsten Widerwärtigkeiten desselben gehört auch, daß wir dadurch in schlechte Gesellschaft geraten, die wir nicht vermeiden können, wenn wir uns nicht einer Coalisation aller Schufte aussetzen wollen.[139]

Aus Sorge um seine Mutter verriet Weerth ihr nichts von seiner Haft. Nur seinen Brüdern Wilhelm und Carl berichtete er davon. Seiner Mutter vermittelte er den Eindruck, daß er sich im *Englischen Hof* in Köln aufhielt. Unter dieser Anschrift bat er sie auch, ihm zu schreiben. In den Jahren 1848 und 1849 war er häufig Gast im *Englischen Hof.* Und da er den Inhaber Thibus gut kannte, weihte er ihn in das Geheimnis ein. Um ihr seinen Aufenthalt in Köln zu erklären, berichtete Weerth seiner Mutter, daß er unbehelligt nach Deutschland zurückkehren konnte, da er eine Kaution von 200 Talern gestellt hatte. Später erwähnte er, daß seine Berufung erfolgreich gewesen und er nur mit einer Geldstrafe von 40 Talern belegt worden sei. Er gab ihr weiterhin zu verstehen, daß er im April eine Geschäftsreise nach Holland und im Mai eine nach Frankfurt/M. und Leipzig unternommen habe. Die Wahrheit erfuhr seine Mutter erst, als Weerth längst wieder auf freiem Fuß war.

Weerth verbüßte seine Haft im Kölner Klingelpütz — „Nr. 23, Klingelpütz in Köln a/Rh.", wie er seinem Bruder Wilhelm seine damalige Anschrift mitteilte — vom 25. Februar bis 26. Mai 1850. Für jemanden, der es gewohnt war, „sich zwischen Trafalgar Square und Cornhill zu bewegen, auf dem lebendigsten Punkte der ganzen Erde", war es „grade nicht angenehm, plötzlich auf ein kahles Zimmer von 9 Fuß Breite und 16 Fuß Länge angewiesen zu sein, dessen ganzes Möblement aus Tisch, Stuhl und Bett besteht und aus dessen Fenster man durch 6 Eisenstäbe auf einen sehr prosaischen Hof sieht." Was seine Haftbedingungen betraf, berichtete Weerth seinem Bruder Wilhelm u. a., daß er „täglich 2 Stunden in einem sonnigen Revier an der Stadtmauer spazierengehen, mir Essen und Trinken nach Belieben kommen lassen, Bücher und Zeitungen, soviel ich will, studieren, Besuche aus der Stadt empfangen und mit den andern Gefangenen auf einem großen Korridore den ganzen Tag über frei verkehren darf." Bei diesen „durchaus erträglichen Umständen" und der „sehr artigen Behandlung der Gefängnisverwaltung" fiel es Weerth leichter, seine Haft zu verbüßen.

Freiligrath, der Weerth im Gefängnis besuchte, fand ihn auch gut gelaunt, wie er in einem Brief an Marx und Engels schilderte:

> Er nimmt sich ganz artig aus hinter zwei Gittern, der immer heitere australische Wollüstling. Im nächsten Monat wird er wieder in London in der Wolle sitzen.[140]

In gewisser Hinsicht erwies sich Weerths Haft als Glück im Unglück. Sein Gesundheitszustand, der durch die Ungewißheit über seine berufliche Zukunft und die *Schnapphahnski*-Affäre angegriffen war, begann sich zu bessern und er fühlte sich körperlich wohler als seit langer Zeit. Georg Weerths Nichte Marie Weerth behauptet: „Seit er im 15. Lebensjahr das Elternhaus verließ, hat er keine so friedliche Zeit verlebt wie diese 3 Monate im Gefängnis am Klingelpütz in Köln." Zu Weerths Gemütsruhe wird die Versicherung der Behörden beigetragen haben, daß sonst nichts gegen ihn vorlag. Weiterhin hatte er das volle Einverständnis seines Chefs und brauchte sich also keine Sorgen um seine berufliche Zukunft zu machen. Und schließlich konnte er durch das Absitzen seiner Haft einen Schlußstrich unter die Vergangenheit ziehen.

Sonntag, den 26. Mai 1840, wurde Weerth zwischen 6 und 7 Uhr aus dem Klingenpütz entlassen. Im *Englischen Hof* nahmen ihn sein Bruder Wilhelm und dessen Frau Auguste in Empfang. Die ersten Tage seiner Freiheit verbrachte er mit ihnen auf einer Dampferfahrt rheinaufwärts. Am 2. Juni war er wieder in Köln, um ein neues Leben zu beginnen.

VII

Geschäftsreisen in Europa

1850-1852

Ausgelöst durch das Scheitern der Revolution, machte sich bei Weerth in der Nachmärz-Zeit – einsetzend mit seiner Entlassung aus dem Gefängnis – eine tiefe Resignation bemerkbar, die sich in Bitterkeit und Zynismus gegenüber den politischen Ereignissen in Deutschland äußerte. An Marx schrieb er kurz nach seiner Entlassung:

> Im ganzen ist alles der alte Trödel, der alte Pöbel. Ich werde mich in das stillste Mauseloch verkriechen und so wenig wie möglich mit der ganzen Lumperei verkehren. An Revolutionen in Deutschland glaube ich nun einmal nicht; das Vaterland existiert für mich nur, damit ich seinen billigen Moselwein trinke und meine schlechten Witze darüber reiße.[141]

Ihm ging es jetzt darum, seine Handelsgeschäfte wieder aufzunehmen. Deswegen machte er Mitte Juli bei seiner Mutter in Detmold nur kurz Halt, als er sich auf dem Weg zu seinem Firmenchef nach Hamburg befand. Er hatte auch keine Zeit, seinen Bruder Wilhelm und dessen Familie in Blomberg zu besuchen, da sich seine Weiterfahrt sonst um einen ganzen Tag verzögert hätte. Wie sehr ihm an einem zeitigen Eintreffen in Hamburg gelegen war, zeigt ein späterer Brief an Wilhelm, in dem er schrieb:

> Aufrichtig gestanden sehnte ich mich damals aber so sehr nach einem endlichen Arrangement mit meinen Hamburger Freunden, daß ich keinen Tag verlieren mochte, um an Ort und Stelle zu kommen. Wenn du bedenkst, wie oft ich in der letzten Zeit in meinen Unternehmungen gestört wurde, so wirst Du dies leicht begreifen.[142]

Eigentlich hatte er im Juli zur Wollauktion in London sein wollen. Wegen der hohen Wollpreise waren aber in London keine

Geschäfte zu machen, bis die englische Überproduktion auf dem Markt erschien. So kam er mit seinem Chef Worms überein, in der Zwischenzeit für Emanuel & Son nach Spanien und Portugal zu fahren. Worms brachte ihn noch mit einer anderen Firma in Verbindung, deren Agentur er ebenfalls übernahm. Auf diese Weise erfüllte sich Weerths langgehegter Wunsch, Spanien kennenzulernen, der durch die Lektüre von Alexandre Dumas' *Impressions de Voyage* im vergangenen Jahr verstärkt worden war. Nach Erledigung einiger Geschäfte für Emanuel & Son in England und Schottland schiffte er sich am 27. August 1850 in Southampton ein und ging vier Tage später in Oporto an Land.

Ziel dieser Reise war, den Markt in Portugal und Spanien zu erforschen, Verbindungen mit dortigen Häusern und Geschäftsleuten herzustellen und Geschäfte in die Wege zu leiten. Neben Emanuel & Son vertrat er auch das Bradforder Haus Behrens, deren Agentur ihm durch die Vermittlung seines Chefs Worms übertragen wurde.

Über Weerths Geschäfte in Portugal ist nichts bekannt, wohl aber über die in Spanien und besonders die in Andalusien. In einem Brief an seine Mutter vom 1. und 10. Dezember 1850 erklärte er ihr, daß er sich für Wolle nicht interessiere, dagegen aber für Baumwolle, Leinen, Eisen und Holz. Für Wolle interessierte er sich deswegen nicht, weil die Ausfuhr spanischer Wolle nach England minimal war. Als Beispiel führte er an, daß England 1848 nur 100 000 Pfund Wolle aus Spanien importierte, dagegen aber 27 Millionen Pfund aus Australien. Engels berichtete er nach seiner Rückkehr aus Spanien, daß „das Geschäft in engl. Manufakturwaren nach Spanien höchst erbärmlich, kleinlich und gefährlich" sei „und wenn ich dafür meine Reise hätte machen müssen , so wäre ich wirklich sehr übel dran gewesen." Aus einem Brief an Lassalle vom 3. Mai 1851 geht hervor, daß er „Geschäfte in Öl und Trauben von Spanien nach Amerika und in Industrieproduktion von Schottland und Deutschland nach Spanien" machte.

Mit Weerths Ankunft auf der iberischen Halbinsel begann ein neuer Abschnitt in seinem Leben. Die neue Umgebung verdrängte die Enttäuschung über die gescheiterte Revolution.

Beim Anblick der spanischen Küste bei Vigo schrieb er seiner Mutter:

> Ich habe doch schon ziemlich viel gereist, aber ich kann Dir meine Freude nicht schildern, als ich endlich das Land sah, nach dem ich mich schon so lange sehnte. Meine Erwartungen waren übertroffen; man kann nichts Schöneres sehen als die spanische Küste an dieser Stelle. Von den schroffsten Felsen umgeben, lagen wir in der engen Bucht vor der Stadt Vigo, die sich, von Weinlaub umwunden, die Hügel und Felsen hinaufzieht.[143]

Und einige Tage nach seiner Ankunft in Oporto berichtete er seiner Mutter: „Von dem herrlichen Klima machst Du Dir keinen Begriff; ich fühle mich wie neugeboren."

In Oporto hielt sich Weerth ungefähr 14 Tage auf und fuhr dann per Dampfboot weiter nach Lissabon. Die 1755 durch ein Erdbeben zerstörte Stadt war zur Zeit von Weerths Besuch noch nicht wieder aufgebaut. „Ich habe nie ein prächtigeres Jammerbild gesehen als dies arme Lissabon", urteilte Weerth. Es kam ihm vor wie „ein sehr großes Dorf", wo nach 21 Uhr alles geschlossen war und wo selbst bei Tageslichte die Truppen durch die Stadt zogen, weil die Regierung ständig mit einer revolutionären Erhebung rechnete. Überhaupt machte Portugal einen „traurig-komischen Eindruck" auf ihn. Es war das Land, „wo man die Nachrichten aus dem nahen Spanien nur aus der Londoner *Times* erfährt, wo der Esel das einzige Kommunikationsmittel ist" und wo es nur eine Straße, und zwar die von Lissabon nach Cintra, gab. Er war daher froh, als er Lissabon am 23. September in Richtung Cadiz verließ, das er zum Standort für seine Geschäfte in Andalusien machte und wo er sich bis Jahresende aufhielt.

Aus allen Spanien-Briefen Weerths klingt seine Begeisterung für das Land. An Marx schrieb er beispielsweise:

> Wirklich, von Spanien bin ich bezaubert. Ich habe nie ein so schönes Volk gesehen. Männer und Weiber aller Klassen sind durchgängig schön; selbst das Don Quijotische in manchen Gesichtern und Figuren ist prächtig. Und welch ein Abstand in Sprache, Manieren z. B. mit den Engländern, Holländern und ähnlichen Kötern im Norden! Ich war wie aus den Wolken gefallen, als ich hier ans Land stieg.[144]

Ebenso begeistert war Weerth auch von Cadiz: „Wie ein weißer Edelstein liegt Cadiz in der blauen See. Links die Bucht voller Schiffe, rechts der Atlantik, und ewig schönes Wetter!"

Von Cadiz unternahm er verschiedene Reisen in andere Teile Andalusiens, auf denen er neben dem rein Geschäftlichen Gelegenheit hatte, Land und Leute kennenzulernen. Die erste dieser Reisen führte ihn per Dampfboot den Guadalquivir hinauf nach Sevilla. Voller Bewunderung äußerte sich Weerth über den maurischen Baustil:

> Der rein maurische Stil ist in Sevilla indes bei weitem besser erhalten, und wo die Christen in ihrem heiligen Eifer nicht alles zerstört haben, da schimmern auch noch Decken und Wände von wunderbaren Arabesken, vergoldeten Stukkaturen usw. und erinnern uns an eines der kunstsinnigsten und poetischsten Völker, das es je gegeben.[145]

Weerth besuchte die Giralda, „das schönste Denkmal der Mauren", die Kathedrale, wo „die schönsten Bilder Murillos bewahrt" waren, den Alcazar, das Museum, das viele berühmte Gemälde spanischer Meister enthielt, und Murillos Sterbehaus, wo „die lieblichsten Marienbilder und die schönsten griechischen Götterbilder in buntem Gemisch durcheinanderhingen."

Als großer Opernliebhaber interessierte ihn aber am meisten das Haus des „Barbiers von Sevilla", der nach Weerths Ansicht schönsten Oper Rossinis. Überschwenglich schrieb Weerth seiner Mutter:

> Vor ungefähr einem Jahr hatte ich das Glück, mitten in dem Fabrikrauch von Manchester der herrlichsten Aufführung dieses Meisterwerks beizuwohnen, denn die Gräfin Rossi, die frühere „Sonntag", sang die Rosine, und der alte Lablache mit seiner Bärenstimme den Bartolo. Das Wiederauftreten der Sonntag war nach so langem Schweigen ein Ereignis und da sie die ganze Frische ihrer Stimme bewahrt hatte, so war der Applaus ein unerhörter und ich habe diesen Abend nicht vergessen können. Was Wunder also, daß ich unwillkürlich an zu singen fing, als ich das Haus sah, in dem der Rossinische Barbier gewohnt haben soll![146]

In der zweiten Novemberhälfte begab sich Weerth auf eine längere Reise nach Gibraltar, Malaga und Granada. Nach dem „romantischen Andalusien" empfand er so etwas wie einen Kulturschock, als er sich plötzlich ins „militärische und kommerzielle Gibraltar" versetzt fand. Dennoch war er fasziniert von „diesem dürren Felsen, der nichts produziert und doch alles besitzt, was auf der Welt ersonnen und ausgeführt wird." Als Geschäftsmann erkannte er neben Gibraltars hoher „politischer Bedeutung" des Felsens „große kommerzielle Wichtigkeit" für

England. Als Beispiel erwähnte er, daß „jährlich fast für 1 1/2 Millionen Pfund Sterling englische Waren von dem Felsen nach Spanien hinübergeschmuggelt werden." Dem hätten — so Weerth — die Spanier durch eine Senkung der Einfuhrzölle entgegenwirken können, wenn sie nicht gefürchtet hätten, daß dann die Industrieprovinz Katalonien „in offenen Aufstand ausbrechen würde". Erst wenn die spanische Regierung sattelfester war, würde eine Zollsenkung eintreten und dann würde Gibraltar „viel von seiner jetzigen Blüte verlieren." Trotzdem glaubte er, daß es stets „ein wichtiges kommerzielles Depot und immer eine fast unüberwindliche militärische Position bleiben" würde.

Wegen der Art seiner Geschäfte und der großen Entfernungen mußte Weerth „schneller reisen" und „tätiger sein", als er ursprünglich gedacht hatte. In einem Brief an Karl Marx vom 17. November 1850 sprach Weerth sogar davon, daß er von Gibraltar aus an die Nordküste von Afrika gehen würde. Da er in seinen ausführlichen Spanien-Briefen an seine Mutter von dieser Reise nichts erwähnt, ist indes anzunehmen, daß der geplante Nordafrika-Besuch nicht realisiert wurde.

Nach Gibraltar war Malaga sein nächstes Reiseziel. Dort sah er zum ersten Mal Zuckerrohrplantagen und Baumwollpflanzungen. Am meisten interessierte ihn jedoch der Besuch eines Koschenillegartens, wo er sich die Herstellung der Koschenille ansah, des karminroten Farbstoffs, der bei der Fabrikation vieler Artikel verwendet wurde und für Malagas Wirtschaft von großer Bedeutung war.

Wie Gibraltar ihn an England erinnerte, so glaubte er fast, wieder im industriellen England angelangt zu sein, als er die Fabriken erblickte, die die Spanier vor kurzem in Malaga angelegt hatten. Er fand aber, daß „die dampfenden, schlanken Schornsteine, die zu Bradford oder Manchester herrlich passen, [...] sich seltsam genug unter dem klaren andalusischen Himmel" ausnahmen. Für ihn waren diese Anlagen deswegen von Interesse, weil es ihm gelang, „Verbindungen mit ihnen anzuknüpfen, die für meine Freunde in England von Nutzen sind."

Von Malaga fuhr Weerth in einer mit 10 Maultieren bespannten Diligence über die Berge ins Landesinnere.

Früh abgefahren, erlebten wir den Sonnenaufgang oben auf dem Gebirge, von dem man eine unbeschreiblich grandiose Aussicht auf Land und Meer hat. Die verschiedenen Berg- und Felsenketten schlingen sich vor ihrer Abdachung zum Meere, wie in einem Knoten zusammen, von dem man dann auf einem abscheulich schlechten Wege im vollem Galopp in einer solchen Weise hinabpurzelt als fiele man 2000 Kirchtürme hinab.

Wirklich, so tapfere Maultiere, so tolle Felsen und so durchrüttelte Passagiere sind mir noch nie vorgekommen! Nach 12 stündiger Fahrt kamen wir jenseits der Berge in einem kleinen Orte, Loja, an, nachdem wir auf dieser ganzen Route gewiß nicht mehr als 12 Bäume, also die völligste Wildnis gesehen hatten, die man durchreisen kann. Die einzigen Wesen, welche man auf der Reise sieht, sind lange Reihen von Eseln, welche mit Wein- und Ölschläuchen beladen, über die Gebirge nach Malaga wandern.[147]

In Loja übernachtete er und fuhr am nächsten Morgen weiter nach Granada, wo er gegen Mittag eintraf. Insgesamt war er seit der Abreise von Malaga 36 Stunden unterwegs.

In Granada traf er einen alten Bekannten wieder, in dessen Begleitung er schon nach Malaga gereist war: Sir John Pakington (1799-1880), der als konservativer Abgeordneter Droitwich von 1837-1874 im Parlament vertrat. Die Bekanntschaft mit Sir John Pakington ist Beweis für Weerths veränderte Haltung und Weltanschauung nach der gescheiterten Revolution von 1848. Es ist kaum vorstellbar, daß Weerth Sir Johns Bekanntschaft gesucht und gepflegt hätte, wenn er noch politisch und journalistisch aktiv gewesen wäre. Sir John trat nämlich für all die Dinge ein, gegen die er in der Vergangenheit gekämpft hatte. Sir John war gegen die Abschaffung der Kornzölle, während Weerth ihre Abschaffung als ersten Schritt zur Verbesserung der Lage der arbeitenden Klasse in England sah. Sir John war ein Anhänger des Schutzzolls, während Weerth sich — das markanteste Beispiel war seine berühmte Rede auf dem Brüsseler Freihandelskongreß 1847 — für den Freihandel eingesetzt hatte. Vor allem aber war Sir John ein Tory mit Leib und Seele, der dagegen protestiert hatte, daß die Whigs (die Liberale Partei) „Zugeständnisse an den demokratischen Geist" gemacht hätten, während Weerth schließlich während des Revolutionsjahres in Deutschland an der radikalsten aller demokratischen Zeitungen, der *Neuen Rheinischen Zeitung*, mitgearbeitet hatte.

Die Herzlichkeit, mit der Weerth Sir John begegnete, steht in scharfem Gegensatz zu der Verachtung, die er für seine politischen Gegner während seiner „politischen Phase" empfand. Wie anders hatte Weerth vor fünf Jahren über Leute wie Sir John geurteilt:

> Denn diese Engländer, diese Reichen, sind mir verhaßt bis in den Tod.

Oder:

> Ich kann nicht leiden, daß einer besser lebt als der andere.

Seit der gescheiterten Revolution und besonders seit seinem Aufenthalt in Portugal und Spanien hatten sich Weerths Weltanschauung und Lebensstil radikal geändert. Er konnte jetzt mit Leuten verkehren, deren Nähe er früher gemieden hätte. Sein Verhalten verdeutlicht den Wandel, den er durchgemacht hatte: vom revolutionären Politiker zum Geschäftsmann und Reisenden.

Nach einem kurzen Aufenthalt in Granada, wo Weerth unter Sir Johns fachkundiger Führung die Alhambra besichtigte, kehrte er in der zweiten Dezemberhälfte nach Cadiz zurück. Ende Dezember hatte er seine Geschäfte dort abgeschlossen. Er verließ Cadiz am 30. Dezember, sehr ungern, wie er seiner Mutter berichtete:

> Mit großem Leidwesen nahm ich dann von Cadiz Abschied, der allerliebsten Stadt, mitten im blauen Meere, wo mir Menschen, Häuser, Hunde, Fische, kurz alles so gut gefiel. Ja die Leute von Cadiz haben recht, wenn sie ihr kleines Fleckchen Land die „tierra de dios" nennen. Ebenso hatten die Mauren recht, wenn sie behaupteten, daß Cadiz und Malaga gerade unter dem Himmel lägen und daß ein Stück davon auf die Erde hinabgefallen sei.[148]

Silvester verbrachte Weerth in Sevilla. Abends stieg er auf die Giralda,

> um die Sonne zum letzten Male im alten Jahre hinter den Orangengärten des Guadalquivir hinabsinken zu sehen. Wenn ich damals das schöne Andalusien zum letzten Male überschaut habe, so sah ich es wenigstens in seiner vollen Glorie, denn nichts ist grandioser als ein Sonnenuntergang in jenen südlichen Breiten, wo die Luft von Gold, Blau, Rosa und Violet blitzt und schimmert, daß man fast fürchtet, der ganze Himmel möchte in Flammen aufgehen wie ein Feuerwerk, wie ein Schiff, das in die Luft fliegt.[149]

Am 1. Januar 1851 setzte er sich in eine Diligence in Richtung Madrid, wo er nach 4 Tagen und 3 Nächten ankam. Auf die Bemerkung seiner Mutter hin, daß seine Brüder ihn um seine spanische Reise beneideten, entgegnete er, daß „4 Tage und 3

Nächte im Wagen auf spanischen Wegen" „wirklich mehr" sei, „wie man jemandes werten Knochen zumuten kann." Abgesehen von dem schlechten Zustand der Wege war die Reise auch nicht ungefährlich, da sie zum Teil durch eine Gegend führte, die von Räubern wimmelte. Weerths Diligence wurde daher auch von 2 berittenen und 2 Fußgendarmen begleitet. Ohne irgendwelche Zwischenfälle jedoch erreichte Weerth Cordoba, wo die Wege sicherer wurden.

Dann ging es weiter den Guadalquivir entlang, über die Bergkette der Sierra Morena und durch den Paß von Despenaperros in das flache Hochland der Mancha. Über Ocana und Aranjuez gelangte er schließlich am 4. Januar 1851 nach Madrid, wo er sich 10 Tage aufhielt.

Am Tag nach seiner Ankunft besuchte er die Puerta del Sol, den Prado und das Museum, „eins der reichsten der ganzen Welt," mit Meisterwerken von Raffael, Tizian, Murillo und Velasquez. Am gleichen Tag hatte er auch Gelegenheit, seinen ersten Stierkampf zu sehen. Sein Urteil darüber:

Es gereut mich natürlich nicht, daß ich die Geschichte ansah, denn man muß alles sehen; aber ich muß gestehen, daß ich nie etwas Ekelhafteres erblickt habe. Man versichert mir zwar, daß sich dieser häßliche Eindruck bei öfterem Ansehen verwische, aber dadurch wird das Scheußliche nicht besser, und man kann sich zuletzt auch an das Abscheulichste gewöhnen.[150]

„Um den widerlichen Eindruck zu verwischen," besuchte er noch am selben Abend die Italienische Oper. „Aber alles half nichts, die zerrissenen Pferde wollten nicht aus meinem Gedächtnis, und ich wälzte mich bis gegen Morgen im Bette umher, ohne einschlafen zu können [...]"

Es war Weerths Devise, daß man alles gesehen haben mußte, bevor man sich ein Bild machen und über eine Sache urteilen konnte. So war er auch in Bradford verfahren, als er sich für alles interessierte, was die arbeitende Bevölkerung betraf. Nur so konnte er Erfahrungen sammeln. Waren es früher soziale und politische Dinge, die ihn während der Zeit seiner politischen Aktivität beschäftigten, so rückten jetzt künstlerische, kulturelle, geschichtliche und geographische Aspekte in den Vordergrund. Durch seinen Besuch im Madrider Museum, schrieb er, habe er „nicht nur unendliche Freude gehabt, sondern auch sehr viel gelernt." Wie bei seinen Besuchen in London und Paris versuchte Weerth auch in Madrid, an einem Tag so viel wie möglich zu sehen und zu erleben. Rastlos eilte er von einer Sehenswürdigkeit zur anderen, auf der Suche nach immer neuen Eindrükken. Wie in Paris und London faszinierten ihn auch in Madrid die Kontraste, die seiner Meinung nach das Leben erst interessent machten:

> Das war mein erster Tag in Madrid! Ich werde ihn so bald nicht vergessen. Zuerst die Puerta del Sol, dann das Museum; hierauf der Prado; dann das Stiergefecht und zuletzt die Oper. Wirklich, man kann an einem kurzen Wintertage nicht mehr erleben. Aber so drängt sich alles zusammen in diesen Städten moderner Zivilisation; das Große und das Niedrige, das Schöne und das Scheußliche. Man hört, man sieht, man genießt, und vergangen ist es wie ein Traum.[151]

Den Höhepunkt seines Madrid-Aufenthalts bildete ein Besuch des Escorial, das ungefähr 50 km nordwestlich der Hauptstadt am Fuße der Sierra de Guadarrama liegt und auf Befehl von Philipp II. nach der siegreichen Schlacht gegen die Franzosen 1557 bei St. Quentin erbaut wurde.

Ein blinder Führer zeigte ihm alle Sehenswürdigkeiten des Escorial. Weerths Besuch endete jedoch fast tragisch, denn als er auf das Dach der Kirche stieg, wurde er von einem Windstoß emporgehoben und wäre vielleicht in einen der sechzehn Höfe heruntergeschleudert worden, wenn er nicht schnell einen Pfeiler gefaßt und sich daran festgehalten hätte.

In einem ausführlichen Brief an seine Mutter vom 12./20. Januar 1851 berichtete Weerth in allen Einzelheiten über seinen Besuch im Escorial. Auffallend sind dabei wieder Weerths geographische, geschichtliche und architektonische Kenntnisse. Sie sind Beweis dafür, wie eingehend er sich mit seiner Umgebung beschäftigte und was für ein aufmerksamer Beobachter er war. In der Tat liest sich sein Brief mit der informativen und anschaulichen Escorial-Beschreibung wie ein Reiseführer.

Nach Beendigung seiner Geschäfte in Madrid fuhr er am 14. Januar nach Barcelona. Für diese nach Weerths eigenen Worten höchst uninteressante Reise benötigte er 5 Tage und 4 Nächte. Infolge fortdauernden Regens waren die Wege besonders in Aragonien und Katalonien so aufgeweicht, daß die Kutsche mehrere Mal steckenblieb und oft mit 14 Maultieren nur im

Schritt fahren konnte. Im Vergleich zu dieser Reise bezeichnete Weerth seine frühere Tour von Sevilla nach Madrid als „Kinderspiel."

Da Katalonien der Mittelpunkt der spanischen Industrie und seine Hauptstadt Barcelona, das spanische Manchester, der Sitz der Textilindustrie war, hatte Weerth während seines elftägigen Aufenthalts geschäftlich viel zu tun. Sein Chef wünschte zwar, daß er seine Tour durch Spanien weiter fortsetzte und die baskischen Provinzen, besonders Bilbao und Santander, noch besuchte, aber er hielt das zu diesem Zeitpunkt nicht für angebracht, da er „die Verhältnisse an Ort und Stelle besser beurteilen konnte." So beendete er seine Spanien-Reise in Barcelona und kehrte am 29. Januar 1851 über Frankreich nach Hamburg zurück.

Wie schon erwähnt, veröffentlichte Weerth nach der Revolution nichts mehr, auch keine Reisebeschreibungen. Dennoch hatte er weiterhin das Bedürfnis, seine Erlebnisse und Eindrücke mitzuteilen. So kommt es, daß — einsetzend mit seiner Reise nach Portugal und Spanien — seine Briefe und besonders die an seine Mutter ihm immer mehr zum Ersatz für literarische Tätigkeit wurden. Diese oft sehr langen und ausführlichen Briefe enthalten Reisebeschreibungen von derselben Art, wie er sie in der Vergangenheit in Zeitungen und Zeitschriften veröffentlicht oder zum Beispiel für die *Skizzen aus dem sozialen und politischen Leben der Briten* verwandt hatte.

Diese privaten Reisebeschreibungen weisen Merkmale auf, die auch seine früheren Prosaarbeiten charakterisieren. Vor allem veranschaulichen sie seine hervorragende Beobachtungsgabe. In einem Brief an Marx vom 3. März 1851 erwähnt er zum Beispiel anläßlich seines Besuchs auf der Alhambra einige Unrichtigkeiten in Freiligraths Gedichten und fügt leicht ironisch hinzu, dies sei „wiederum ein Beweis [s]einer Beobachtungsgabe." An einer anderen Stelle in dem gleichen Brief spricht er bei der Beschreibung seiner Reise von Malaga nach Granada von seiner „statistischen Beobachtungsgabe."

Wie in seinen Feuilletons über England verband er geschickt Historisches mit Persönlichem. Gerade diese Vermischung von Information und Unterhaltung, von Objektivem und Subjektivem, macht seine Reisebeschreibungen so lebendig und noch heute lesbar. Ein Brief an seine Mutter vom 1./10. Dezember 1850 zum Beispiel enthält u. a. einen Überblick über maurische Kunst und Architektur, eine wirtschaftliche Analyse der Bedeutung Gibraltars für England, eine amüsante Beschreibung der den Fels bewohnenden Paviane und eine köstliche Schilderung, wie Weerth die Bootführer in Algeciras überlistete, die ihm durch Erpressung ein übermäßig hohes Fahrgeld abverlangen wollten. Ein weiterer Brief an seine Mutter, datiert Madrid, 12. Januar 1851, enthält die Beschreibung seines Besuches im königlichen Palast in Madrid, eine Reflexion über Stierkämpfe, einen Exkurs über die Entstehungsgeschichte des Escorial mit ausführlichen geschichtlichen Informationen und eine Schilderung des Zwischenfalls auf dem Dach der Kirche im Escorial, der ihn beinahe das Leben gekostet hätte.

Was an diesen Briefen erstaunlich ist und was sie von seinen früheren Briefen und besonders denen aus England unterscheidet, ist das Fehlen jeglicher Hinweise auf politische oder soziale Fragen. Während seines gesamten Aufenthaltes in Cadiz zum Beispiel sprach Weerth immer nur von der angenehmen und romantischen Seite Andalusiens. Selbst in seinem Brief an Marx vom 17. November 1850 erwähnte er mit keinem Wort die arbeitende Klasse oder die sozialen Mißstände, die im 19. Jahrhundert in Spanien existierten. Auch im Brief an seine Mutter vom 12./20. Januar 1851 war keine Rede vom Industrieproletariat. Dabei hätte sich sein Besuch in Katalonien, dem Zentrum der spanischen Industrie, zu einem Vergleich mit den Industriegebieten von Yorkshire und Lancashire, die er aus eigener Erfahrung bestens kannte, angeboten.

Natürlich kann Weerth die Lage der arbeitenden Bevölkerung in Portugal und Spanien nicht entgangen sein, aber er sprach nicht davon, weil er sich nicht wieder mit sozialen und politischen Fragen beschäftigen wollte. Er war nach Portugal und Spanien gegangen, um die Vergangenheit zu vergessen. Jede Auseinandersetzung mit sozialen Mißständen und den Mitteln, diese zu beheben, hätte nur schmerzhafte Erinnerungen geweckt. So gesehen, sind seine Reisen nach der Revolution, angefangen mit dieser Portugal- und Spanienreise, eine Flucht vor der Vergangenheit. Durch die ständig neuen Eindrücke von Land und Leuten, durch den ständigen Szenenwechsel versuchte er verzweifelt, seine politische Vergangenheit zu verdrängen.

Aus diesem Grunde schrieb er während seines fünfmonatigen Aufenthalts in Portugal und Spanien nur einmal an Marx und sonst an keinen seiner anderen politischen Freunde, also weder an Engels noch an Lassalle. Der Brief an Marx, datiert Cadiz, 17. November 1850, ist sehr aufschlußreich. Weerth begann:

> Ich habe Dir eigentlich nichts Besonderes mitzuteilen, aber es würde mir sehr lieb sein, wenn ich einmal hörte, wie es Dir, Deiner Familie und uns. dortigen Freunden geht, denn da ich mit niemandem mehr korrespondiere, der über dem 40. Grade nördlicher Breite wohnt, so habe ich seit meiner Abreise von England auch nicht das mindeste über Euch gehört.[152]

Was dann folgt, ist eine seitenlange ausführliche Schilderung seiner Portugal- und Spanien-Reise. Man gewinnt den Eindruck, daß Weerth nicht sonderlich daran interessiert war, wie es Marx, dessen Familie und ihren Freunden ging, sondern einfach das Bedürfnis hatte, über seine Reiseerlebnisse zu plaudern. Weerth erkundigte sich weder nach der politischen Lage in Europa noch nach dem Bund der Kommunisten. Er war zu sehr mit sich selbst beschäftigt, als daß er für Marx' damalige Lage Interesse aufzubringen schien. Die Jahre von 1850 bis 1853 — die ersten Jahre des Londoner Exils — waren für Marx und seine Familie die Zeit der größten finanziellen Not. Bedenkt man außerdem, daß Marx am Wiederaufbau des Bundes der Kommunisten arbeitete und tief in einer Arbeit über die Grundsätze der ökonomischen Theorie steckte, verwundert es gewiß nicht, daß er seinerseits kein großes Interesse aufbringen konnte für Weerths glühende Berichte über das Leben in Portugal und Spanien. Im Gegenteil störte ihn Weerths abenteuerliches Herumreisen, dessen finanziell sorgenfreies Leben und luxuriöser Lebensstil. Obwohl er den Kontakt zu Weerth hauptsächlich deswegen aufrechthielt, weil er hoffte, Weerth für die Politik wiederzugewinnen und ihn zu schriftstellerischen oder journalistischen Arbeiten zu bewegen, kühlte sich das Verhältnis zwischen ihnen von dieser Zeit an merklich ab.

Auf der Rückreise nach Hamburg hielt sich Weerth vom 3.–7. Februar 1851 in Paris auf, wo er die langersehnte Bekanntschaft Heinrich Heines machte, der bei seinem letzten Paris-Besuch im Januar 1849 zu krank gewesen war, um ihn zu empfangen. Heines Gesundheitszustand hatte sich in den letzten Jahren rapide verschlechtert. 1848 wurde er bettlägerig und blieb bis zu seinem Tode 1856 an seine „Matratzengruft" gefesselt.

Seine Krankheit äußerte sich in einer fortschreitenden Lähmung. Begonnen hatte es mit den Fingern, „kurz darauf begann das Augenleiden. Langsam schlich die zentrale Krankheit, die vom Rückenmark ausging, vorwärts und lagerte hundert trübe Symptome ab: die Neuralgien verstärkten sich, das gelähmte Augenlid mußte er mit dem Finger heben, wollte er jemand erkennen, die Arme versagten den Dienst; hinzu kamen häufige Anfälle von Katarrhen und Grippen, von Magen- und Darmstörungen. Sein Leben wurde ein einziges unaufhörliches Kranksein, mit wenigen kurzen Unterbrechungen."

Die Nachricht von Heines Krankheit führte in den ersten Jahren viele Besucher aus Deutschland an sein Krankenbett. Darunter waren Touristen,- Journalisten und Sensationslustige, die den kranken Mann sehen wollten. Es gab aber auch ehrliche und anteilnehmende Besucher wie Friedrich Hebbel, Heinrich Laube und Karl Grün. Zu den französischen Freunden, die ihn besuchten, gehörten Alexandre Dumas, Théophile Gautier, Caroline Jaubert, Mignet, George Sand, Gerard de Nerval und Saint-René Taillandier.

Heines „Matratzengruft" wurde quasi zu einem Wallfahrtsort. Besucher pilgerten zu seinem Krankenbett wie zu einem Schrein. So auch Weerth, der schon immer den Dichter, „den ich unter allen neueren Autoren am meisten ehre und liebe", kennenlernen wollte. In einem Brief an seine Mutter vom 17. Februar 1851 beschrieb er seinen Besuch bei Heine folgendermaßen:

Ich traf diesen unglücklichen Mann auf dem Krankenbette, an das er jetzt schon seit 3 vollen Jahren gefesselt ist, auf einer Seite völlig gelähmt, auf einem Auge völlig blind, nur noch der Schatten von einem Menschen und körperlich so gut wie tot. Wunderbar ist es indes, wie der Geist, der Verstand, der Witz dieses merkwürdigen Mannes auch noch nicht im geringsten gelitten hat. An zwei Tagen saß ich jedesmal mehrere Stunden an seinem Bette. Von Schmerzen gefoltert, hörte er bisweilen auf zu sprechen; die Pausen währten aber nur einige Minuten, und von neuem fing er dann an zu reden, wie er seinerzeit geschrieben, so voller toller und himmlisch-weiser Arabesken, daß ich abwechselnd laut auflachen mußte und vor Rührung hätte weinen mögen.[153]

Dies war Weerths einzige Begegnung mit seinem Lieblingsdichter. Dennoch blieben beide in Kontakt. Weerth schrieb Heine mehrere heitere Briefe von seinen Reisen in Übersee, von Heine liegt ein Brief an Weerth aus dem Jahre 1851 vor. Weerth bemühte sich, dem Dichter durch verschiedene kleine Gefälligkeiten zu helfen. So besuchte er auf Heines Bitte dessen Schwester in Hamburg und vermittelte zwischen Heine und dessen Verleger Campe. Weiterhin schickte er Heine Artikel und Bücher, hielt ihn auf dem laufenden, was die Politik und Literatur in Deutschland betraf, und berichtete ihm von ihren gemeinsamen Bekannten Marx, Engels, Lassalle und Freiligrath.

Am 9. Februar 1851 traf Weerth nach einer Abwesenheit von fast sieben Monaten wieder in Hamburg ein. Obwohl seine Reise in geschäftlicher Hinsicht ein Erfolg gewesen war, boten Emanuel & Sons Geschäfte in Spanien keine großen Zukunftsaussichten. Uns so richtete Weerth sein Augenmerk auf Amerika, „denn ich möchte gar zu gern Amerika gesehen haben, ehe ich mich fest irgendwo niederlasse."

Liest man Weerths Briefe aus Spanien, so gewinnt man den Eindruck, daß er dort sehr glücklich war. Dies ist jedoch nur die halbe Wahrheit. Einerseits schrieb er seinem Bruder Wilhelm aus Hamburg am 16. April 1851, daß man in Spanien „zu sehr außer aller Welt" sei, „daß man sich trotz des schönen Himmels und ähnlicher hübscher Zutaten doch schließlich langweilt." Andererseits heißt es im gleichen Brief: „In den letzten 2 Monaten, wo es hier ununterbrochen regnete, habe ich mich oft nach Spanien zurückgesehnt und eigentlich nachträglich sehr bedauert, daß ich schon so früh wieder abreiste."

Nach Deutschland zurückgekehrt, machte Weerth die traurige Feststellung, daß die Spanien-Reise ihn nicht viel weiter gebracht hatte. Er war in der Hoffnung nach Spanien gegangen, die Vergangenheit zu vergessen, seine Unruhe loszuwerden und seinen alten Humor wiederzuerlangen. Dies war ihm aber nicht gelungen, wie er Marx am 3. März 1851 gestand:

So endete meine große spanische Reise. Ich bin eigentlich nun gerade so weit wie vorher. Gewöhnlich ist dies im Leben so der Fall. Jedenfalls bin ich um diese Überzeugung reicher, und im Geiste stehe ich wieder am Grabe Karls V. und denke über die Vergänglichkeit alles Irdischen nach und über meine eigene verfehlte Laufbahn.
Aber was ist das Rätsel dieser meiner Unstetigkeit und daß ich keine zehn Minuten ruhig mehr auf dem Hintern sitzen kann? Die Revolution ist schuld daran! Die Revolution hat mich um alle Ruhe, um alle Heiterkeit gebracht. Varus! Varus! Gib mir meine Heiterkeit wieder![154]

Diese Briefstelle zeigt deutlich, welche Wirkung die gescheiterte Revolution von 1848 auf einen sensiblen und empfänglichen Menschen wie Weerth ausübte. Interessant ist dabei vor allem die Tatsache, daß die volle Wirkung der gescheiterten Revolution erst zwei Jahre später einsetzte, zu einer Zeit, als Marx und Engels schon wieder politisch und journalistisch aktiv waren. Auch war die Wirkung bei Weerth viel tiefer und anhaltender, als man bei seiner Art und Weise, sich über alles lustig zu machen, vielleicht erwartet hätte.

In einem Brief an seinen Bruder Wilhelm vom 16. April 1851 äußerte sich Weerth ähnlich über die Ereignisse von 1848/49:

Die Revolution hat wirklich schauderhaft unter den Menschen gewirtschaftet; außer den Tausenden Existenzen, die dabei verlorengingen, ist eine solche Mutlosigkeit und Leere in die Gemüter gefahren, daß einer seine Freunde kaum mehr wiedererkennt.
Teilweise spüre ich diese schwachmatische Stimmung an mir selbst; mein alter Humor will nicht wiederkehren, und ich bin nur dann glücklich, wenn ich ununterbrochen arbeite.[155]

In der Tat sind „Mutlosigkeit und Leere" Ausdruck von Weerths „schwachmatische[r] Stimmung". Dies geht eindeutig aus seinen Briefen aus dieser Zeit hervor. Am 3. März teilte er Engels mit: „Mein Gedächtnis hat sehr gelitten, oder mit andern Worten: ich habe mir vorgenommen, an viele Dinge gar nicht mehr zu denken." An Marx schrieb er: „Einstweilen will ich Romane lesen, spazierengehen und alles vergessen."

„Das gemütliche Leben" in Hamburg drohte ihn, wie er Engels schrieb, „um allen Verstand" zu bringen. Aus einem Brief an seinen Bruder Wilhelm wissen wir, daß ihn „Einladungen und Besuche" „förmlich plagten", daß ihm aber „der lausige

Spaß der gewöhnlichen Gesellschaften" nicht mehr gefiel. Marx gegenüber gestand er, daß ihm in Hamburg „eine glänzende Existenz" drohte, „aber ich erschrecke davor." An Engels schrieb er scherzhaft, daß er zwei Heiratsanträgen bereits siegreich widerstanden hätte. Und Marx erklärte er:

> Jeder andere würde mit beiden Händen zugreifen. Aber ich bin zu alt geworden, um noch ein Philister zu werden, und jenseits der See liegt ja der ferne Westen.[156]

Interessant ist Marx' Reaktion auf diesen Brief. Über Weerths Nachricht schrieb er an Engels: „Du kennst unseren Freund Weerth. Er ennuyiert sich rasch und am schnellsten, wenn er sich bürgerlich behaglich findet."

Wie zu so vielem in seinem Leben war auch Weerths Haltung zur Ehe ambivalent. Einerseits gewinnt man den Eindruck, er habe Angst vor der Ehe gehabt, andererseits existieren genügend Belege, die darauf hindeuten, daß er sich im Grunde seines Herzens eine Frau und Kinder gewünscht hätte. Im Brief an Marx vom 3. März 1851 kondolierte er ihm zum Tod eines seiner Kinder, tröstete ihn aber damit, daß er ja noch drei andere habe. „Ich selbst", fügte er hinzu, „habe nicht einmal ein einziges Kind bis jetzt — das ist noch viel schlimmer." Weerths Wunsch nach Familie und häuslich-bürgerlichem Glück artikuliert sich auch in einem Brief an Friedrich Engels vom 27. Mai 1852, wo er über seine Reise durch das Rheinland und seine Begegnungen mit alten Bekannten berichtete:

> Wie glücklich diese Menschen in Deutschland sind! Alle werden sie dick, alle heiraten sie. Nur unsereiner wandert mager durch sein Jahrhundert und ist kein Familienvater voll Zärtlichkeit und Güte.[157]

Als Journalist und Schriftsteller, der sich in seinen Arbeiten für die Revolution eingesetzt hatte, empfand Weerth für die in der Reaktionszeit in Deutschland erscheinende offizielle Literatur nur Verachtung. Infolge des Verbots von oppositionellen Zeitungen und Zeitschriften und der Verfolgung demokratischer Journalisten und Schriftsteller war die Literatur wieder unpolitisch geworden. Und der „deutsche Michel", der während der Revolution keinen Ton von sich gegeben hatte, ließ wieder von sich hören, jener kleinbürgerliche Karrieremacher, der bei jeder Gefahr hinter den Ofen kriecht und, sobald die Sonne wieder scheint, sich mit seiner treusorgenden Pauline aufs aechtdeutsche Kanapee setzt, um seine Großvaterpfeife zu schmauchen oder sich ein Täßchen Kaffee zu genehmigen, nicht zu stark, nicht zu schwach, geradeso, daß man noch die Blümchen auf dem Grunde der Tasse sieht.[158]

Sarkastisch äußerte er Engels gegenüber, daß „sich alles wieder auf dem alten Fuße" einrichte und daß die Literatur „dies herrlich" widerspiegle:

Gelb-Veiglein, Rosen und Tränen sind wieder an der Tagesordnung, die deutschen Frauenzimmer lesen wieder à mort, und die Mittelsorte Adolf Stahr, Geibel, Hackländer, Kinkel, Hauenschild dominieren. Auch in Berlin stehen neue Kerle auf, Putlitz und solches Vieh, mit Bachgemurmel, was in 14 Tagen mehrere Auflagen erlebt. Die Literaten haben wieder Chancen, man könnte kein besseres Geschäft machen, als Liebeslieder zu schreiben und sie unter einem gräflichen Namen drucken zu lassen.[159]

Ähnlich verächtlich schrieb Weerth an Heine am 12. April 1851:

Wenn Sie glauben, die Zeit der Romantik sei vorüber, so irren Sie sich sehr, denn alles wird wieder aufgewärmt, was aus frühern Tagen übriggeblieben, und der Unterschied ist nur der, daß es nicht mehr so gut schmeckt wir vor fünf oder zehn Jahren.[160]

In dieser Zeit las Weerth Karl Friedrich Flögels *Geschichte der komischen Literatur* (1784-1787), die ihn auf den Gedanken brachte, eine *Komische Geschichte des Handels* zu verfassen. Leider ist davon kein Manuskript erhalten, und so wissen wir nicht, wie weit diese Arbeit gedieh. Wir wissen lediglich, daß er im Frühjahr 1851 in Hamburg Material dafür sammelte. Zur gleichen Zeit beschäftigte er sich auch wieder mit den *Humoristischen Skizzen aus dem deutschen Handelsleben*. Wegen der vielen Korrekturen im Manuskript läßt sich jedoch nicht feststellen, was er jetzt hinzufügte oder änderte.

Seit dem Ende der *Neuen Rheinischen Zeitung* am 19. Mai 1849 hatte Weerth nichts mehr veröffentlicht. Nach seiner Spanien-Reise gab es allerdings Momente, in denen er daran dachte, wieder etwas drucken zu lassen. So schrieb er Marx am 3. März 1851:

Ich habe seit 2 Jahren kein Wort drucken lassen; aber allmählich juckt es mir in den Fingern, und wenn ich mich nicht sehr irre, so werde ich mich nächstens über Kinkel sehr souverän lustig machen.[161]

173

Obgleich oder auch gerade weil er im Jahr 1842 an der Universität Bonn bei Kinkel Kirchengeschichte gehört hatte und früher mit ihm befreundet gewesen war, beabsichtigte Weerth, Kinkels Verhalten während und nach der Revolution 1848/49 bloßzustellen. Beschreiben wollte er u. a. Kinkels Bonner Jahre, seine Heirat mit Johanna Mockel, seinen geheuchelten Enthusiasmus für die Revolution, seine 1850 erfolgte Befreiung aus dem Gefängnis, seine Flucht nach England und sein dortiges Auftreten als Märtyrer für die Demokratie.

Doch schon kaum einen Monat später dachte Weerth anders. Marx, der ihn bestimmt ermuntert hatte, etwas über Kinkel zu schreiben, teilte er mit, daß er „einen höchst aristokratischen Ekel" empfinde, „wenn ich die Feder jetzt abermals ansetzen soll." Kinkel war ihm zu unbedeutend, als daß er eines Angriffs seinerseits wert war. Seiner Meinung nach würden sich Leute wie Kinkel „allmählich in Gin und Porter auflösen und dann an der Langeweile verduften." Auch Heine gegenüber verwarf er spöttisch-resignativ den Gedanken, schriftstellerisch wieder aktiv zu werden:

> Jetzt schreiben! Wofür? Wenn die Weltgeschichte den Leuten die Hälse bricht, da ist die Feder überflüssig.[162]

Eine genauere Begründung gibt Weerth in seinem Brief an Marx vom 28. April 1851:

> Ich habe in der letzten Zeit allerlei geschrieben, aber nichts beendigt, denn ich sehe gar keinen Zweck, kein Ziel bei der Schriftstellerei. Wenn *Du* etwas über Nationalökonomie schreibst, so hat das Sinn und Verstand. Aber *ich*? Dürftige Witze, schlechte Späße reißen, um den vaterländischen Fratzen ein blödes Lächeln abzulocken — wahrhaftig, ich kenne nichts Erbärmlicheres! Meine schriftstellerische Tätigkeit ging entschieden mit der *Neuen Rheinischen Zeitung* zugrunde.[163]

Es ist wichtig festzuhalten, daß Weerth nach 1849 von sich aus auf schriftstellerische Tätigkeit verzichtete. Obwohl die journalistischen Möglichkeiten in der Reaktionszeit in Deutschland sehr beschränkt waren, hätte er sich doch Zugang zu im Ausland erscheinenden deutschen Zeitschriften, wie etwa der von Marx in London herausgegebenen *Neuen Rheinischen Zeitung. Politisch-Ökonomische Revue*, verschaffen können. Er tat dies aber nicht, sondern zog es vor, ganz zu schweigen.

Sein Verstummen nach der Revolution war eine Reaktion auf die damaligen politischen Zustände, mit denen sich die meisten Dichter arrangiert hatten. Hoffmann von Fallersleben wandte sich dem unpolitischen Volkslied zu; Moritz Hartmann verfaßte idyllische Lyrik und das Epos *Adam und Eva;* Karl Beck schloß mit der österreichischen Regierung Frieden, während Alfred Meißner die radikalen Stellen aus den Neuausgaben seiner Gedichte wegließ. Selbst Weerths Mitstreiter an der *Neuen Rheinischen Zeitung,* Ferdinand Freiligrath, entfernte sich in seinem späteren Leben immer mehr von den Revolutionsidealen. Von den deutschen Dichtern, die die Revolution mit Begeisterung begrüßt hatten, war Weerth neben Georg Herwegh einer der wenigen, die das politische Lager nicht wechselten oder sich von ihren früheren Werken distanzierten. Und so hatte er die Genugtuung, sich bei der Reaktion nicht prostituiert zu haben.

Rückblickend war Weerth stolz auf sein revolutionäres Engagement. Im Brief an seinen Bruder Wilhelm vom 16. April 1851 betonte er deutlich:

Jedenfalls freut es mich, daß ich mich an der Revolution und durch die N. Rheinische Zeitung beteiligte, denn ich sehe erst jetzt, wie richtig wir agierten, wenn wir alle Parteien, unsere eigene nicht ausgeschlossen, en canaille behandelten. Dies ist die einzig richtige Manier, mit den Deutschen umzugehen, denn es gibt wirklich keine liederlichere, zerfahrenere und sklavischere Nation als die unsrige.[164]

Die gleiche Ansicht vertrat er auch Marx gegenüber:

Ich muß gestehen: so leid es mir tut, die letzten 3 Jahre für nichts und wieder nichts verloren zu haben, so sehr freut es mich, wenn ich an unsere Kölner Residenz denke. Wir haben uns *nicht* kompromittiert. Das ist die Hauptsache! Seit Friedrich dem Großen hat niemand das deutsche Volk so sehr en canaille behandelt wie die „Neue Rh. Ztg."
Ich will nicht sagen, daß dies mein Verdienst war; aber ich bin dabei gewesen![165]

In Weerths Hamburger Zeit fällt auch sein erneuter Kontakt mit Heinrich Bürgers, seinem alten Freund und ehemaligen Mitredakteur an der *Neuen Rheinischen Zeitung.* Bürgers, der im Auftrag des Bundes der Kommunisten durch Deutschland reiste, versuchte, Weerth als Mitarbeiter für eine neue Zeitschrift zu gewinnen. Er hatte dabei aber keinen Erfolg, da Weerth entschlossen war, nichts mehr zu veröffentlichen.

Von Hamburg aus reiste Bürgers über Berlin und Breslau nach Dresden, wo man ihn am 23. Mai verhaftete. Aufgrund seines Hamburger Kontakts mit Bürgers im Mai 1851 wurde Weerth in Wermuth/Stiebers Buch *Die Communisten-Verschwörungen des neunzehnten Jahrhunderts* aufgenommen. Dort war er Nr. 727 unter 760 des Kommunismus verdächtigen Personen. Sein „Steckbrief" lautete folgendermaßen:

> „*Werth,* Georg, Litterat aus Hamburg. Mit demselben trat der Communist Bürgers aus Cöln während seines Aufenthalts in Hamburg auf einer 1851 angeblich zu litterarischen Zwecken, jedenfalls aber auch im Interesse des Communistenbunds unternommenen Reise, seiner Aussage nach wegen Gründung einer Zeitschrift, in Verbindung."

Dies von dem „Königl. Hannöverschen Polizei-Direktor Dr. jur. Wermuth" und dem „Königl. Preußischen Polizei-Direktor Dr. jur. Stieber" 1853 und 1854 verfaßte Buch war lange Zeit die einzige Quelle für die Geschichte der kommunistischen Bewegung. Bei der Verfolgung der Kommunisten in den 50er Jahren war es das amtliche Nachschlagewerk für alle Polizeibehörden Deutschlands. Der erste Teil des Buches gab einen geschichtlichen Überblick über den Kommunismus, während der zweite Teil die „Personalien der in den Communisten-Untersuchungen vorkommenden Personen" enthielt. Auf dieser „Schwarzen Liste" stand auch Weerth.

Weerths Name — diesmal richtig geschrieben — fand sich auch in dem 1855 erschienenen *Anzeiger für die politische Polizei Deutschlands auf die Zeit vom 1. Januar 1848 bis zur Gegenwart. Ein Handbuch für jeden deutschen Polizeibeamten.* Er wurde dort zusammen mit den anderen Redakteuren der *Neuen Rheinischen Zeitung* — „sie alle gehören der ungebundensten Sozialdemokratie zu" — aufgeführt.

Von den in dieser Zeit stattfindenden Kommunisten-Verfolgungen, bei den vielen Hausdurchsuchungen und Verhaftungen, von denen die meisten Mitglieder des Bundes der Kommunisten betroffen waren, blieb Weerth verschont. Sichtlich erleichtert schrieb er darüber in seinem Tagebuch:

> Überall werden in dieser Zeit Haussuchungen gehalten, bei mir nicht. Wechsle um diese Zeit humoristische Briefe mit Lassalle in Düsseldorf, die bei einer Haussuchung bei ihm confisziert werden. Nach allen diesen Ereig-

nißen freue ich mich, daß ich seinerzeit aus Cöln vertrieben wurde und so mit vielen meiner Freunde außer Verkehr kam, der mich vielleicht auch wieder ins Unglück gestürzt haben würde.[166]

Die Tatsache, daß Weerth von den Polizeibehörden nicht behelligt wurde, läßt darauf schließen, daß nichts Stichhaltiges gegen ihn vorlag. Es ist jedoch anzunehmen, daß die Polizei ihn weiter beobachtete.

Nach mehr als vier Monaten — so lange brauchte er, um seine Geschäfte abzuwickeln —, verließ Weerth Hamburg schließlich Ende Juni 1851. Zunächst fuhr er nach Detmold, wo er seinen ältesten Bruder Carl abholte, um mit ihm die Industrieausstellung in London zu besuchen. Die Reise ging über Köln, wo Weerth in Perrins Bierhaus in Deutz „viele alte Bekannte" traf. Überraschend kam es auch zu einem Wiedersehen mit Lassalle, der ihn noch nachts im Hotel *Prinz Carl* besuchte.

Von Köln fuhren die Brüder weiter über Belgien. Es war das erste Mal seit seiner Ausweisung im Jahre 1849, daß Weerth wieder belgischen Boden betrat. In seinem Tagebuch notierte er: „passieren glücklich die belgische Grenze." Am 8. Juli trafen Carl und er in London ein. Er blieb zwei Wochen dort, Carl reiste zwei Tage vor ihm ab.

Wie bei fast allen seiner London-Besuche fand Weerth bei seinem alten Wirt Culverwell in der Norfolk Street am Strand Unterkunft. Bereits einen Tag später aber zogen Carl und er um, und zwar nach 28 Dean Street, Soho, wo Marx mit seiner Familie seit Dezember 1850 im ersten Stock zwei kleine Zimmer bewohnte. Zufällig war im gleichen Haus für die beiden Weerths ein Zimmer frei geworden.

Marx steckte zu dieser Zeit tief in politischen und ökonomischen Studien. Weerth berichtete, daß er den ganzen Tag über im Britischen Museum arbeitete. Abends war er jedoch des öfteren mit ihm zusammen. Außer Marx traf Weerth auch andere alte Bekannte wieder, u. a. Ernest Jones, einen der führenden Chartisten und Redakteur des *Northern Star,* dem Hauptorgan der Chartisten; Ferdinand Freiligrath, der ihn zuletzt 1850 im Gefängnis in Köln besucht hatte; und Wilhelm Wolff, der im Juni 1851 in London eingetroffen war und sich als Privatlehrer seinen Lebensunterhalt verdienen wollte. Einem anderen Bekannten und Mitredakteur der *Neuen Rheinischen Zeitung,* Ferdinand Wolff, dem „roten Wolff", der nach der Revolution nach England ausgewandert war, begegnete er auf der Straße.

Zu den Leuten, mit denen er abends mitunter bei Marx zusammen kam, zählte auch „ein Mensch Liebreich (?), den ich nicht näher kenne." Es handelt sich offensichtlich um Wilhelm Liebknecht (1826-1900), der im Sommer 1850 aus der Schweiz kommend in London eingetroffen war, wo er mit Marx bekannt wurde und bald zu dessen festem Freundeskreis gehörte. Liebknecht kannte die meisten Freunde von Marx und auch die meisten politischen Flüchtlinge, für die im Londoner Exil Marx' Wohnung zum Treffpunkt wurde.

In Wilhelm Liebknechts Beschreibung dieser Zeit — *Karl Marx zum Gedächtnis. Ein Lebensabriß und Erinnerungen* — werden als regelmäßige Besucher bei Marx nur Friedrich Leßner und Georg Lochner erwähnt, der Name Weerth taucht nicht auf. Das ist auch nicht verwunderlich, da Weerths politische und schriftstellerische Tätigkeit der Vergangenheit angehörte.

Die zwei Wochen London waren für Weerth eine Zeit großer Hektik. Tagsüber ging er seinen Geschäften nach und kümmerte sich auch noch um seinen Bruder, der „unermüdlich im Besehen" aller Sehenswürdigkeiten war. Und abends war er oft mit Marx und alten Bekannten zusammen. Weerth war daher froh, London nach zwei Wochen wieder verlassen zu können. Umsonst hoffte Engels, daß er ihn noch in Manchester besuchte — „Sorge ja dafür, daß Weerth hierherkommt", schrieb er an Marx —, denn Weerth konnte keinen Grund geltend machen, nach Nordengland zu reisen, da sich seine Bradforder Kollegen in London aufhielten. Geldmangel verhinderte das Wiedersehen:

Meine Zeit — aber nein, Zeit habe ich genug! Genug, der Hauptpunkt, der Geldpunkt ist die Hauptsache; dagegen läßt sich nichts machen, und ich muß darauf verzichten, Dich aufzuspüren.[167]

Engels hatte auch gehofft, daß Weerth Marx, der wieder einmal „arg in der Klemme" war, etwas Geld leihen könnte: „wäre es nicht einzurichten, das Weerth Dir [...] einiges pumpte?" Doch das war nicht möglich; Weerth mußte sich selbst £3 von einem

Geschäftsfreund leihen, und selbst dann reichte es nicht für die Rückfahrt 2. Klasse nach Hamburg, sodaß Weerth erst nach Ankunft in Hamburg durch seinen Agenten die Überfahrt bezahlen konnte.

Weerth hielt sich keine drei Wochen in Hamburg auf, als ihn ein Schreiben seiner Firma aus Bradford erreichte, das seine dortige Anwesenheit dringend notwendig machte. Der Grund für Weerths „Kreuz- und Querzüge" war, daß Emanuel & Sons Agent in Holland deren Geschäfte so schlecht betrieb, „daß nach Rücksprache mit den Bradfordern mein persönliches Erscheinen in Holland nöthig wurde, um die Geschichte wieder in Ordnung zu bringen." Am 27. August reiste er von Bradford ab, innerhalb eines Monats hatte er seinen Auftrag erfolgreich ausgeführt.

Im Oktober war Weerth wieder in Bradford, weil wichtige Änderungen in seiner Firma vorgingen. Carl Worms, der Chef des Hauses Emanuel & Son, trennte sich von seinem Geschäftspartner Willad Nielsen Juhl, mit dem er 1849 das Wollgarngeschäft Worms, Juhl & Co. gegründet hatte. Die meisten Angestellten gingen zu Juhl über, der 1852 sein eigenes Geschäft, W. N. Juhl & Co., gründete. Weerth blieb vorerst bei Worms und rückte dadurch „in dem Geschäfte von Emanuel & Son, welches Herrn Worms allein angeht, sehr in den Vordergrund." In Zukunft sollte er „3 Monate jährlich in Hamburg, 3 Monate in Bradford und 6 Monate auf Reisen sein." Worms, der ihn ungern verlieren wollte, machte ihm das Angebot, als Teilhaber bei Emanuel & Son einzutreten, allerdings unter der Bedingung, daß er seinen ständigen Wohnsitz nach Bradford verlegte. Trotz der finanziellen Vorteile, die seine neue Stellung mit sich bringen würde, lehnte Weerth das Angebot ab. Zum einen wollte er nicht wieder ständig in Bradford wohnen, zum andern wollte er sein „Wanderleben" noch nicht aufgeben und vor allen Dingen noch Amerika kennenlernen. So blieb er einstweilen bei Emanuel & Son, „da es mir mein Geld einbringt", und wartete auf die Gelegenheit, nach Amerika zu gehen.

Während seines Aufenthalts in Bradford von Oktober 1851 bis Februar 1852 stand Weerth zwar wieder in engem Kontakt mit Marx und Engels, blieb aber bei seinem Entschluß, sich –

abgesehen von gelegentlichen Kurierdiensten aus Gefälligkeit — nicht wieder öffentlich politisch zu engagieren. Schon anläßlich seines London-Besuchs Mitte Juli hatte Marx ihn gebeten, die näheren Umstände über die Verhaftung von Mitgliedern des Bundes der Kommunisten zu ermitteln. Vor allem wollte sich Marx Gewißheit über Hermann Wilhelm Haupt verschaffen, der vertrauliche Informationen über die Mitglieder der Zentralbehörde besaß. Die Befürchtungen von Marx und Engels erwiesen sich als begründet, denn Haupt hatte sich nach seiner Festnahme dadurch „freigekauft", daß er die Mitglieder der Kölner Zentralbehörde des Bundes der Kommunisten verriet. Obwohl Marx und Engels nicht glaubten, daß Haupt als Agent der preußischen Regierung gearbeitet hatte, warteten sie ungeduldig auf eine Erklärung von ihm. Als er nach seiner Entlassung nichts von sich hören ließ, versuchten sie durch Weerth, der ihn vor dessen Verhaftung im Juli 1851 kennengelernt hatte, Kontakt mit ihm aufzunehmen. Weerth hatte es bereits versucht, wurde aber von Haupts Hausleuten „abgewiesen unter dem Vorwand, er sei abwesend". Auch war Haupt „mit großer Verlegenheit plötzlich ausgewichen und durchgebrannt", als Weerth ihm des öfteren in Hamburg begegnet war.

Marx wollte nun, daß Weerth einen Brief an Haupt nach Deutschland mitnahm. Als Weerth am 26. und 27. Oktober Engels in Manchester besuchte, sprach Engels ihn daraufhin an, konnte ihn aber nicht überreden, den Auftrag auszuführen. Marx gegenüber erklärte Engels Weerths Verhalten folgendermaßen:

[...] er wird noch einige Zeit in Bradford bleiben, kann also selbst keinen Brief hinnehmen und weigerte sich auch, eventuell es zu tun, da die Verhältnisse in Deutschland jetzt so brillant seien, daß man ohne weiteres bei der geringsten Veranlassung abgefaßt werde und er keine Lust hat, in diese Bundesgeschichte irgendwie verwickelt zu werden. Dies ist ihm au fond nicht übelzunehmen. Er will mir indeß einen Brief sicher an H. besorgen und verlangt nur, daß er ganz aus der Sache herausgelassen werde.[168]

Engels, der Weerth besser kannte als Marx, verstand auch, daß Weerth schriftstellerisch nicht wieder aktiv werden wollte. Marx und Engels hatten ursprünglich gehofft, ihn als Mitarbeiter für *Die Revolution* zu gewinnen, eine kommunistische Zeitschrift, die einer ihrer Freunde, der nach Amerika ausgewanderte

Joseph Weydemeyer, in New York wöchentlich herausgeben wollte. Am 16. Dezember schrieb Engels an Marx, daß er sehen wolle, „was er [= Weerth] leisten kann." Kurz danach – am 7. Januar 1852 – schrieb Marx' Frau im Auftrag ihres Mannes an Engels:

Er läßt Sie bitten, Weerth zu grüßen, ihm zu sagen, daß er recht ärgerlich über ihn wäre, [...] daß er vor allem seine Pflichten als alter Redakteur der „N. Rh." erfüllen und irgendeine Ware auf Lager nach Amerika spedieren solle.[169]

Weiter teilte Jenny Marx Weydemeyer am 8. Januar mit, daß auch an Weerth „Tretbriefe" abgegangen seien. Und am 16. Januar drückte sie in einem Brief an Engels ihre Freude über Freiligraths Gedicht *An Joseph Weydemeyer* aus, das dieser eigens für Weydemeyers Zeitschrift verfaßt hatte. Sie bat Engels, das Gedicht Weerth mitzuteilen: „Vielleicht stachelt es ihn an, auch den Pegasus zu besteigen."

So viel Druck brachte Weerth in einige Verlegenheit gegenüber Marx und Engels. Einerseits wollte er weiter mit ihnen als Freund verkehren und ihnen helfen, andererseits hatte er gerade keine Zeit, wieder zur Feder zu greifen. Seine Geschäfte nahmen ihn zu dieser Zeit voll in Anspruch, zumal er auch noch einen Kollegen vertreten mußte. So schrieb er Ende Januar 1852 an Engels:

In diesen Tagen habe ich so viel zu tun, daß ich selten vor 10 Uhr abends nach Hause komme und dann gewöhnlich noch für mich zu tun habe. Es ist daher unmöglich, auch nur die geringste Kleinigkeit zu schreiben oder zus. zu suchen. Aber ich verspreche Beiträge und werde sie mit dem nächsten Steamer oder durch Dich schicken. Nur jetzt nicht. Es geht nicht.[170]

Obwohl Engels Weydemeyer versprach, daß Marx und er weiter auf Weerth einreden würden, war er nicht sehr zuversichtlich, daß dieser wirklich etwas liefern würde. Am 30. Januar 1852 schrieb Engels daher an Weydemeyer:

Weerth ist wieder auf Reisen, er geht nach Holland, Frankreich, der Schweiz usw. und wird in diesem Augenblick in London sein. Ich habe Marx geschrieben, er soll ihn noch etwas treten, daß er Dir einige Sachen schickt, doch wird er schwerlich Ruhe dazu haben. Wenn man den ganzen Tag bei holländischen Juden herumgelaufen ist und Wollen- und Leinengarn offeriert hat, kommt man abends im Hotel schwerlich zu dergleichen Schreibereien. Indes, was aus ihm herauszuschlagen ist, schlägt Marx gewiß heraus.[171]

Engels, der selbst Kaufmann war und seit November 1850 in der Firma Ermen & Engels in Manchester arbeitete, hatte Verständnis für Weerth. Auch Engels hatte tagsüber keine freie Zeit („am Tage bin ich im Commerce mehr wie vollauf beschäftigt", schrieb er an Marx). Immerhin nutzte er die Abende und Wochenenden zu politischer und schriftstellerischer Arbeit. Dazu fehlte Weerth jetzt jedoch die Motivation.

Schließlich brauchte Weerth sein Versprechen, Beiträge für Weydemeyers *Revolution* zu liefern, nicht zu halten, da Weydemeyer aus finanziellen Gründen gezwungen war, die Zeitschrift nach nur vier Nummern einzustellen. Wie 1851, als ähnliche Gründe Marx und Engels daran hinderten, eine neue Zeitschrift herauszugeben, befreiten äußere Umstände Weerth von dem Druck, aus alter Freundschaft und gegen seinen Willen Marx und Engels zu helfen. Von diesem Zeitpunkt an — etwa Frühjahr 1852 — war es Marx und Engels klar, daß aus Weerth „nichts mehr herauszuholen war."

Weerth hielt sich von Oktober 1851 bis Februar 1852 in Bradford auf. Dies war sein erster längerer Aufenthalt in Bradford seit Mitte der 40er Jahre. Seitdem hatte sich die Stadt seiner Meinung nach „etwas civilisiert, denn wir haben wenigstens jetzt einen Klub, in dem man stets Gesellschaft, Zeitungen und immer ein gutes Dinner findet." Dennoch hatte er keine Lust, es „in diesem schauderhaften Loche auszuhalten."

Seiner Mutter lag daran, daß seine berufliche Zukunft gesichert war und er an einem Ort seßhaft wurde. Sie versuchte ihn davon zu überzeugen, daß er in Bradford auf „einen grünen Zweig" kommen würde. Doch konnte ihn selbst diese Aussicht nicht reizen. Seine Unruhe, sein Wunsch, etwas Neues kennenzulernen, und seine Abneigung gegen Bradford waren stärker als eine finanziell gesicherte Existenz.

Im Winter 1851/52 war Weerth wieder viel mit Engels zusammen. In einem Brief an Joseph Weydemeyer, in dem Engels sein Leben in Manchester beschrieb, heißt es u. a.:

Solange Weerth in Bradford ist, ist ein regelmäßiger Rutschdienst zwischen hier und dort eingerichtet, da die Fahrt auf der Eisenbahn nur 2 1/2 Stunde dauert. Er wird nun aber wohl fortgehn, er kann es in dem Saunest Bradford nicht aushalten, und Ruhe hat er nun einmal nirgends, um ein Jahr lang an demselben Ort auf dem Hintern zu sitzen.[172]

Da Engels damals wenig Freunde in Manchester besaß, lag ihm viel am Umgang mit Weerth. Gleichzeitig aber kannte er Weerths Unruhe. An Marx schrieb er am 22. Januar 1852, daß es Weerth „wieder vor lauter Ungeduld wie heiße Kohlen unterm Hintern brennt."

Anfang Februar 1852 verließ Weerth schließlich Bradford. Auf dem Weg zum Festland machte er kurz in London halt, wo er auch Marx aufsuchte. Dieser beschrieb Weerths Besuch in einem Brief an Engels folgendermaßen:

Er war, wie immer, höchst zerfallen mit seinem Schicksal, und was das unsre angeht, so schien ihm nur das eine unbequem daran, daß wir in London sitzen mußten, statt in Cadix, in Saragossa oder an einem andern verwünschten spanischen Platze. Denn seit Weerth wieder in Yorkshire gelebt hat, erklärt er, daß er in Spanien seine schönste Zeit erlebt hat. Er behauptet, daß er das englische Klima nicht vertragen kann und wird das holländische daher wohl sehr comfortable finden. Wünschen wir ihm le bon voyage und attendons, ob er sein Wort halten und an Weydemeyer denken wird.[173]

Dieser Brief macht deutlich, daß Marx wenig Verständnis für Weerths Lage und sein Hadern mit dem Schicksal hatte. Nach Ansicht von Marx hatte Weerth keinen Grund zum Klagen. Und so wuchs die Kluft, die nach der Revolution zwischen Marx und Weerth entstanden war.

Am 4. Februar 1852 reiste Weerth von London ab und traf am folgenden Tag in Rotterdam ein. Dort begann er seine gewohnte Rundreise durch Holland. Er war jetzt zuständig für Emanuel & Sons Geschäfte auf dem Festland. Das bedeutete, daß es ihm finanziell besser ging als vorher, daß er nicht mehr an Bradford gebunden war und daß er auch Gelegenheit hatte, nach Österreich, der Schweiz, dem östlichen Teil Deutschlands und Osteuropa zu reisen, wo er neue Geschäfte für seine Firma abschließen sollte.

Ende Februar trat Weerth seine erste größere Geschäftsreise durch Deutschland an. Es wurde eine Wiedersehens-Reise mit Verwandten, alten Bekannten und Freunden. Engels hatte Weerth zwar geraten, wegen seiner Tätigkeit an der *Neuen Rheinischen Zeitung* und seiner 1849 erfolgten Ausweisung das Rheinland zu meiden, doch befolgte er Engels' Rat nicht, da er dort geschäftlich zu tun hatte. Tatsächlich wurde er auch von den Behörden nicht behelligt.

In Elberfeld traf er seinen alten Freund Hermann Püttmann wieder, der sein dichterisches Talent entdeckt und ihn 1842 ermutigt hatte, seine ersten Gedichte zu veröffentlichen. Püttmann war nach Jahren des Umherziehens nach Elberfeld zurückgekehrt und dort Direktor des Kunstvereins geworden.

Über Köln reiste Weerth weiter nach Bonn. Dort besuchte er den Cousin seines Vaters, Kommerzienrat Friedrich aus'm Weerth, bei dem er 1842 und 1843 gearbeitet und über den er sich in den *Humoristischen Skizzen aus dem deutschen Handelsleben* und dem Romanfragment lustig gemacht hatte. Seit 1843, als Weerth aus dessen Firma ausgeschieden war, hatte er Friedrich aus'm Weerth nicht mehr gesehen. Während der Zeit seines politischen Engagements hatte er Friedrich aus'm Weerth als typischen Vertreter der Bourgeoisie betrachtet und ihn auch als solchen in den *Humoristischen Skizzen* und dem Romanfragment dargestellt. Damals hatte er in ihm einen der „feisten Herren des Besitzes" gesehen, einen jener „Reichen", die ihm „verhaßt bis in den Tod" waren. Auch hatte Weerth seinem ehemaligen Prinzipal in einem Brief aus Bradford vom 22. Januar 1845 klipp und klar seinen radikalen sozialistischen Standpunkt auseinandergesetzt. In diesem Brief sprach Weerth u. a. von der „Ungleichheit des Besitzes", von der Ausbeutung der Arbeiter durch die Fabrikanten und der Notwendigkeit einer totalen gesellschaftlichen Umwälzung.

Die Tatsache, daß er ihn jetzt wieder aufsuchte und sich sehr gut mit ihm verstand, als ob überhaupt nichts gewesen wäre, veranschaulicht deutlich die grundlegende Veränderung in Weerths Wesen, die 1850 nach seiner Entlassung aus dem Gefängnis eingetreten war. Jetzt, da er politisch nicht mehr aktiv war und wieder ganz als Kaufmann auftrat, betrachtete er Friedrich aus'm Weerth nicht mehr als Klassenfeind, sondern als einen alten und einsamen Verwandten. Er verhielt sich ihm gegenüber ähnlich wie er sich Sir John Pakington gegenüber verhalten hatte, in dessen Gesellschaft er in Spanien gerne gewesen war. Beide repräsentierten Klassen der Gesellschaft, die er früher angegriffen hatte, die er jetzt aber gewähren ließ.

Vom Rheinland setzte Weerth seine Deutschland-Reise fort und besuchte Frankfurt a. M., Erfurt, Apolda, Leipzig und Magdeburg. In der zweiten Märzhälfte 1852 kehrte er mit einer beträchtlichen Anzahl von Geschäftsaufträgen für seine Firma nach Hamburg zurück.

Ende des Monats startete er zur nächsten Tour. Diesmal führte ihn der Weg zum ersten Mal in seinem Leben nach Berlin. Sein Aufenthalt in Berlin dauerte nur 3 Tage, in denen er mit dem Agenten seiner Firma 10-12 Kundenbesuche machte. Dennoch fand er genügend Zeit, sich mit seinem jüngeren Bruder Ferdinand zu treffen, der dort Teilhaber eines Tuchgeschäfts geworden war und sich mit einem Fräulein Antonie Dungs verloben wollte. Trotz der Kürze seines Besuchs machte Berlin wider Erwarten „einen günstigen Eindruck" auf ihn. Selbst der Berliner Philister mit seinem „nicht zu uneleganten Äußern" und „von ergötzlich kauderwelscher Mundart" gefiel ihm.

Sein nächstes Ziel war Schlesien. Über Breslau reiste er nach Freiberg, dem Sitz einer der größten Leinenmanufakturen Deutschlands, dann weiter ins Riesengebirge. In den Tälern des Riesengebirges bestand eine bedeutende Leinen- und Textilindustrie. Dort machte er trotz der schlechten Handelslage bessere Geschäfte als erwartet. Sobald er die Grenze nach Böhmen überquert hatte, verschlechterte sich die Lage: „das Wetter wurde schlechter, die Pferde wurden müde, mein Kutscher wollte nicht weiterfahren, die Menschen hörten auf, deutsch zu sprechen." Außerdem wäre er „fast Hungers gestorben, denn die Leute hatten die Osterwoche hindurch nur Brot und Käse, welches eben aufgegessen war." Er war daher froh, als er Böhmen in Richtung Sachsen verließ und sich wieder in „kultivierteren Gegenden" befand.

Weerth hielt sich einige Tage in Dresden auf. Dort war er oft mit seinem Freund, dem Historiographen Karl Eduard von Vehse (1802-1870), zusammen, den er im vergangenen Jahr in Hamburg kennengelernt hatte. Der aus Freiberg in Sachsen gebürtige Vehse hatte Jura und Geschichte in Leipzig und Göttingen studiert. 1825 war er beim Königlichen Hauptstaatsarchiv in Dresden eingetreten, ein Jahr später Archivsekretär und 1833 Archivar geworden. Ende 1838 wanderte er zur Gründung einer deutschen Kolonie nach Amerika aus, kehrte aber bereits zehn Monate später enttäuscht nach Deutschland zurück. Als Weerth ihn besuchte, hielt er kulturgeschichtliche Vorlesungen in Dresden.

Vehse war ein eifriger Gegner der Hofmonarchie, wie sein Buch *Aus der Hölle heraus! Krieg oder Frieden mit Frankreich? Der Krieg der Armen und Reichen, die Geldmacht und ihr Sturz* (1848) eindrucksvoll belegt. Seine bekannteste Arbeit aber war seine *Geschichte der deutschen Höfe seit der Revolution*, die Hoffmann und Campe zwischen 1851 und 1858 in 48 Bänden herausbrachten. Dieses Werk empfahl Weerth seinem Bruder Wilhelm ebenso wie Vehses 1852 erschienenes Buch *Shakespeare als Protestant, Politiker, Psycholog und Dichter.*

Von Mitte April bis Mitte Mai 1852 hielt sich Weerth in Leipzig auf. Er besuchte dort die Handelsmesse, die den Abschluß seiner großen Deutschland-Reise bildete. An Engels schrieb er darüber spöttisch:

> Die Leipziger Messe nahm ihren Anfang. Das sollte die Pointe meiner Reise sein. Ja, seit ich die Leipziger Messe mitgemacht habe, will ich ruhig sterben, denn ich habe erreicht, was ein deutscher Kaufmann auf Erden erreichen kann.[174]

In Leipzig kam er auch häufig mit seinem Bruder Ferdinand, dem „Roten", wie er wegen seinem roten Haar in der Familie genannt wurde, zusammen. Im Gegensatz zu Ferdinand, der Tuchwaren vom Lager verkaufte und von morgens bis abends auf den Beinen war, hatte Weerth weniger zu tun. Dennoch empfand er die Messe als eine „Quälerei" und war froh, als sie wieder vorüber war.

Aus privaten Gründen blieb Weerth noch zu der anschließenden Buchmesse. Auf ihr traf er Julius Campe, Heines Verleger, bei dem 1849 auch sein Roman *Leben und Taten des berühmten Ritters Schnapphahnski* erschienen war. Wichtiger aber als dieses Treffen wurde für Weerth das Wiedersehen mit dem Berliner Verlagsbuchhändler Franz Duncker und dessen Frau Lina, geb. Tendering, einer entfernten Verwandten. Weerth kannte Lina aus seiner Bonner Zeit, hatte sie seitdem aber erst kürzlich wiedergesehen, als er sich geschäftlich in Berlin aufgehalten und bei der Gelegenheit ihren Mann und sie besucht hatte.

In Begleitung von Franz Duncker und seiner Frau Lina befand sich deren jüngste Schwester, Betty Tendering, die eine entscheidende Rolle in Weerths Leben spielen sollte. Schon bei der ersten Begegnung machte Betty Tendering einen tiefen Eindruck auf ihn. Das geht deutlich aus Weerths Brief an seine Mutter vom 3./4. Juni 1852 hervor. Dort beschrieb er sie als eine „sechs Fuß hohe, sehr schöne Dame", die ihn „nicht wenig interessierte". Weerth plante mit den beiden Schwestern und Franz Duncker sowie dessen Vater und Bruder einen kleinen Ausflug in die Sächsische Schweiz, als ihn ein Telegramm seines Chefs „schleunigst" nach Hamburg zurückrief. In dem Brief an seine Mutter vom 3./4. Juni bemerkte Weerth dazu: „Was würdest Du in einem solchen Falle getan haben. Wärst Du der Helena nachgelaufen, oder nach Hamburg gereist?" Weerth tat letzteres und sah Betty Tendering erst nach mehr als drei Jahren wieder.

Als Weerth am 18. Mai in Hamburg eintraf, war er auf das Schlimmste gefaßt. Ihm war bekannt, daß Carl Worms, der Chef des Hauses Emanuel & Son, „vor kurzem noch ein Vermögen von 600 000 Mark Banco besaß, daß er aber in den letzten drei Jahren große Verluste in verschiedenen Spekulationen zwischen Hamburg, Amerika und Indien erlitt und daß in diesem Augenblick wieder einige kolossale Unternehmungen in der Schwebe waren."

Weerth fand seine „Befürchtungen nur zu sehr bestätigt". Worms hatte seine Zahlungen einstellen müssen, „indem nämlich unser Korrespondent in London gestürzt war, bei dem wir 165 000 Mark Banco zu fordern hatten." Solch ein Verlust wäre normalerweise zu verkraften gewesen, aber zu einer Zeit, „wo alle fonds in den weitesten Spekulationen begraben lagen und wo unser Credit bereits bis auf das letzte erschöpft war, mußte ein solcher Schlag das Unvermeidliche nach sich ziehen."

Da die Angelegenheit erst eine Woche später bekannt wurde, hatten Emanuel & Son Zeit, einige der noch ausstehenden Geschäfte abzuwickeln, um so zu retten, was noch zu retten war. Weerth wurde das wichtigste Geschäft in Holland anvertraut. So war er bereits einen Tag nach seiner Ankunft in Hamburg unterwegs nach Holland. Wider Erwarten gelang es ihm, „in Zeit von einer Woche Verkäufe bis zum Betrage einer halben Million

Gulden zu machen, und zwar nicht mit Schulden, sondern mit ziemlichem Nutzen."

Carl Worms konnte sich zwar retten, war aber gezwungen, das Geschäft in kleinerem Umfang fortzusetzen. Und so trennte sich Weerth nach sechs Dienstjahren von Carl Worms und Emanuel & Son. Das war für Weerth ein schwerer Schlag. Nach seinen enttäuschten Hoffnungen auf politischem und literarischem Gebiet erlebte er nun diesen Rückschlag in seinem kaufmännischen Beruf. Alle seine „Anstrengungen in der Literatur, in der Politik, im Handel" waren „zunichte geworden", schrieb er Betty Tendering Jahre später. Er mußte also wieder von vorne anfangen.

Immer mehr erwog Weerth nun, geschäftlich sein Glück in Amerika zu versuchen. Bis sich eine Gelegenheit dazu ergab, ging er eine Verbindung mit einem der führenden Hamburger Häuser ein, die finanziell das Gleiche bot wie Emanuel & Son, aber dafür bessere Zukunftsaussichten versprach. Es handelte sich dabei um die Firma Vidal, ein überseeisches Geschäft, das hauptsächlich Handel mit Indien betrieb. Für Vidal unternahm Weerth im Juli eine Reise nach Frankfurt/Oder und Berlin.

In einem Brief an seine Mutter vom 21. August 1852 berichtete er anschließend, daß sich seine Pläne besser gestaltet hätten als erwartet. Und zum ersten Mal erwähnte er „eine Reise nach West-Indien und Brasilien, die ungefähr ein Jahr dauern wird". In einem anderen Brief schrieb er seiner Mutter, „daß es vielleicht ein großes Glück ist, daß ich nach so langem Warten endlich grade das gefunden habe, worauf ich mich seit zehn Jahren sehnte."

Im Herbst 1852 gelang es Weerth, einen Vertag mit der Firma Steinthal & Co. in Manchester abzuschließen. Er übernahm deren Agentur für Westindien mit dem Auftrag, weitere Geschäftsverbindungen in Nord-, Mittel- und Südamerika anzuknüpfen. Das Kommissionsgeschäft Steinthal & Co., das seit 1824 in Manchester bestand, exportierte hauptsächlich Baumwolltuch nach Südamerika und besonders nach Kolumbien. Der Chef des Hauses war Henry Steinthal, der in Bradford wohnte und den Weerth durch seine Arbeit bei Emanuel & Son und von seiner Bradforder Zeit her gut kannte.

Mitte September verließ Weerth Hamburg. Vor seiner großen Übersee-Reise besuchte er seine Mutter in Detmold und seinen Bruder Wilhelm in Oerlinghausen, der dort als Pfarrer tätig war. Dann fuhr er nach England, um die Reisevorbereitungen zu treffen. Am 18. September kam er in London an, „wo ich ca. 2 Wochen blieb und genug mit meinen Empfehlungsbriefen, mit meinem Paß usw. zu tun hatte".

Gleichzeitig nutzte er die Gelegenheit, sich von seinen alten Freunden zu verabschieden. Am Tag nach seiner Ankunft besuchte er mit Marx und Wilhelm Wolff Ferdinand Freiligrath, der im Mai 1851 nach London übergesiedelt war, um seiner drohenden Verhaftung in Deutschland zu entgehen. Freiligrath war besser gestellt als die meisten deutschen politischen Flüchtlinge, denn er hatte Arbeit in einem Büro gefunden, sodaß er für sich und seine Familie sorgen konnte.

Dagegen ging es Wilhelm Wolff, der sich von 1851 bis 1853 in London aufhielt, finanziell wesentlich schlechter. Er hatte gehofft, sich durch Beiträge für Weydemeyers geplante Zeitschrift *Die Revolution* etwas Geld zu verdienen, mußte aber diese Hoffnung wegen des baldigen Endes der Zeitschrift aufgeben. So war er ganz auf das Wenige angewiesen, was er sich als Privatlehrer verdiente.

Wie schlecht es Marx in dieser Zeit ging, schildert am besten sein verzweifelter Brief an Engels vom 8. September 1852:

Meine Frau ist krank, Jennychen ist krank, Lenchen hat eine Art Nervenfieber, den Doktor kann und konnte ich nicht rufen, weil ich kein Geld für Medizin habe. Seit 8-10 Tagen habe ich die family mit Brot und Kartoffeln durchgefüttert, von denen es noch fraglich ist, ob ich sie heute auftreiben kann [...].
So hatte ich bis Anfang September alle Gläubiger, denen, wie du weißt, immer nur kleine Fragmente abgezahlt werden, hingeschoben. Jetzt ist der Sturm allgemein [...].
Das Beste und Wünschenswerteste, was passieren könnte, wäre, wenn mich die landlady zum Haus hinauswürfe. Ich wäre dann wenigstens die Summe von 22£ quitt. Aber so viel Gefälligkeit ist ihr kaum zuzutrauen. Dazu Bäkker, Milchmann, Teekerl, greengrocer, alte Metzgerschuld noch. Wie soll ich mit all dem Teufelsdreck fertig werden?[175]

In diese Zeit größter Not fiel Weerths Besuch bei Marx. Welche Gefühle dieser dabei empfand, geht aus seinem Brief an Engels vom 28. September 1852 hervor:

Du hast längere Zeit keinen Brief von mir erhalten. Hauptursache Weerth, der die Abende, die ich sonst mit Schreiben zubringe, plus ou moins mit Beschlag belegt. Und zwar zu meiner nicht übergroßen Freude. Du weißt, daß ich Weerth sehr gern habe, mais es ist peinlich, wenn man bis an den Hals im Dreck sitzt, sich einen so feinen Gentleman gegenüber zu haben, auquel il faut cacher les parties trop honteuses. Solch ein Verhältnis bringt doppelte gene hervor, und ich hoffe, daß er morgen nach Manchester abreist und mich, wenn er wiederkömmt, in Verhältnissen findet, wo ich wieder franchement mit ihm verkehren kann. Ich denke übrigens, daß er abgesehen den leidenden Zustand meiner Frau, mir nicht tiefer in die Karten gesehn hat.[176]

Engels konnte nicht verstehen, warum Marx Weerths Besuch so peinlich war und antwortete:

Was Teufel genierst Du Dich vor dem Kerl? Anßerdem weiß er doch, daß Du seit Jahren im Pech sitzest, und weiß auch schon daran, daß Du noch in dieser alten Wohnung sitzest, was die Glocke geschlagen hat.[177]

Nach Beendigung seiner Geschäfte in London reiste Weerth Ende September nach Bradford, wo er sich 2 1/2 Wochen aufhielt und mit Henry Steinthal, seinem neuen Chef, Einzelheiten über seine bevorstehende Reise nach Westindien besprach. Anschließend begleitete er ihn nach Manchester. Dort hatte Weerth auch noch Vorbereitungen für seine Reise zu treffen.

In Manchester hatte er über fünf Wochen zu tun. Er wohnte im gleichen Haus wie Engels und verbrachte viele Abende mit ihm. Durch den engen Kontakt wurde er — wenn auch widerwillig und nur für kurze Zeit — wieder in politische Angelegenheiten verwickelt. Als Weerth noch in Bradford war, hatte Marx ihn gebeten, bei seinem Bekannten, dem Verlagsbuchhändler Franz Duncker in Berlin, in Erfahrung zu bringen, ob diesem ein Buchhändler namens Eisenmann oder Eisermann bekannt sei. Dieser sei an einer Veröffentlichung der von Marx und Engels verfaßten Schrift *Die großen Männer des Exils* interessiert gewesen. Ende Juni 1852 hatte Marx das Manuskript einem gewissen János Bangya übergeben, der sich angeboten hatte, die Schrift bei seinen Freunden in Berlin zu verlegen. Als die Veröffentlichung immer wieder aufgeschoben wurde, begannen Marx und Engels Verdacht zu schöpfen. Schließlich baten sie Ernst Dronke, ihren Freund und ehemaligen Mitredakteur an der *Neuen Rheinischen Zeitung,* Erkundigungen über Bangya einzuziehen. Zur gleichen Zeit sollte Weerth bei

Duncker über den angeblichen Verleger Nachforschungen anstellen.

Am 21. Oktober teilte Duncker Weerth brieflich mit, daß es einen Buchhändler namens Eisenmann oder Eisermann in Berlin nicht gäbe. Dieser Tatbestand, zusammen mit Dronkes Ermittlungen, ließen bei Marx und Engels keinen Zweifel aufkommen, daß Bangya ein preußischer Polizeiagent war, der Marx das Manuskript der Schrift *Die großen Männer des Exils* entlockt hatte.

Die Bangya-Affäre wurde noch mysteriöser, als Marx und Engels einen Brief von einem Mann namens Collmann erhielten, der sich auch für ihr Manuskript interessiert hatte und in derselben Handschrift wie Eisermanns frühere Briefe verfaßt war. Was die Sache noch mysteriöser machte, war die Tatsache, daß dieser Collmann inzwischen verstorben sein sollte. Marx und Engels baten nun wiederum Weerth, nachzuforschen, ob Collmann wirklich existierte. Drei Wochen später meldete Weerth, „daß Herr Chr. Collmann in der angegebenen Adresse 58 oder 59 neue Königstraße und überhaupt in Berlin nicht aufzutreiben ist, wie auch niemand einen Buchhändler dieses Namens kennt." Auf diese Weise half Weerth Marx und Engels, den ungarischen Emigranten Janos Bangya als preußischen Polizeiagenten zu entlarven.

Weerths Aufenthalt in Manchester fiel in die Zeit des Kölner Kommunistenprozesses, der vom 4. Oktober bis 12. November 1852 dauerte und in dem zwölf Mitglieder des Bundes der Kommunisten unter Anklage standen. In der Anklageschrift wurde Weerth als Mitglied der Kölner Zentralbehörde des Bundes der Kommunisten angeführt. Auch die *Neue Preußische Zeitung* zählte ihn zu den Mitgliedern der Zentralbehörde des Bundes. Tatsächlich aber war Weerth nach der Revolution nicht wieder Mitglied des Bundes der Kommunisten geworden. Zum einen wollte er nicht wieder in die Politik verwickelt werden, zum anderen konnte er als Nicht-Mitglied Marx und Engels unauffälliger Kurierdienste leisten. Schließlich hatte Weerth auch vor der Revolution nie der Zentralbehörde angehört.

In einem Brief an Marx vom 26. Oktober 1852 äußerte sich Weerth zu seiner in der Kölner Anklageschrift angeführten Mitgliedschaft der Zentralbehörde des Bundes der Kommunisten. Spöttisch behauptete er: „Man scheint wirklich die schlechten Witze meiner Jugend in gleicher Münze bezahlen zu wollen."

Aufschlußreich ist hier, daß Weerth seine politische Tätigkeit als Jugendsünde betrachtete, für die er schon genug gebüßt hatte. Weiter heißt es im Brief an Marx:

> Übrigens habe ich aus den Verhandlungen in Köln gesehen, daß Du mich auf eine sehr unfreundschaftliche Art behandelt hast. Alle Leute hast Du in den Bund aufgenommen, nur mich nicht! Ich hätte wirklich mehr zärtliche Delikatesse von Dir erwartet, denn es muß mich doch natürlich sehr beleidigen, daß ich über Euer ganzes destruktives Tun und Treiben so sehr im Dunkeln geblieben bin.[178]

Weerths Bemühen, humoristisch zu wirken, vermag nicht darüber hinwegzutäuschen, daß er möglicherweise verstimmt darüber war, daß Marx und Engels ihn nicht über alle ihre politischen Aktivitäten informierten. Marx und Engels schätzten ihn zwar immer noch als Freund, doch spürten sie, daß sein Herz nicht mehr bei der Sache war und daß es daher keinen Zweck hatte, ihn in alle ihre Angelegenheiten einzuweihen. Stattdessen versuchten sie, ihn für bestimmte Aufgaben zu gewinnen. So hätten sie es gerne gesehen, wenn er schriftstellerisch wieder aktiv geworden wäre und für von ihren Freunden und ihnen geplante Zeitschriften Beiträge geliefert hätte. Auch benutzten sie ihn gern für Kurierdienste. Über die geheimsten Angelegenheiten des Bundes der Kommunisten zogen sie ihn aber nicht zu Rate. Schließlich hatte er ihnen, als es darum ging, einen Brief an Haupt nach Deutschland mitzunehmen, auch klar gemacht, daß er keine Lust hatte, in die Angelegenheiten des Bundes der Kommunisten verwickelt zu werden.

Während der Zeit des Kölner Kommunistenprozesses arbeiteten Marx und Engels fieberhaft, um die gegen die Angeklagten vorgebrachten Beschuldigungen als Lügen und Fälschungen zu entlarven und zu beweisen, daß der ganze Prozeß aus politischen Gründen stattfand. In dieser Sache baten sie Weerth auch wieder um Hilfe. Mit seiner Unterstützung wollten sie die preußische Polizei überlisten. Am 26. Oktober 1852 schrieb Marx an Engels, daß er Weerth unter dessen Geschäftsadresse in

Manchester geschrieben und einen Brief an Karl Schneider, den Anwalt der Angeklagten, beigelegt hatte, *„den Ihr sofort besorgen müßt.* Die Sache ist von der äußersten Wichtigkeit und keinen Augenblick aufzuschieben. Ich ersuche Euch daher, nicht an Euer gewöhnliches Tagewerk zu gehn, bis Ihr die Sache gelesen und expediert habt."* Zwei Tage später schrieb Marx an Engels, daß er in seinem Schreiben an Weerth und ihn „absichtlich nichts erzählt, was im Fall des Erbrechens der Briefe die preußische Regierung weiter aufklären könnte über die gegen sie ergriffenen Schritte." Ein anderes Mal schickten Engels und Weerth Marx „ganze Päcke von Kaufmannsadressen und kaufmännischen Scheinbriefen [...], um die Aktenstücke, Briefe etc. zu befördern."

Der Kommunistenprozeß endete am 12. November 1852 mit der Verurteilung der Hauptangeklagten zu hohen Freiheitsstrafen. Fünf Tage später löste Marx die Londoner Kreisbehörde des Bundes der Kommunisten auf und erklärte auch die Fortdauer des Bundes auf dem Festland für nicht mehr zeitgemäß. So endete diese erste Periode der deutschen kommunistischen Arbeiterbewegung. Mit ihr endete auch Weerths politische Tätigkeit.

Am 27. November verließ Weerth Manchester. Bis zum 1. Dezember hielt er sich in London auf, wo er trotz vieler Arbeit noch Zeit fand, sich von seinen alten Freunden zu verabschieden. Mit Freiligrath verbrachte er den Abend vor seiner Abreise. Marx besuchte er bereits am Tage seiner Ankunft in London. Diese Begegnung war noch kritischer als das letzte Zusammensein im September, und sie endete in tiefer Verstimmung. Über Weerths Besuch schrieb Marx am 3. Dezember 1852 an Engels:

Weerth kam Sonntag abend, fand mich sehr beschäftigt und nicht ganz rosig gelaunt. Er fragte mich, „was ich denn eigentlich über die Kölner Geschichte schreiben wolle?" — und dies zwar in etwas vornehm näselndem Ton. Ich fragte ihn, „was er in Westindien wolle?", und nach Zeit von einer Viertelstunde verschwand er. Dienstag abend kam er wieder und sagte mir, er hätte eigentlich nicht wiederkommen wollen, habe aber dem Andringen Freiligraths nachgegeben. Ich habe ihm nämlich Sonntag sehr beschäftigt und verdrießlich geschienen. Ich nahm mir die Freiheit, Herrn Weerth darauf aufmerksam zu machen, daß er 9/10 der Zeit, die ich ihn kenne, immer ver-

drießlich und malcontent war, was er von mir nicht behaupten werde. Nachdem ich ihm den Kopf etwas gewaschen, fand er sich wieder zurecht und
wurde — wieder der alte Weerth. Ich finde, daß er verdammt verbürgert ist
und seine Karriere zu sehr „au sérieux" nimmt.[179]

Aus dieser Briefstelle geht deutlich hervor, daß Weerth durchaus nicht immer der „sinnige witzsprudelnde" Dichter war, für
den ihn viele Leute hielten. Enge Freunde wie Marx und Engels
wußten, daß er oft mit sich und der Welt unzufrieden war, daß er
leicht verzweifelte und sein Schicksal beklagte.

Marx hatte Weerth einige Monate vorher als einen „feinen
Gentleman" beschrieben, in dessen Nähe er sich unwohl fühle.
Es wird bereits hier deutlich, daß ihm Weerths Art zu mißfallen
begann, was durch die Bemerkung über Weerths „vornehm
näselnden Ton" bestätigt wird. Sehr aufschlußreich ist auch
Marx' Feststellung, daß Weerth „verdammt verbürgert" sei und
seine Karriere zu ernst nähme. Das war das schlimmste Urteil,
das Marx über Weerth fällen konnte. Marx und Weerth trennten
sich zwar als Freunde, aber die Kluft zwischen ihnen war
unüberbrückbar geworden.

Ursprünglich hatte Weerth beabsichtigt, England am 17.
November zu verlassen. Er mußte aber seine Abreise wegen der
länger als vorgesehen dauernden Reisevorbereitungen auf-
schieben, so daß er erst am 2. Dezember an Bord des Dampfschiffes *Parana* von Southampton in See ging. Nach einer 17tägi-
gen Fahrt traf er am 19. Dezember 1852 in St. Thomas auf den
Jungferninseln ein.

VIII

In der neuen Welt

1852-1855

Weerth hatte St. Thomas als Ausgangspunkt für seine Geschäftsreisen gewählt, weil diese Insel damals Mittelpunkt des Handels mit Westindien war. Von 1754 bis 1917 — also auch zu Weerths Zeiten — befand sich St. Thomas in dänischem Besitz. 1917 kauften die Vereinigten Staaten die Insel, die heute zu den amerikanischen Jungferninseln gehört und zu einem Urlaubsparadies amerikanischer Touristen geworden ist. Trotz ihrer geringen Größe (70 qkm) und schmalen Eigenproduktion war St. Thomas wegen seines natürlichen und geschützten Hafens und der Tatsache, daß es sich um einen Freihafen handelte, von großer wirtschaftlicher Bedeutung. St. Thomas war zum Stapelplatz von allen europäischen und amerikanischen Waren geworden, mit denen es Westindien, Mexiko und den Norden Brasiliens versorgte. Alle Dampfschiffe, die zwischen Europa und Westindien und zwischen New York und Mittel- und Südamerika verkehrten, legten in St. Thomas an.

In St. Thomas begann ein neues Leben für Weerth. Denn in Westindien gehörte er als Weißer und dazu als wohlhabender Geschäftsmann zu den Privilegierten, die, in einer malerisch schönen Landschaft und von Bediensteten umgeben, ein äußerlich sorgenfreies und luxuriöses Leben führten.

Weerth wohnte im Hotel de Commerce, dem besten und größten Hotel der Insel. In einem ersten ausführlichen Brief an seine Mutter aus St. Thomas beschrieb er seinen Tagesablauf wie folgt:

Morgens in aller Frühe, 6 oder 7 Uhr, trinkt man eine Tasse Kaffee u. ißt ein

Stück Brot. Um 10 Uhr wird gefrühstückt und zwar Bordeaux-Wein, Geflügel, Braten, Fische usw. Um 6 Uhr abends ißt man zu Mittag und geht um 10 oder 11 Uhr zu Bett.[180]

Nach einem Monat, in dem er zwar viel zu tun hatte, aber auch Zeit fand, die Einsamkeit und Wildnisse der Insel näher kennenzulernen, machte er sich auf die erste seiner vielen Geschäftsreisen in Westindien. An Bord des Dampfschiffes *Borinqueño* reiste er von St. Thomas nach Puerto Rico. Die historische Bedeutung dieser Reise hob er in einem Brief an seine Mutter vom 2. Februar 1853 hervor:

Bisher war keine Dampfverbindung vorhanden und da ich die erste Reise ganz mitmachte, so bin ich in der Tat der einzige Passagier auf Erden, der bis jetzt die Insel Porto Rico mit Dampf umschifft hat. Die übrigen Passagiere gingen nämlich nur jeder nach einem gewissen Punkte der Insel, während ich der einzige war, der die ganze Reise in einem fort machte und nach St. Thomas zurückkehrte.[181]

Abgesehen von San Juan, der Hauptstadt von Puerto Rico, hielt der Dampfer an anderen Orten der Insel wie Arecibo, Aguadilla, Mayagüez, Ponce, Guayama und Naguabo jeweils nur zwei bis drei Stunden, was zur Erledigung von Weerths Geschäften aber ausreichte.

Weerths nächstes Reiseziel war Santo Domingo. Am 5. Februar 1853 verließ er St. Thomas und traf fünf Tage später in Puerto Plata an der Nordküste der Insel ein. Es war das erste Mal, daß er auf einem Segelschiff reiste. Wie sehr eine Fahrt mit einem Segelschiff von Witterungseinflüssen abhängig war, erfuhr Weerth auf dieser Reise. Als sie am Montagmorgen, dem 7. Februar, die Küste von Santo Domingo sahen, hofften sie, am Dienstag Puerto Plata zu erreichen:

Aber da wandte sich der Wind plötzlich nach Norden und trieb uns mit unwiderstehlicher Gewalt in die Bai von Samana. Nur mit Aufwand von allen Segelkünsten erreichten wir erst am Dienstag morgen wieder die offene See, in die wir so weit als möglich hinauskreuzten, um desto mehr von Wind und Wolken Gebrauch machen zu können. Auf diese Weise waren wir am Dienstag abend wieder auf demselben Punkte, auf dem wir am Montag mittag waren. Aber da sollten wir erst recht angeführt werden, denn mit einem Male legte sich der Wind total. Wir hatten complete Windstille und lagen nun bis Donnerstag morgen regungslos auf dem spiegelglatten Meere. Erst da erwachte mit dem Tage eine frische Briese, aufs Neue tanzten wir über die Wellen und liefen am Donnerstag abend im Hafen von Puerto Plata ein.[182]

Von Puerto Plata aus unternahm Weerth ausgedehnte Touren ins Landesinnere. Zuerst ritt er in Begleitung eines Bekannten westlich die Küste entlang nach Sonflé, um die dortigen Mahagoni-Holzschlägereien zu besuchen. Dann ging es durch dichten Wald weiter nach Santiago, dem Hauptanbaugebiet des Tabaks, wo er sich die Tabak-Pflanzungen ansah. Von Santiago ritt er tiefer ins Landesinnere bis an die Grenze zum damaligen Kaiserreich Haiti. In dem kleinen Ort San José de las Matas, hoch in der Sierra, dem höchsten Teil der Insel, blieb er zwei Tage, bevor er in 4 Tagesreisen nach Puerto Plata zurückkehrte.

Da es von dort keine günstige Schiffsverbindung nach St. Thomas gab, fuhr Weerth mit einem kleinen Segelschiff in 5 Tagen nach Santo Domingo, der Hauptstadt des Landes. Außer dem Eigentümer des Schiffs waren der Schatzmeister der Republik und er die einzigen Passagiere an Bord. Nach ihrer Ankunft in Santo Domingo stellte der Schatzmeister Weerth dem Präsidenten der Republik, Pedro Santana, vor. Santana, der im Befreiungskrieg gegen Haiti 1842 siegreich gewesen war, hatte gerade seine zweite Amtszeit als Präsident angetreten, als Weerth seine Bekanntschaft machte, „in dem großen Saale des Gouvernement-Gebäudes, und ich lernte einen sehr einfachen Mann kennen, der einen äußerst günstigen Eindruck auf mich machte."

Seiner Stellung als Geschäftsmann und Europäer verdankte es Weerth, daß er auf seinen Reisen mit führenden Politikern und anderen prominenten Persönlichkeiten in Berührung kam. Überall hatte er Empfehlungen, überall wurde er gastfreundlich aufgenommen und verkehrte in den besten Kreisen. In Puerto Rico war er zum Beispiel an den amerikanischen Konsul, Mr. Latimer, empfohlen worden, bei dem er nicht nur zum Dinner eingeladen war, sondern auch nach Belieben ein- und ausging. In Santo Domingo lernte Weerth neben dem Präsidenten der Republik auch den berühmten Naturforscher Robert Schomburgk (1804-1865) kennen.

Schomburgk, ein gebürtiger Deutscher, hatte u. a. die Riesenwasserlilie *Victoria Regia* entdeckt. Im Auftrage der britischen Regierung hatte er die Grenzen von British Guayana vermessen und festgelegt, die als die *Schomburgk-Line* bekannt wurden.

Für seine Verdienste war er von Königin Victoria geadelt worden. Seit 1848 war er britischer Gesandter in Santo Domingo, wo er seine naturwissenschaftlichen Studien fortsetzte. Dort machte Weerth im März 1853 seine Bekanntschaft. Durch Empfehlung Schomburgks lernte Weerth während seines Aufenthalts auf Curaçao im März/April 1853 auch den Gouverneur der Insel, Elsevier, kennen.

Von Santo Domingo reiste Weerth nach Curaçao, wo er sich 18 Tage aufhielt. Er hatte dort zwar keine Geschäfte, war aber gezwungen, so lange zu bleiben, bis er eine Möglichkeit zur Weiterfahrt fand. Von welchen Umständen das Reisen in Amerika damals abhängig war, zeigt Weerths Weiterreise. An Bord des Segelschiffs *Llanera* verließ er Curaçao am 15. April 1853 in Richtung Venezuela:

> Als wir einen Tag und eine Nacht in See waren, passierten wir die holländische Insel Bonaire. Wir segelten ans Land und warfen Anker aus, denn der Kapitain wollte gern für einige Stunden seine Verwandten auf der Insel ln der Republik auch den berühmten Nabesuchen, die in der Familie des Kommandanten bestanden, bei dem wir einkehrten. So saß ich also von Neuem unter Holländern und unterhielt mich zwar ganz gut mit den Kindern und sonstigen Angehörigen unseres Wirtes, die nie jene einsame Insel verlassen hatten; ungeduldig wurde ich aber doch, als der Kapitain auch noch bis zum andern Tage bleiben wollte und trotzdem daß ich der einzige Passagier war, protestierte ich laut und veranlaßte ihn auch wirklich, noch abends um 11 Uhr wieder unter Segel zu gehen.[183]

Am 17. April 1853 landete Weerth schließlich in Puerto Cabello in der Republik Venezuela und betrat zum ersten Mal südamerikanischen Boden. Von dort unternahm er eine Tour Venezuelas, die bis 9. Juni dauerte und die ihn nach La Guaira, Caracas, Valencia, Maracay und La Victoria führte. Sowohl in Puerto Cabello als auch in La Guaira hatte er „sehr viel zu tun und konnte an nichts anders als an Geschäfte denken".

Seiner Mutter, der er von seinen Reisen ausführlich berichtete, schilderte er einen typischen Tagesablauf in La Guaira:

> Morgens um 6 Uhr bade ich mich in der See, um 7 Uhr fange ich an, Leute zu sehen und zu sprechen. Um 10 Uhr frühstücken wir in der Posada, die herrlich am Meere liegt und alle Gallerien voller Blumen hat. Dann ist das Geschäft wieder los bis 5 Uhr nachmittags, wo wir zu Mittag essen und dann auf dem Balkon sitzen, wo wir die kühle Seeluft genießen, Cigarren rauchen und uns unterhalten, wozu genug Gelegenheit ist, da man hier viele Deut-

sche, Engländer u. Spanier findet. Da wir hier unter dem 10". Grade leben, so wird es Jahr aus Jahr ein ziemlich um 7 Uhr dunkel. Um diese Zeit geht man spazieren und macht Besuche bei Familien, deren es sehr angenehme gibt.[184]

Während seines Aufenthalts in Venezuela brach eine Revolution aus, die Weerth jedoch nicht davon abhielt, seine Reise fortzusetzen und seine Geschäfte abzuwickeln. Damit sich seine Mutter keine Sorgen um ihn machte, versicherte er ihr:

Was Du über Krankheiten, Fieber, schwarze Kaiser, Zänkereien, Revolutionen usw. in Zeitungen lesen magst, darf dich nicht beunruhigen, es ist nicht so schlimm damit.[185]

Auf dieser Reise legte er den Grundstein für spätere Geschäfte, die sich für seine Firma wie auch für ihn als sehr vorteilhaft erweisen sollten. Von Venezuela kehrte er dann am 12. Juni wieder zu seinem Ausgangspunkt St. Thomas zurück, blieb dort aber nur sechs Tage, in denen er sich auf seine nächste Reise vorbereitete.

Diesmal ging die Reise nach Georgtown in British Guayana. Nach einer 7tägigen Fahrt mit dem Dampfboot *Dee* und Halt in Antigua, Martinique und Barbados traf er am 25. Juni in Georgetown ein. Schon 4 Tage später ging er in Gesellschaft eines Franzosen an Bord einer Golete, eines zweimastigen Segelschiffes, und fuhr zuerst die Küste entlang und dann den Orinoco stromaufwärts bis Ciudad Bolivar. Diese Reise ins Landesinnere Südamerikas wurde zu einem der Höhepunkte seines Amerika-Aufenthaltes. Seiner Mutter berichtete er über seine Orinoco-Erlebnisse in einem Brief vom 10. Juli 1853:

Ehe die Sonne aufging, waren wir auf dem Verdeck, stürzten uns einige Eimer Wasser über den Kopf, stiegen in ein Boot und ruderten ans Land. Nicht immer fanden wir gleich eine Stelle zum Aussteigen, denn die Äste der Bäume und Tausende von Schling- und Wasserpflanzen hängen bis in den Fluß. Mit großen Messern schlugen wir uns dann Bahn und drangen in den Wald. Riesige Baumstämme, Gestrüpp, verrottete Zweige und Blätter, oft ganz sumpfiger Boden mit Rohr und Schilf, das üppigste Grün und der faulste Moder, alles in malerischer Konfusion durcheinander und in Dämmerung gehüllt, das ist ein amerikanischer Urwald. Erschrocken fliegen die Vögel aus ihren Nestern, Eidechsen rauscheln über den Boden, die großen Iguanas, Eidechsen von 3-4 Fuß Länge, die gewöhnlich auf den Bäumen sitzen, lassen sich niederfallen und suchen das Weite. Aus dem modrigen Boden steigen Tausende von summenden Käfern, Fliegen und vor allem

Muskitos und schwirren einem um den Kopf. So dringt man vor bis zu irgendeinem Baum, von dessen Gipfel der Ruf einer Taube, eines Auerhahns oder irgendeines andern genießbaren Vogels erklingt und glücklich genug waren wir, verschiedene gute Braten für unsern Tisch herab zu schießen.[186]

Auf einem dieser Jagdausflüge ins Landesinnere sahen sie in einer Savanne, die vom Strom aus ins Land hineinging, im Sand die frischen Spuren eines Jaguars. Auf der Suche nach ihm stießen sie auf das Skelett einer Landschildkröte, die ihm zum Opfer gefallen war, fanden aber zu Weerths großer Enttäuschung den Jaguar nicht. Ebensoviel Pech hatten sie auf der Jagd nach einem Alligator. Als sie einen „mit offenem Maule" im Fluß schwimmend entdeckten, feuerten sie ihre Gewehre ab. Doch verfehlten die meisten ihrer Kugeln das Ziel, und die beiden Kugeln, die trafen, schienen vom Körper des Tieres abzuprallen.

Das vollkommen erhaltene Skelett der Landschildkröte nahm Weerth aber mit und schickte es später seinem Bruder Carl, der ein eifriger Naturwissenschaftler war, zusammen mit Jaguar- und Bärfellen und indianischen Waffen wie Pfeil und Bogen und Streitäxten, die er auf der weiteren Reise gesammelt hatte.

Nach einem 10tägigen Aufenthalt in Ciudad Bolivar trat Weerth die Rückreise an. In Puerto de las Tablas, eine Tagesreise von Ciudad Bolivar entfernt, wurde das Schiff mit Ochsen beladen, die für Georgetown bestimmt waren. Da sich die Weiterfahrt dadurch um 5 Tage verzögerte, nutzte Weerth die Zeit zu einem Ritt nach dem im Landesinnern gelegenen kleinen Städtchen Upata. Begleitet wurde er von einem alten Spanier, als Führer diente ihnen ein Indianer vom Stamme der Arawak. Nach 2 Tagen langten sie in Upata an. Weerth interessierte sich besonders für die Goldvorkommen in dieser Gegend, die er am dritten Tage der Reise besichtigte. Am vierten Tag machte er sich in Gesellschaft eines in Upata ansässigen Deutschen wieder auf den Rückweg. Da das Wetter diesmal besser war und sie auch bessere Pferde hatten, legten sie den Rückweg in 15 Stunden zurück. In Puerto de las Tablas angelangt, erfuhr Weerth, daß das Beladen des Schiffs noch zwei Tage dauern würde. So entschloß er sich zu einer weiteren Tour, und zwar zu den Katarakten des Caroni, der stromaufwärts von Puerto de las Tablas in den Orinoco fließt. Zu Weerths Zeiten kannte man weder die Quelle des Orinoco noch die des Caroni. Die Tatsache, daß selbst die großen Südamerikareisenden Alexander von Humboldt und Sir Robert Schomburgk den Caroni nicht erforscht hatten, verlieh dieser Tour einen besonderen Reiz.

Da die Reise zu den Katarakten wegen des dichten Urwalds zu Land kaum möglich war, mietete sich Weerth eine Curiale, einen ausgehöhlten Baumstamm, und fuhr, von vier Indianern gerudert, mit einem Mulatten am Steuer den Orinoco stromaufwärts. Über das letzte Stück der Fahrt, vom Ausfluß des Caroni zu den Wasserfällen, schrieb Weerth:

Durch Schaumflocken und Strudel arbeiteten wir nun mühsam weiter. Bald grunzte ein Alligator neben uns im Wasser, bald sah ein Wasserhund verwundert aus den Wellen. Große weiße Vögel, Garcas genannt, schossen mitunter über uns fort und bisweilen ließen sich auch Affen am Ufer sehen. Je mehr die Sonne aber stieg, desto tiefer zogen sich die Tiere in das Bett des Flusses und in die Tiefe des Waldes zurück. Gegen Mittag erreichten wir endlich den ersten Wasserfall.

Ehe wir ganz an ihn heranruderten, machten wir zwischen einigen Felsen halt und feierten ein großes Frühstück. Wir ließen dann unsere Curiale sicher vor Anker gehen und der Mulatte und ich nahmen dann unsre Gewehre, während sich die Indianer mit großen Messern bewaffneten. So drangen wir in den Wald, rechts und links das Gestrüpp niederhauend. Immer lauter brüllte der Katarakt, und nachdem wir vielleicht eine Stunde vorgedrungen, befanden wir uns endlich an der Stelle, wo der Fluß etwa 60 Fuß hoch hinabstürzte. Unsre Aussicht war um so schöner, da wir etwa 2/3tel an der Höhe des Falls waren und daher gerade hinein in die Tiefe blicken konnten, aus der sich der Staub des Wassers in einer mächtigen Säule erhob, welche im Sonnenglanze blitzte.

Nachdem wir dies gesehen, ruderten wir quer durch den Strom und drangen nun die Strömung vermeidend und immer fort am Ufer bleibend, zu dem zweiten Falle, welcher nicht in einem einzigen Stoße hinabstürzt, sondern in hunderten kleiner Kaskaden niederfällt. Übrigens stürzt hier nicht die ganze Masse des Flusses, sondern nur ein Arm jener vielen Seitenströme hinab, welche etwas weiter hinauf wie lauter schneeweiße Lawinen aus dem grünen Walde brechen. Zwei dieser Arme, die wunderbarer Weise nach langen Umwegen gerade auf einander losfließen und von zwei verschiedenen Richtungen in denselben Kessel brausen, mußten wir durchrudern, ein Kunststück, bei welchem sich die Geschicklichkeit der Indianer auf eine günstige Weise bewährte − −[187]

201

Im Vergleich zu diesem interessanten und abenteuerlichen Abstecher war die Rückreise von Puerto de las Tablas nach Georgetown eine wahre Strapaze:

Eine schlimme Reise — diese Tour vom Ausfluß des Orinoco bis nach Demerara! 60 Ochsen an Bord, verschiedene Schweine, einige Hunde — und 6 Fuß Raum für den Kapitein und mich und auf diesem Raume noch eine offene Küche, deren Rauch uns stets in die Augen blies. Dabei die Sonne senkrecht über uns, die Sonne des 6ten Breitengrades und kein Wind, oft einen halben Tag lang! Keine Kajüte an Bord — schlechtes Essen, mit der gräßlichen Hitze abwechselnd fürchterliche Gewitter und Regengüsse und dann eine hohe See. In der Tat unsere 5 Tage lange Reise vom Ausfluß des Orinoco bis nach Demerara war eine seltene Geduldsprobe.[188]

Von Georgetown kehrte Weerth wieder nach St. Thomas zurück und traf dort am 14. August 1853 ein.

Vor der Revolution hätte Weerth die Reiseeindrücke einer solchen Tour mit Sicherheit veröffentlicht. Jetzt teilte er sie nur in Privatbriefen mit. Seiner Mutter schrieb er zusammenfassend über seine soeben gemachte Reise:

So habe ich dann in der unglaublich kurzen Zeit von 2 Monaten eine Reise gemacht, so groß und so schön, wie man sie nur auf dieser Erde machen kann. Ich durchfuhr 2 Meere, die Caribische See und den Atlantic; ich sah die größten Ströme und die prächtigsten Berge und Wälder, welche die Riesenfaust der Natur geschaffen hat zwischen dem 6. und 18. Breitengrade, in der Region des ewigen Frühlings.
Alle Mühseligkeiten sind nichts gegen die Erinnerung des Gesehenen, aber man empfindet ein unwillkürliches Gefühl der Dankbarkeit, wenn man von einer solchen Reise gesund und wohl wieder nach Hause zurückkehrt.[189]

Außer an Heinrich Heine hatte Weerth an keinen seiner Freunde geschrieben. An Heine schrieb er am 17. Juli 1853 aus Ciudad Bolivar, daß er „in der Stille der Nacht" oft unwillkürlich an „Gestalten der europäischen Heimat" denke:

Ich glaube, die Sterne verursachen diese nächtlichen Reminiszenzen, denn während dort das prächtige Sternbild des Südlichen Kreuzes am Horizont sich emporhebt, schreitet tief im Norden der Große Bär durch den schwarzen Himmel, jenes heimatliche Gestirn, unter welchem so viele vortreffliche Landsleute geboren sind, welche in vollem Ernste glauben, daß dem Weltgeiste etwas daran gelegen sei, wenn sie ihre armen Schädel zerbrechen im Dienste des Staates, der Kirche oder der Notdürftelei.[190]

Resignation und die Einsicht in die Zwecklosigkeit persönlichen politischen oder sonstigen Engagements sprechen aus diesen Zeilen. Diese Sentiments waren keineswegs neu, sie waren eine Folge der gescheiterten Revolution. Weiter heißt es im Brief an Heine:

> Man hat keine Idee davon, wie groß und wie schön die Welt eigentlich ist, wenn man nicht Meere und Länder durchstrichen hat. Und im Anschauen großer Naturgegenstände verliert man den Glauben an die Wichtigkeit einzelner Menschen und ganzer Völker.[191]

Weerths Aufenthalt in St. Thomas dauerte nur 4 Tage. Dann begab er sich an Bord des englischen Dampfschiffes *Clyde* und reiste in 4 Tagen nach Havanna. Eigentlich hatte Weerth von St. Thomas aus nach Neu Granada — dem heutigen Kolumbien — fahren wollen, ging dann aber, „weil dies für meine kaufmännischen Zwecke besser war", zunächst nach Havanna.

Durch seine Geschäftsverbindungen hatte Weerth in Havanna Zutritt zu den führenden Kaufmannsfamilien wie den Drakes und den Balbianis. Diese Familien bildeten die weiße Oberschicht und genossen einen luxuriösen Lebensstil. Sie, schrieb Weerth,

> leben wir Fürsten, denn sie sind auch fürstlich reich. Man tritt in einen Palast, wo alles von Marmor ist, Fenster und Türen, wenn es deren überhaupt gibt, stehen offen. Alles ist taghell mit Gas erleuchtet und Blumen schmücken alle Ecken und Winkel. Herren u. Damen wiegen sich in leichten Sesseln, man unterhält sich, spielt Karten oder musiziert [...].[192]

Weerths Aufenthalt in Havanna fiel in die Regenzeit, wo das Gesellschaftsleben der Stadt nicht sehr ausgeprägt war. Die Saison begann erst im November, dann kamen die Plantagenbesitzer vom Lande und dann erschienen auch viele Leute aus den Vereinigten Staaten, die den Winter im Süden verbrachten. Das war die Zeit der Opern und Bälle. Obwohl Weerth diese Zeit nicht miterlebte, bekam er während seines einmonatigen Aufenthalts auf der Insel einen Vorgeschmack des glanzvollen Lebensstils der vornehmen Welt.

Von Havanna setzte Weerth seine Reise in 4 Tagen per Dampfschiff nach Veracruz in Mexiko fort. Nach etwas mehr als 2 Wochen verließ er das am Golf von Mexiko gelegene Veracruz mit der Absicht, Mexiko von Osten nach Westen, vom Golf von Mexiko zum Pazifischen Ozean, zu durchqueren. Bedenkt man, wie ungewiß, unzuverlässig und oft auch gefährlich das Reisen in Amerika — besonders im Landesinnern — damals war, so hatte Weerth sich ein hohes Ziel gesteckt.

Seiner Mutter versuchte Weerth eine Vorstellung von seiner geplanten Reise zu geben:

> Am 12 ds reiste ich mit der Diligence von Vera Cruz ab und habe eine der schrecklichsten Touren gemacht, welche mir im Leben vorgekommen. Wirklich, die schlechtesten Wege in Aragonien und Catalonien sind wahre Prachtchausseen gegen diese mexikanischen Straßen. Denke dir, daß man mit 8 Maultieren meistens in vollem Galopp eine Treppe hinunterführe und statt einen Tritt stets deren drei nähme – und du hast ungefähr eine Idee von der Motion, welche man erdulden muß. An Sitzen oder Liegen ist oft gar nicht mehr zu denken, man muß sich mit beiden Händen an einigen Lederriemen in der Schwebe halten, und hin und her bummeln wie ein verrückt gewordenes Perpendikel – das ist die einzige Manier, um die schlimmsten Stellen zu überstehen.[193]

Was die Strapazen dieser Reise erträglich machte, waren die neuen Eindrücke und vor allem der Wechsel der Landschaften und Klimazonen. Von Veracruz, das an der karibischen Küste liegt und zur tierra caliente gehört, ging der Weg bergauf nach Jalapa Enriquez. Dieser Ort liegt bereits mehr als 1000 m über dem Meeresspiegel und befindet sich in der tierra templada. Hier herrschte laut Weerth „ein wahrhaft europäisches Klima. Hunderte von wohlbekannten Blumen zieren alle Felder. Rosen wachsen wild in allen Büschen."

Die Weiterreise führte an dem Vulkan Cofre de Perote (4282 m) vorbei. Allmählich verschwanden die Blumen, die sonst den Weg säumten, „man gerät in Fichtenwälder und befindet sich schließlich zwischen den erstarrten Lavabetten des alten Kraters, wo nur dürres Gestrüpp diese abenteuerliche Wildnis durchwuchert. Dichte Nebelwolken nahmen uns in jener Höhe in Empfang." Weerth hatte die tierra fria erreicht und befand sich im mexikanischen Hochland mit der Bergkette der Kordilleren im Hintergrund, aus der die „zur Hälfte mit Schnee bedeckt[en]" Popocatepetl (5452 m) und Ixtaccthuatl (5286 m) emporragten.

Über den Anblick dieser beiden Riesenberge schrieb er:

> Naturgegenstände von so hoher Schönheit und Größe muß man sehen; sie sind nicht zu beschreiben. Wieder bemerkte ich, daß eine Ansicht da am grandiosesten ist, wo die Natur nur mit zwei oder drei Farben gemalt hat. Das Blau des Himmels, das Weiß des Schnees und das Schwarz-Braun der Ebne. Ein gewaltiger Ernst liegt in dieser Einfachheit. Traurig-prächtig

möchte ich die Landschaft nennen, wenn es Namen für solche Sachen gäbe.[194]

Nach Passieren der Bergkette ging die Fahrt in die Hochebene herunter, wo, „von neuen Bergen umringt, zwischen blitzenden Seen und unter duftenden Bäumen die alte Stadt Mexico liegt." Insgesamt hatte er 6 Tage für die Reise von Veracruz nach Mexiko gebraucht.

Auch in Mexiko zeigte sich wieder, wie gut Weerth auf seinen Reisen über Land und Leute informiert war. In Mexiko war er sich besonders bewußt, daß er sich auf historischem Boden befand. So berichtete er zum Beispiel seiner Mutter in einem Brief vom 1. November 1853, daß sein Hotel früher das Palais des mexikanischen Kaisers Iturbide war. Weiter erklärte er ihr, daß der Marktplatz derselbe sei, wo sich Cortez vor den aufständischen Azteken verschanzte, daß die Kathedrale jetzt da stehe, wo früher der Tempel der Indianer stand und das Gouvernementsgebäude auf dem Platz, wo sich früher der Palast Montezumas befand. Außerhalb der Stadt lag der Hügel von Chapultepec, „auf welchem Montezuma seinen Sonnenpalast hatte" und nicht weit entfernt war das Dorf Tacubaya, „früher der Lieblingsaufenthalt des aztekischen, indianischen Adels, heute der nicht minder beliebte Landsitz der reichern Mexikaner."

Weerths Beruf als reisender Kaufmann brachte ihm viele Vorteile: er machte gute Geschäfte und lernte zur gleichen Zeit exotische Länder kennen. Andererseits spürte er gerade auf seiner Reise durch Mexiko die Nachteile dieses Reiselebens. Wenn man in einem neuen Ort ankommt,

muß man seinen Weg fühlen und sich bekannt zu machen suchen, was immer seine unangenehmen Seiten hat. Sind diese kleinen Schwierigkeiten überwunden, so ist man wie zu Hause – aber leider ist es dann auch schon wieder Zeit zur Abreise. So habe ich bei dem Umgang mit Menschen auf dieser Reise den Nachteil, daß ich das Ermüdende des Bekanntschaftsschließens durchmachen muß, ohne je die rechten Früchte davon genießen zu können.[195]

Abgesehen von diesen Nachteilen hingen Weerths Reisen und damit natürlich seine Geschäfte von dem Vorhandensein oder Nicht-Vorhandensein geeigneter Kommunikationsmittel ab und diese waren laut Weerth in Mexiko „sehr unzuverlässig". Außerdem war das Reisen in Ländern wie Mexiko damals durchaus nicht ungefährlich. Ein gutes Beispiel war Weerths Fahrt mit der Diligence von Mexiko nach Guanajuato, die 3 Tage dauerte und deren Verlauf er seiner Mutter folgendermaßen beschrieb:

> Wie ich Dir schon sagte, wimmelt es in der Umgegend der Hauptstadt von Räubern und bei der Abfahrt ist es stets eine Frage, ob man sich verteidigen soll oder nicht. Als wir diesen Gegenstand zur Sprache brachten, fand es sich, daß die 12 Passagiere, welche das Innere des Wagens einnahmen, 5 Doppelgewehre und 1 Gewehr mit 5 Kugeln, nebst 4 Pistolen von ebenfalls je 5 Schüssen besaßen und daß die 4 Passagiere, welche oben auf dem Wagen Platz nahmen, 2 Doppelgewehre und 2 Pistolen führten, letztere ebenfalls von je 5 Kugeln. Im ganzen besaßen wir also 49 Kugeln, genug, um eine ganze Armee in die Flucht zu schlagen. Während daher aus jedem Wagenfenster ein Doppellauf ins Freie schaute, fuhren wir ohne irgendeinen Unfall bis nach Guanajuato.[196]

Guanajuato war der Mittelpunkt der mexikanischen Bergwerke. Hier wurde hauptsächlich Silber, der Hauptexportartikel des Landes, gefördert. Weerth nutzte die Gelegenheit, das Silberbergwerk von Rayas, das älteste und größte Mexikos, zu besichtigen, wo Silber schon seit 150 Jahren abgebaut wurde. Der Abstieg ins Bergwerk geschah auf eine ziemlich abenteuerlich klingende Weise: „An einem Seil, welches von 12 Maultieren auf- und abgewunden wird, fuhr ich mit dem Inspektor, einem Aufseher und einem Jungen in den Schacht, in dem wir untereinander mit kleinen Seilen an dem großen Stricke befestigt waren." In der Tiefe des Schachts angekommen — Weerth erwähnte, daß das Bergwerk 540 Ellen tief war (1 Elle = 0,67 m) — machten sie sich auf den Weg zu der Stelle, wo das Silbererz abgebaut wurde:

> Ein Junge mit einer Fackel leuchtete die Wege, welche hier im Schoße der Erde viel besser sind als die mexikanischen Landstraßen über der Erde. Die Gänge waren fast durchgängig so hoch, daß man aufrecht gehen konnte. Nachdem wir eine halbe Stunde gegangen, erreichten wir den Ort, wo man jetzt dem Silber nachspürt. Wir fanden die Bergleute an der Arbeit und beschauten die Ader des Silbererzes, welche in einer Breite von ungefähr 10 Fuß sich durch eine schwärzliche, blitzende Masse in der grauen Farbe der Felsen abzeichnete.[197]

Interessant, aber nicht verwunderlich, ist die Tatsache, daß sich Weerth im Brief an seine Mutter überhaupt nicht zu den Arbeitsbedingungen in den mexikanischen Bergwerken äußerte. Wie aufschlußreich wäre doch ein Vergleich mit den Bergarbeitern in England gewesen. Denn hier wie da ging es um die Ausbeutung der unter gefährlichen Bedingungen arbeitenden Bergarbeiter durch die Grubenbesitzer. Hier wie da ging es um das Verhältnis zwischen den Reichen und den Armen. Doch all das bewegte Weerth nicht mehr. Er hatte aufgehört, sich für soziale Belange zu interessieren, nachdem er erkannt hatte, daß er sowieso nicht imstande war, die Verhältnisse zu ändern.

Weerths nächstes Ziel war die Messe in San Juan de los Lagos, die er als die Leipziger Messe Mexikos beschrieb. Schon in Guanajuato wimmelte es von Kaufleuten aus der ganzen Republik, die zur Messe wollten. Da er vorher keinen Platz in der Diligence nach San Juan de los Lagos bekam, sah er sich gezwungen, länger als geplant in Guanajuato zu bleiben. „Solche Intermezzos, wo man tagelang auf eine Reisegelegenheit warten muß, sind in der Tat nicht angenehm und ich werde mich freuen, wenn ich erst wieder an der See bin und in der tierra caliente."

Für Weerth war die Messe eine willkommene Gelegenheit, alle in Mexiko käuflichen Artikel zu sehen und einige Kaufleute aus dem Norden Mexikos zu sprechen, die er sonst nicht hätte besuchen können. Da die Messe mit dem großen Kirchenfest der Heiligen Jungfrau von San Juan zusammenfiel, war die Stadt für die vielen Kaufleute und Pilger zu klein. Tausende mußten daher im Freien schlafen. Auch Weerth erging es nicht viel besser. „Ich selbst konnte ebenfalls kein Bett für mich auftreiben und schlief in dem Magazin eines Bekannten auf 2 Ballen Zeug, in meine Decken gewickelt, die kaum gegen die empfindliche Kälte der Nacht schützten."

Von San Juan de los Lagos setzte Weerth seine Durchquerung Mexikos fort. Über Guadalajara ging die Reise nach Tepic, das 1000 m über dem Meeresspiegel liegt und an der pazifischen Seite Mexikos eine ähnliche Lage einnimmt wie Jalapa Enriquez an der karibischen. In 2 Tagen und einer Nacht fuhr Weerth per Diligence von Guadalajara nach Tepic. Es war eine Fahrt von der über 2000 m hohen Hochebene nach dem 1000 m über dem Meere gelegenen Tepic, von der Kälte der tierra fria in die Regionen des ewigen Frühlings. In Tepic erholte er sich von der ermüdendsten Tour, „die ich je gemacht". Seiner Mutter teilte er mit: „Übrigens bin ich froh, daß ich jetzt mit dieser Landreise fertig bin."

Von Tepic machte er sich auf den Weg zur letzten Etappe seiner Mexiko-Reise. In Begleitung von sechs Reisegefährten und drei Dienern ritt er am 17. Dezember 1853 von Tepic los und traf am nächsten Tag in San Blas am Pazifischen Ozean ein. Einschließlich seines 3wöchigen Aufenthalts in der Hauptstadt hatte Weerth für die Reise durch Mexiko vom Karibischen Meer zum Pazifischen Ozean etwas über 2 Monate benötigt. Berücksichtigt man den Zustand der mexikanischen Straßen, die unzuverlässigen Kommunikationsmittel und die mit einer solchen Reise verbundenen Risiken und Gefahren, so war das in der Tat eine beträchtliche Leistung. Weerths Wunsch, den Stillen Ozean zu sehen, hatte sich endlich erfüllt. Seit er gelesen hatte, wie „der Spanier Vasco Nuñez de Balboa im Jahre 1511 zuerst den Isthmus von Panama überschritt und die unendlichen Wasser des Stillen Meeres erblickte" und „mit dem Schwert in der Hand bis an die Hüften in die See" gerannt war und Besitz genommen hatte „von ihr und von allem, was darin sei, für die Katholische Majestät von Castilien," hatte der Stille Ozean einen unwiderstehlichen Reiz auf Weerth ausgeübt.

Gleich nach seiner Ankunft in San Blas hatte er gehofft, das Meer zu erblicken:

> Meine Ungeduld sollte sogar so weit auf die Probe gestellt werden, daß ich die neue See am ersten Tage zwar brausen hören, aber nicht einmal sehen sollte! Der Hafen von San Blas geht nämlich schräg ins Land hinein, so daß zwischen der Küste und dem offenen Meere noch eine schmale Landzunge liegt, von Bäumen bewachsen, welche alle Aussicht versperren. Es half daher zu nichts, daß ich gleich an den Hafen rannte. Bis abends 11 Uhr mußten wir auf dem Sande liegen bleiben, von zahllosen Moskitos, Sandfliegen und ähnlichem Ungeziefer gepeinigt; stets den Donner der Brandung in den Ohren, aber keine Möglichkeit über die Landzunge hinauszusehen![198]

So kam es, daß Weerth erst am folgenden Tage, dem 19. Dezember 1853, und zwar vom Schiff aus, den Stillen Ozean zum ersten Mal sah. Weerth hatte sich in San Blas an Bord eines Segelschiffes begeben, das nach dem nördlich gelegenen Mazatlan fuhr. Von dort hoffte er nach San Francisco weiterzureisen, obwohl dies nicht sein ursprünglicher Plan gewesen war.

In Mazatlan erlebte er wieder, wie unzulänglich die Verkehrs-

mittel in Mexiko waren. Die amerikanischen Dampfschiffe legten in Mazatlan nicht mehr an, so daß die Reise nach den Vereinigten Staaten auf Segelschiffen gemacht werden mußte. So war
er gezwungen, fast einen Monat, 14 Tage länger als geplant, in
Mazatlan zu bleiben, bis er eine Schiffsgelegenheit nach San
Francisco gefunden hatte. In einem Brief an seine Mutter heißt
es:

> Ja, von dem Mangel an Kommunikationsmittel kannst Du Dir einen Begriff
> machen, wenn ich Dir sage, daß in den letzten 3 Monaten nur Schiffsgele-
> genheiten nach Valparaiso, nach den Sandwich Inseln und nach Europa, um
> das Cap Horn herum waren. Um also überhaupt von dieser Küste fortzu-
> kommen, hätte man eine dieser Reisen machen müssen. Und in der Tat
> würde ich lieber nach den Sandwich Inseln gefahren sein, als noch einmal p.
> Diligence zurück nach Vera Cruz, die Bergtreppen auf und ab, daß man
> wahrhaft mürbe auf jeder Station ankommt.[199]

Am 16. Januar 1854 verließ Weerth schließlich Mazatlan an
Bord einer Schoner-Brig, eines zweimastigen Segelschiffes.
Nach anfänglich gutem Wetter war der weitere Verlauf der Reise
durch Stürme, Regengüsse und dichten Nebel gekennzeichnet.
Am 13. Februar trafen sie in San Francisco ein. Während der
27tägigen Fahrt hatten sie weder Land noch andere Schiffe
gesichtet.

Ursprünglich hatte Weerth nicht vor, nach San Francisco zu
gehen. Doch reizte es ihn, wie er seiner Mutter schrieb, die Stadt
und das „gerühmte Kalifornien" kennenzulernen. 6 Jahre vor
Weerths Besuch „existierte die Stadt noch nicht. Es standen nur
einige Häuser und Hütten an der Bai. Da wurde im Jahre 1848 in
den Flüssen, welche von der großen Bergkette Kaliforniens, von
der Sierra Nevada, herabstürzen, Gold entdeckt, und Leute
aller Nationen der Erde strömten nun herbei." Über Nacht war
San Francisco zu einer Weltstadt geworden. So wohnte Weerth
in einem Hotel, das seiner Ansicht nach „selbst in den größten
Städten Europas für ein sehr glänzendes und höchst komfortab-
les gelten würde."

In Europa konnte man sich damals von San Franciscos Aufstieg von einer unbedeutenden Siedlung zu einer Metropole
noch keine Vorstellung machen. Weerth schrieb darüber:

> Und schon jetzt, von Gas erleuchtet, blitzt dieser neue Ort mit Palästen, wel-
> che alle Produkte der Welt in kolossaler Fülle darbieten. Die prächtigsten

Läden, die schönsten Handlungshäuser, die größten Hotels, Theater und ähnliche öffentliche Gebäude reihen sich aneinander, während in der Bucht dreihundert bis vierhundert große Seeschiffe Anker geworfen haben und die Flaggen aller Nationen wehen lassen.[200]

Einer der Gründe für Weerths Abstecher nach San Francisco war, das kalifornische Goldfieber einmal mit eigenen Augen zu sehen. Nach Erledigung seiner „nötigsten Geschäfte" machte er einen Ausflug in die Goldgräbergegend. Zuerst fuhr er per Dampfboot nach Stockton, dann weiter per Kutsche den Stanislaus River entlang bis nach Jamestown, wo die eigentliche Goldgegend begann. Er setzte die Reise über Sonora, zu Weerths Zeit Mittelpunkt des Goldfiebers, und Carson's Creek nach Mokelumne Hill fort. Von dort trat er die Rückreise über Sacramento nach San Francisco an.

Auf dieser 5 Tage dauernden Reise beobachtete Weerth die fieberhafte Tätigkeit der Goldgräber. Darüber schrieb er an seine Mutter:

In der Umgegend von Jamestown fanden wir daher in allen Schluchten, ja oft sogar mitten in den Ebenen die Leute an der Arbeit, das Wasser in die Bassins zu leiten, den Dreck hinauszuwerfen, den Schmutz und die Steine zu sondern, und endlich das Gold, welches vermöge seiner Schwere stets nach unten sinkt, vom Boden des Bassins aufzulesen. Je weiter wir fuhren, desto lebendiger wurde die Gegend und als wir nach der größesten bis jetzt erbauten Minenstadt, nämlich nach Sonora kamen, sah es nicht anders aus, als ob Millionen von Maulwürfen den Boden umgewühlt hätten, oder besser: wie man bei uns im Herbst ein aufgewühltes Kartoffelfeld sieht, so sah man hier ein aufgewühltes Goldfeld.[201]

Weerth sammelte auch Gesteinsproben, die er zusammen mit den Erzen und Kristallen aus den Silberminen von Rayas in Mexiko und den Gesteinen von einer späteren Reise nach Neu-Granada seinem Bruder Carl schickte. Für Gold interessierte er sich auch, doch hatte er, wie er seiner Mutter mitteilte, „weder Zeit noch Lust, solches zu waschen und denke, daß ich es schon auf andere Weise verdiene."

Während seiner Tour durch die Goldgegend gewann er auch einen Einblick in das Leben der Goldgräber. Die Glücklichen fanden oft 1 oder 2 Unzen Gold pro Tag, andere weniger als 1/2 Unze, was nicht mehr als der gewöhnliche Tageslohn war, und manche wiederum fanden überhaupt nichts. Letztere suchten sich dann oft andere Beschäftigungen und verdienten dabei manchmal mehr als die Goldgräber. So konnten in kurzer Zeit große Reichtümer erworben werden. „Denn glücklichen Minern", schrieb Weerth, „geht es oft wie glücklichen Spielern. Wie gewonnen: so zerronnen."

Den besten Einblick in das Leben und Treiben einer Goldgräber-Stadt gewann Weerth in Mokelumne Hill:

> Ich schlief die Nacht mit einem alten Kapitain in demselben Zimmer. Neben uns war das Theater, in welchem gerade Hamlet aufgeführt wurde. Unter uns eine Wirtsstube; auf den Straßen jubilierende Menschen. Der Kapitain schnarchte, Hamlet schrie, die Wirtsstube lärmte und die Straßen wollten nicht schweigen.[202]

So wurde Weerth auf seiner Amerika-Reise auch Zeuge des großen kalifornischen Goldfiebers. Alles wollte er sehen, für alles Neue war er empfänglich. Jeden neuen Eindruck sog er in sich auf.

Am 1. März 1854 verließ Weerth San Francisco in Richtung Panama, wo er am 14. März eintraf. Ursprünglich hatte er gar keine so lange Reise geplant, aber da sowohl die Firma Steinthal & Co. als auch er selbst mit den bisherigen Ergebnissen im großen und ganzen zufrieden waren, beschloß er, seine Tour noch nach Südamerika auszudehnen.

Panama hatte damals noch nicht die Bedeutung von heute. Weerth schilderte den Ort folgendermaßen:

> Die Stadt Panama ist ein ziemlich heruntergekommener Ort, der auch jetzt nur dann Leben hat, wenn die Dampfboote ankommen und abgehen. Die Völkerzüge von Osten und von Westen begegnen sich dann auf diesem Kreuzwege. Fünfzehnhundert bis zwei Tausend Passagiere stürzen plötzlich in die stille Stadt und rumoren in allen Sprachen der Erde. Da wird das Signal zur Abfahrt gegeben und Panama ist wieder so still wie das Grab.[203]

Da der Panama-Kanal erst 1914 gebaut wurde und die Eisenbahnlinie über die Landenge, die 1849 begonnen wurde, erst 1855 fertiggestellt war, mußte Weerth auf seiner Reise im Frühjahr 1854 den Isthmus von Panama auf eine sehr umständliche Weise überqueren. Von Panama ritt er bis nach Obispo. Dieser Ort war die damalige Endstation der Eisenbahnlinie von Colon, dem am Karibischen Meer gelegenen Hafen. Der Ritt nach Obispo dauerte sechs Stunden. Der Weg führte „durch dick und dünn und ist oft so schmal, daß zwei Reiter nicht aneinander vorbeikommen können. Man sieht es daher diesem Wege nicht an, daß er die große Völkerstraße nach Kalifornien, China und Australien ist."

In Obispo, einem kleinen Dorfe, setzte er sich auf die Eisenbahn und war nach einer zweistündigen Fahrt durch Urwald, Sümpfe und Meeresarme in Colon, einem Ort, der gerade erst im Entstehen begriffen war. Dort begab sich Weerth an Bord eines englischen Dampfschiffes und fuhr nach Cartagena in Neu-Granada.

Von Cartagena setzte er seine Reise nach Bogota fort. Diese Reise „war vielleicht die interessanteste, die ich bisher machte." Er machte sie in drei Etappen: zu Pferd von Cartagena nach Calamar, dann per Dampfschiff den Magdalenen-Strom hinauf bis Honda und schließlich wieder zu Pferd nach Bogota, der Hauptstadt von Neu-Granada, dem heutigen Kolumbien.

Während er in Calamar am Magdalenen-Strom auf die Ankunft des Dampfschiffes wartete, vertrieb er sich die Zeit damit, daß er mit den Eingeborenen auf Jagd nach Kaimanen ging, von denen der Strom in dieser Gegend wimmelte. Von seinem Wirt hatte er gehört, daß einige große Kaimane im Strom gesichtet worden waren. Da Weerth wußte, daß sich sein Bruder Carl für diese Tiere interessierte, bot er dem Wirt 20 Taler für einen Kaiman, vorausgesetzt, daß das Tier eine Länge von mindestens 12 Fuß (= 4 m) hatte.

Die ersten drei Versuche, in Calamar einen Kaiman zu erlegen, blieben erfolglos. Durch Zufall hatte Weerth einige Tage später doch noch Erfolg, als er sich in der Nähe von El Banco von einem Eingeborenen in einem kleinen Nachen in einen Seitenarm der Magdalena rudern ließ. Er war eigentlich auf der Jagd nach Wasservögeln und daher ganz unvorbereitet, als sie „plötzlich in 6-8 Schritt Entfernung einen Kaiman am Ufer liegen" sahen:

Mit offenem Rachen lag er an einer Stelle, wo die Sonne durch die Bäume des Ufers schien und seine weißen Zähne blitzten vorzüglich. Mein Begleiter winkte mit der Hand, daß ich mich ruhig verhalten sollte; leise rollte er seinen Lasso auf, jetzt hob er ihn über den Kopf empor, ihn drei bis vier Mal im Kreise schwingend und hin flog die verhängnisvolle Schlinge und traf so ausgezeichnet, daß der Strick gerade über die zwei großen Vorderzähne und den untern Teil der Schnauze fiel. Der Kaiman schlug natürlich sein fürchterliches Maule sofort zu und sprang erschrocken ins Wasser. In demselben

Augenblick sprang aber mein Begleiter aus dem Nachen ans Ufer und befestigte rasch wie der Blitz das andere Ende des Lasso am nächsten Baume, indem er das Seil immer kürzer zog und die Bestie am weitern Entrinnen hinderte. Da der Strick sehr stark war, so gelang dies vollkommen. Je mehr das Tier den Strick anzog, je fester wurde die Schlinge; er sah sich gefangen und sprang fußhoch aus dem Wasser empor. Da der Mann sein dickes Ruder mit sich genommen, so trieb mein Nachen den Fluß hinab in die nächsten Büsche und ich sah nur noch wie er sein Ruder schwang und mit einer Kühnheit, welche wahrscheinlich in der Furchtsamkeit des großen Ungeheuer ihren besten Grund hat, jedes Mal wenn der Kaiman emporsprang, seinen Kopf traf, kurz, ihn dermaßen durchprügelte, daß ich ihm unwillkürlich zurief, er möge das Tier nicht ganz in Stücke schlagen.

Inzwischen war es mir gelungen, meinen Nachen ans Ufer zu bringen und ihn dort zu befestigen. Ich eilte dem Kampfplatze zu. Aber da lag der Herr Kaiman bereits mausetod mit der Hälfte des Körpers aus dem Wasser. Wir zogen ihn ganz ans Land und ich fand, daß er gerade 12 Fuß maß, leider ist dies nicht die Größe die Karl wünscht, aber ich war doch sehr froh, als ich dieses Fanges gewiß.

Gegen Abend schleiften wir die Bestie nach dem nahen Dorfe. Der Kopf war fürchterlich zerschlagen, aber ich habe alle Brocken sorgfältig sammeln lassen. Das Tier wurde dann gehäutet und da der französische Doctor eine kleine Apotheke mit sich führte, so konnten wir das Fell mit Arsenik einbalsamieren. So beschaffen ist es nach Baranquilla versandt worden, wo ich es seiner Zeit in Empfang nehmen und auf eine oder andre Weise an Karl absenden werde.[204]

Der Kaimanschädel befindet sich heute, noch relativ gut erhalten, im Lippischen Landesmuseum Detmold.

Von dieser Reise nach Neu-Granada schickte Georg Weerth seinem Bruder Carl auch 170 aus den örtlichen Kordilleren stammende ausgestopfte Kolibris, die ein Indianer mit dem Blasrohr geschossen hatte. Er bat Carl, eine vollständige Auswahl für das Detmolder Museum zu bestimmen.

Ein anderes Mal sandte er Carl einen Königsgeier (Sarcoramphus papo), einen sehr seltenen Vogel, den einer seiner Reisebegleiter in der Nähe von San Esteban in Venezuela erlegt hatte.

Auch die Kolibri-Sammlung und der imposante Königsgeier sind heute noch im Lippischen Landesmuseum zu besichtigen.

Von den vielen anderen Sachen, die Georg Weerth von seinen Reisen in Amerika dem Detmolder Museum schickte, lassen sich heute nur noch 2 Narwalzähne und Mineralien aus Mexiko als Geschenke von ihm identifizieren. Zusammen mit einer Büste von Carl Weerth, dem Gründer des Detmolder Museums, bilden die 2 Narwalzähne und die Kolibri-Sammlung einen Teil des bei den Museumsbesuchern sehr beliebten Naturalien-Kabinetts.

Für die Reise von Cartagena nach Bogota benötigte Weerth weniger als einen Monat. Am 4. Mai 1854, ungefähr zwei Wochen nach Ausbruch einer jener Revolutionen, „welche sich so oft in den südamerikanischen Republiken wiederholen", traf er in Bogota ein. Sein amerikanischer Begleiter und er waren in der Tat die ersten Ausländer, die Bogota seit Ausbruch der Feindseligkeiten erreichten. Das rief großes Erstaunen bei den Einwohnern der Hauptstadt hervor, denn Weerth und sein amerikanischer Begleiter waren direkt von der Magdalena und durch das von den befeindeten Truppen besetzte Gebiet gekommen, als Ausländer hatte man sie aber ungeschoren gelassen. In Bogota fand Weerth Unterkunft im Haus des nordamerikanischen Gesandten, wohin sich auch die führenden Politiker der Republik geflüchtet hatten. Seiner Mutter versicherte er, daß er in keiner Gefahr war, da er sich unter dem Schutz der amerikanischen Flagge befand und außerdem als Ausländer, der sich aus den innenpolitischen Angelegenheiten Neu-Granadas heraushielt, sowieso nichts zu befürchten hatte.

Nachteilig erwies sich die Revolution nur für Weerths Geschäfte. Er war zu einer unpassenden Zeit gekommen und mußte warten, bis sich die Lage änderte. Nach drei Wochen Aufenthalt in Bogota merkte er jedoch, daß die politischen Unruhen fortdauern würden und somit an Geschäfte nicht zu denken war. Widerwillig verließ er daher Bogota und setzte seine Reise in die Provinz Antioquia fort, wohin die Revolution noch nicht gedrungen war.

Wieder reiste Weerth in Begleitung seines amerikanischen Freundes Townsend, mit dem er bereits den Weg von Honda nach Bogota zurückgelegt hatte. Da aller Postverkehr mit der Außenwelt unterbrochen war, nahmen Townsend und er Depeschen für die nordamerikanische Regierung sowie andere Briefe aus der Hauptstadt mit. In Facatativa, weniger als einen Tagesritt von Bogota entfernt, stießen sie auf die Truppen von General Melo, dem Führer der Aufständischen. Über die Begegnung mit General Melo schrieb Weerth:

Am nächsten Morgen, 7 Uhr, ließ uns der General zu sich kommen und behandelte uns sehr freundschaftlich. Er bot uns sogar eine Militäreskorte an, die wir aber ausschlugen, da wir von unsrer persönlichen Sicherheit vollständig überzeugt waren.[205]

In Honda trafen sie auf General Melos Gegner:

Diese nahmen uns nicht weniger artig auf, denn alle Fremde, da sie sich nicht in die einheimischen Angelegenheiten mischen, sind ihrer sonstigen gesellschaftlichen Stellung wegen sehr angesehen und haben von niemand etwas zu fürchten.[206]

Nach Honda trennten sich Weerths und Townsends Wege: Townsend fuhr die Magdalena flußab, während Weerth in Richtung Medellin, der Hauptstadt von Antioquia, weiterreiste. Wegen der Revolution hatte er Schwierigkeiten, Pferde oder Maultiere für die Reise über die Cordillera Central zu bekommen. So blieb ihm nichts anderes übrig, als sich 5 Indianer zu mieten, die ihm sein Gepäck trugen, während er, „die Pistolen an der Seite und das Gewehr auf der Schulter, zu Fuße voranging. Acht Tage lang marschierten wir so, durch dichten Wald, über große Höhen und durch tiefe Täler, durch die ganzen Zentral-Kordilleren."

Weerth hatte gehofft, in Medellin wieder seinen Geschäften nachgehen zu können, merkte aber bald, daß die politischen Unruhen in Neu-Granada, statt abzunehmen sich weiter ausdehnten. So war er gezwungen, nach kaum zwei Wochen auch Medellin unverrichteterdinge zu verlassen und machte sich auf die Rückreise nach Cartagena. Dies wurde zur beschwerlichsten und schlimmsten Tour, die er je gemacht hatte. Die meisten Leute fürchteten, daß die Regierung ihre Pferde und Maultiere requirieren würde und hatten ihre Tiere daher in Sicherheit gebracht. Alle Dampfboote auf der Magdalena waren von der Regierung in Beschlag genommen worden. Außerdem hatten viele Bewohner der Landstraßen ihre Wohnungen verlassen und waren ins Gebirge geflüchtet. So war „aller Verkehr und das Anschaffen von Lebensmitteln [...] sehr schwer." Aus diesen Gründen benötigte Weerth über einen Monat für die Reise von Medellin nach Cartagena. „Ich war mager davon geworden, denn viele Nächte ohne Schlaf und manche Tage ohne ordentliche Speise können einen um die größte Wohlbeleibtheit bringen."

Es sagt viel über Weerths körperliche Verfassung, daß er solch eine strapaziöse Reise, „die ich hoffentlich im Leben nicht zu wiederholen brauche", offensichtlich gut überstand. Nach wenigen Tagen Ruhe hatte er sich wieder ganz erholt. Schwächere Naturen als er hätten die vielen körperlichen Entbehrungen, denen er auf seinen Reisen in Mittel- und Südamerika ausgesetzt war, nicht so leicht verkraftet. Daß viele der Strapazen selbstauferlegt waren, ändert nichts an der Tatsache, daß Weerth eine „Bärenkonstitution" gehabt haben muß.

Ende Juli 1854 kehrte Weerth nach einer fast 1 Jahr dauernden Reise durch Nord−, Mittel- und Südamerika schließlich nach St. Thomas zurück. Er war jetzt „des beständigen Reisens" „etwas müde". Doch hatte er bereits Pläne zu einer Reise nach Ekuador und Peru gemacht. Er mußte diese Reise sehr bald antreten, da er dazu später so leicht keine weitere Gelegenheit haben würde. Seine Firma in Manchester wünschte ebenfalls seine Reise nach der Westküste Südamerikas, zumal das Geschäft in St. Thomas wegen der Regenzeit „sehr leblos" war. Dennoch hatte Weerth keine große Lust dazu. Stattdessen beschloß er, erst einmal nach La Guaira in Venezuela zu fahren, wo seine Firma viele ausstehende Gelder hatte.

Während seiner ersten Venezuela-Reise von April bis Juni 1853 war Weerth in eine jener Revolutionen geraten, die das Land von Zeit zu Zeit durchmachte. Als er im September 1854 nach Venezuela zurückkehrte, herrschte Ruhe im Lande. Er traf „ein sehr lebendiges Geschäft" an und freute sich, „daß meine früheren Bemühungen von gutem Erfolg gewesen sind." Dies entschädigte ihn zwar für den geschäftlichen Mißerfolg seiner Reise nach Neu-Granada, doch machte es zur gleichen Zeit nur allzu deutlich, welchen Schwankungen Geschäfte in Südamerika wegen der unsicheren politischen Lage unterworfen waren.

In La Guaira, wo Weerth geschäftlich besonders erfolgreich war, hatte er viele gute Freunde. Dazu zählte der aus dem Unabhängigkeitskrieg gegen Spanien bekannte Oberst Avendaño. Dessen noch unverheiratete Tochter Margarita hatte es Weerth besonders angetan. Seiner Mutter schrieb er am 2./16. Oktober 1854:

Vier meiner La Guayra Freunde haben in kurzer Zeit vier Schwestern geheiratet, die Töchter eines aus dem Unabhängigkeitskriege bekannten Kolonel Avendaño. In eine 5*te* Schwester, die noch übrig geblieben ist, und sehr schön ist, würde ich mich gewiß verliebt haben, wenn ich wüßte, wie ich eine Frau auf meinen Reisen mit mir nehmen sollte.[207]

An einer anderen Stelle schrieb Weerth, das Margarita die einzige Spanierin war, „die ich hätte lieben können, denn es ist ein merkwürdiges Faktum, daß sie eine Vorliebe für mich hatte."

Trotz der offensichtlich auf Gegenseitigkeit beruhenden Gefühle kam es nicht zur Verlobung. Warum zögerte Weerth? War es wirklich nur die Sorge, keine Frau auf seinen Reisen mitnehmen zu können? Oder gab es andere Gründe? Einerseits sehnte er sich nach einem Zuhause, nach Geborgenheit und Liebe, nach einer Familie, andererseits hatte er einen Lebensstil gewählt, der auf das Alleinsein zugeschnitten war. Zum einen beneidete er die Leute, die verheiratet waren und ein bürgerliches Leben genossen, zum anderen hatte er Angst vor einer Bindung, vor der Endgültigkeit eines solchen Schrittes. Ausschlaggebend dafür, warum er sich nicht mit Margarita Avendaño verlobte, war wahrscheinlich die Tatsache, daß er Betty Tendering nicht vergessen konnte (s. Kapitel IX). Der Gedanke an Betty verfolgte ihn auf seinen Reisen in Amerika.

Von Venezuela kehrte Weerth wieder nach St. Thomas zurück. Dort erhielt er Post von seiner Firma in Manchester, die ihn veranlaßte, seine geplante aber bisher aufgeschobene Reise nach der Westküste von Südamerika anzutreten. Dies wurde seine sechste und letzte Reise vor seiner Rückkehr nach Europa. Und wie seine früheren verlief auch diese Reise anders als geplant.

Am 22. Oktober 1854 ging Weerth von St. Thomas in See. Sechs Tage später traf er in Colon am Isthmus von Panama ein. Seine Absicht war, die Landenge von Panama zu überqueren, um in Panama an Bord eines Dampfschiffes nach Südamerika zu gehen. Da es nicht gleich eine Schiffsverbindung nach Südamerika gab, entschloß er sich zu einem Abstecher nach Nicaragua.

Wieder erlebte Weerth die Unzulänglichkeit der Verkehrsmittel und -wege in Mittel- und Südamerika. Und wieder begegnete er politischen Unruhen. Sein Dampfschiff traf nämlich in San Juan del Norte erst ein, nachdem die Flußdampfboote bereits den Ort verlassen und den San Juan heraufgefahren waren. Somit wurde nichts aus seinem Plan, ins Landesinere, nach dem Nicaragua-See und den Städten Granada und Leon zu reisen. Außerdem war eine Revolution in Granada und Leon ausgebrochen, die das Reisen ins Landesinnere sehr erschwert haben würde. Da sich Weerth nur einen Monat Zeit für den Nicaragua-Abstecher gelassen hatte und keine Lust verpürte, wie in Neu-Granada in eine Revolution hineinzugeraten, entschloß er sich notgedrungen, an Bord des Dampfschiffes in San Juan del Norte zu bleiben und dann die Rückreise nach Colon anzutreten.

Die Geschichte von San Juan del Norte faszinierte Weerth. Während er sich dort bis zur Abfahrt des Dampfbootes langweilte, schrieb er seiner Mutter am 3. November 1854 einen seiner längsten Briefe aus Amerika, in dem er ihr die Entstehung und Bedeutung des Ortes ausführlich schilderte.

Dieser Ort, den die Europäer Greytown und die Nicaraguaner San Juan del Norte nannten (auch heute findet man beide Namen auf der Landkarte), war ursprünglich eine unbedeutende Siedlung an der Mündung des San Juan Flusses in das Karibische Meer. Bedeutung erlangte der Ort, als im Jahre 1848 in Kalifornien Gold entdeckt wurde und somit schnelle Verbindungen mit der amerikanischen Pazifikküste wünschenswert waren. Abgesehen vom Isthmus von Panama bot sich Nicaragua als Verbindungsweg zwischen Atlantik und Pazifik an:

> Mitten in diesem Lande liegt nämlich ein großer See, der Nicaragua-See, welcher nur durch einen sehr schmalen Landstrich, einige Meilen breit, von dem Wasser des Stillen Meeres getrennt ist und auf der andern Seite, durch den San Juan Fluß, welcher dem See selbst entströmt, mit dem Atlantischen Meere in direkter Verbindung steht.[208]

Die aus New York kommenden Passagiere stiegen in San Juan del Norte in kleine Flußdampfboote um und fuhren dann den San Juan hinauf bis zu einigen Wasserfällen, die sie zu Fuß umgingen. Auf der anderen Seite setzten sie ihre Reise auf dem San Juan auf anderen Dampfbooten fort und überquerten dann den Nicaragua-See. An der pazifischen Seite des Sees verließen sie die Dampfboote und legten die letzte Strecke, die den See vom Pazifik trennte, auf Pferden und Maultieren zurück. Am

Pazifik angelangt, gingen sie an Bord großer Dampfschiffe, die sie direkt nach San Franzisco beförderten.

Bis zur Fertigstellung der Eisenbahnlinie über den Isthmus von Panama im Jahre 1855 war dies die einzige geregelte Seeverbindung zwischen Europa/New York und San Franzisco. Von dem kommerziellen und strategischen Wert dieser Route überzeugt, hatten die Amerikaner 1852 durch Cornelius Vanderbilts Accessory Transit Company die Beförderung der Passagiere und der Güter von Ozean zu Ozean übernommen. Zur gleichen Zeit hatten auch die Engländer die Bedeutung dieser Route erkannt. Sie hatten bereits 1848 an der atlantischen Küste Fuß gefaßt, indem sie die Mosquito-Küste (Costa de Mosquitos), ein bis zu diesem Zeitpunkt unbedeutendes und ungesundes Gebiet nördlich das San Juan Flusses, zum Protektorat erklärten. Trotz Protesten seitens der Vereinigten Staaten, Spaniens und Nicaraguas hatten die Engländer sich des Ortes San Juan del Norte bemächtigt mit der Begründung, daß sich die Mosquito-Küste bis an den San Juan Fluß erstreckte und somit die Stadt San Juan del Norte einschloß. Die zunehmenden Spannungen zwischen den Engländern und Amerikanern brachen schließlich im Juli 1853 offen aus, als die Amerikaner als Vergeltung für die ihrer Transit Company zugefügten Schäden die Stadt San Juan del Norte bombardierten und in Brand steckten.

Weerth war der Meinung, „daß mit dem Bombardement nicht eine bloße Rache an einigen Privatleuten beabsichtigt war, sondern daß das jetzige amerikanische Gouvernement überhaupt einmal sehen wollte, wie weit man dem englischen Einfluß in Amerika trotzen könne." An seine Mutter schrieb er:

Einstweilen haben wir nun das sonderbare Schauspiel, daß in Centro-Amerika, an der Mündung eines großen Stromes, in einer completen Wildniß, in Zeit von 5 Jahren aus einem miserabeln indianischen Dorfe eine blühende Stadt entsteht, mit hübschen Wohnhäusern und zahlreichen Magazinen, angefüllt von allen europäischen Waren und daß diese Stadt eines schönen Morgens wieder von der Welt verschwindet und daß wieder Schlangen und Eidechsen wohnen, wo die Hand des Menschen noch eben im Begriff war, der Civilisation eine neue Stätte zu gründen. Bleiben nicht die Menschen noch immer wie Kinder?[209]

Am 6. November 1854 verließ Weerth San Juan del Norte und begann seine immer wieder aufgeschobene Reise nach der Westküste Südamerikas. Er überquerte den Isthmus von Panama und traf nach einer 5tägigen Seereise, während der er zum ersten Mal den Äquator passierte, am 26. November in Guayaquil (Ekuador) ein.

Der Höhepunkt seines Ekuador-Aufenthalts war eine Tour nach dem Chimborasso (6267 m), dem in den Anden gelegenen höchsten Berg Ekuadors. Auf diese Weise verband er wieder das Angenehme mit dem Nützlichen und füllte so die Zeit bis zur Abfahrt des nächsten Dampfschiffes nach Lima aus. Nach Erledigung seiner nötigsten Geschäfte verließ Weerth Guayaquil in einem kleinen Dampfboot, mit dem er den Fluß Guayas hinauf bis Bodegas fuhr. Dort traf er seine Reisevorbereitungen für den Ritt ins Landesinnere. „Da es unterwegs nichts zu essen und zu trinken gibt", mußte er alles mitnehmen. Er mietete sich zwei Pferde, eins für sich und eins für seinen Bedienten, und ein Maultier: „Das Maultier trug die Bagage, wenige Kleider und Wäsche, Brot, Käse, Chocolate, Tee, Zucker, gebratene Hühner, Wein + Cognac."

So beladen machte er sich auf den Weg. Obwohl mehrere andere Reisende den gleichen Weg benutzten, der nach der Hauptstadt Quito führte, ritt Weerth mit seinem Bedienten allein los, da er sich durch die Gesellschaft nicht aufhalten und außerdem wegen der einbrechenden Regenzeit keinen Tag verlieren wollte.

Zuerst ging der Ritt durch „ebene Savannen, von Gras, Gebüsch und niedrigem Gehölz bewachsen", dann folgte dichter tropischer Wald und es begann der Anstieg in die Kordilleren. Am Nachmittag des dritten Tages erreichten sie den schon hoch in den Anden gelegenen Ort Guaranda. Hier wechselte er die Pferde, ließ alles unnötige Gepäck zurück und nahm sich einen Führer für die letzte Etappe. Mit diesem ritt er am 18. Dezember um 4.30 Uhr von Guaranda los. Als sie nur noch 25 km vom Chimborasso entfernt waren und wegen des dichten Nebels den Berg immer noch nicht sahen, fürchtete er, um seine Reise „geprellt" zu sein, wie er seiner Mutter schrieb:

Gegen 9 Uhr entstand indeß eine immer größere Bewegung in der Atmosphäre. Der Wind jagte kolossale Nebelmassen in die Täler hinunter, nach oben wurde es immer lichter und als wir wieder einen Bergrücken erstiegen hatten, lag die ganze Kuppel des Chimborazzo plötzlich so deutlich vor uns, daß wir mit den Händen in den Schnee greifen zu können glaubten.

In dem „Chimborasso-Brief" an seine Mutter vom 24. Dezember 1854 beschrieb Weerth den Eindruck, den der Anblick des Berges auf ihn machte:

Die Form, in der ich diesen merkwürdigen Berg zuerst sah, war so steil, daß ich nicht begreifen konnte, wie je ein Mensch da hinaufgestiegen sei. Von der düstern Unterlage der Kordilleren stiegen die Schneewände fast senkrecht empor und wölbten sich erst oben zu einem Dome, mit zwei Kuppeln. Es war ein erschreckend schöner Anblick. Der riesige Berg imponierte nicht nur durch seinen ungeheuern Umfang, sondern durch seine entsetzliche Höhe und vor allem durch seine harmonische Form. Aber die vollständige Öde der Umgebung erfüllte das Herz mit Angst; man fühlte sich plötzlich allem Menschlichen entrückt und in eine Einsamkeit versetzt, die kein Ende, keine Grenzen zu haben schien.[210]

Durch eine Sandfläche setzten sein Führer und er ihren Weg fort. Sie verließen den Weg nach Quito, der wieder bergab ging, und ritten bergan dem Schnee und Eis entgegen. Entsetzliche Winde fegten über sie her; trotz der „Röcke, Mäntel und Decken drang die Kälte bis auf die Knochen" und Weerths Gesicht brannte, „als ob es mit Messern zerschnitten würde." Der Anstieg wurde immer beschwerlicher. Weerth wußte nicht, bis zu welcher Höhe sie den Chimborasso bestiegen hatten. Und sie wären vielleicht auch noch weiter gestiegen, „wenn dem Pferde meines Begleiters nicht plötzlich das Blut aus Mund und Nase gestürzt wäre." Sie führten die Tiere hinter eine Eiswand, wo die Tiere und sie Schutz vor dem Wind fanden und sich etwas erholen konnten. Weerth und sein Führer legten sich währenddessen in den Schnee und verzehrten ihr Frühstück, das aus Hühnchen und einer Flasche Wein bestand. Inzwischen hatte sich das Wetter verschlechtert und Nebel begann wieder die Kuppel des Chimborasso zu umhüllen. Weerth war bekannt, daß sich in solchen Fällen der Berg nicht vor Abend aufklären würde und beschloß daher, den Rückweg anzutreten:

Die Müdigkeit, welche bisher durch ein fortgesetztes strenges Aufmerksamsein niedergehalten war, brach jetzt entsetzlich über mich herein. Hände, Arme und Beine waren mir vollkommen erstarrt, ich hatte gar kein Gefühl und keine Kraft mehr in den Gliedern und als eben wieder ein starker Windstoß über uns dahinfuhr, flog ich wie ein loses Bündel Heu aus dem Sattel und fiel wohlbehalten in den weichen Sand.[211]

Nach einem Glas Cognac setzte er den Weg zu Fuß fort, bis er wieder imstande war, sein Maultier zu besteigen und sich aufrechtzuhalten. „Ich hätte nun viel darum gegeben, wenn wir den Rest des Abends und die Nacht in irgendeiner Hütte am Chimborazzo hätten bleiben können, aber an ein Obdach ist in dieser Wildnis nicht zu denken." So blieb ihnen keine andere Wahl, als die 15 km bis nach Guaranda durchzuhalten, wo sie mitten in der Nacht eintrafen. „Hier waren mir freilich die Beine von Müdigkeit wie abgeschnitten und ich schlief ausnahmsweise bis zum nächsten Morgen um 8 Uhr."

Insgesamt hatte Weerth genau eine Woche für die Tour von Bodegas bis auf den Chimborasso und zurück benötigt. Durchschnittlich hatte er von morgens 6 Uhr bis abends 7 Uhr im Sattel gesessen. In Guayaquil sagte man ihm, daß nur Lord Stanley einige Jahre vorher dieselbe Tour in ebenso kurzer Zeit gemacht hätte.

Alexander von Humboldt hatte im Juni 1802 eine Besteigung des Chimborasso unternommen. Er erreichte eine Höhe von 5881 m und blieb damit nur knapp 300 m unter dem Gipfel. Humboldt mußte aufgeben, weil er an eine unüberbrückbare Spalte gelangt war.

Weerth war kein Forschungsreisender im Sinne Alexander von Humboldts, sondern Handelsreisender, der auf seinen Reisen in Amerika zwar „Entdeckungsreisen" unternahm, dem es aber nicht um naturwissenschaftliche Erkenntnisse ging, sondern um den Wunsch, die Naturwunder der Neuen Welt mit eigenen Augen zu sehen.

Mit Recht konnte Weerth stolz auf seine Chimborasso-Tour sein. Eine solche Tour war „mit ihren ungeheuern Strapazen in so kurzer Zeit etwas unerhörtes." Auch diese Tour unterstrich wieder, in welch guter körperlicher Verfassung sich Weerth befand, denn er kehrte „gesunder und wohler als je" nach Guayaquil zurück:

Diese Strapaze ist mir vortrefflich bekommen. Der Aufenthalt in der heißesten Zeit in St. Thomas, dann das plötzliche Verweilen in dem feuchten San Juan de Nicaragua, vielleicht auch das unangenehme Panama, kurz, das eine oder das andere hatte mich unwohl gemacht und ich konnte eine starke

Erkältung und Kopfweh nicht loswerden. Aber der siebentägige Ritt aus den Tropen bis in die ewigen Schnee brachte mich ganz wieder in Ordnung.[212]

Weerths nächstes Reiseziel war Lima. Nach einer 6tägigen Reise an Bord des Dampfschiffes *Bolivia* entlang der öden Küste von Peru traf er am 31. Dezember 1854 in Lima ein. Die peruanische Hauptstadt bot ihm genügend „Abwechslung" während seines 3wöchigen Aufenthaltes: in dieser Zeit erlebte er ein Erdbeben, eine Revolution und einen Brand.

Zuerst überraschte ihn ein Erdbeben. Eines Morgens wurde er um 7 Uhr wach, „denn mein Bett bewegte sich wie eine alte Kutsche. Die Fenster klirrten, die Türe krachte und die Wände bogen sich, während von der Decke dichte Staubwolken niedersanken." Seine Mutter suchte er zu beruhigen, indem er ihr erklärte, daß Erdbeben in Lima relativ ungefährlich seien, weil die Häuser aus ungebranntem Lehm gebaut waren und die Decken der Häuser aus Rohrgeflecht bestanden, ebenfalls nur mit Lehm und Kalk beschmiert. Weerth fand das Ganze höchst amüsant und mußte laut lachen, als sich sein Bett plötzlich auf trockenem Boden zu bewegen begann.

Einige Tage später wurde Weerth wieder morgens um 7 Uhr geweckt: diesmal durch Kleingewehrfeuer, was den Ausbruch einer Revolution gegen die Regierung Präsident Echeniques signalisierte. Weerth berichtete, daß seit Monaten Unzufriedenheit mit der Regierung Echeniques wegen der Verwaltung der Staatskasse geherrscht hatte. Anführer der Rebellen war General Castilla, der selbst schon einmal Präsident gewesen war und unter dem Peru einen wirtschaftlichen Aufschwung erlebt hatte. Castilla hatte Truppen um sich gesammelt, um Präsident Echenique zu stürzen. Am 1. Januar 1855, einen Tag nach Weerths Ankunft in Lima, erreichte Castilla die Tore der Hauptstadt. Dort standen sich sein etwa 1000 Mann starkes Heer und das ebenso große Heer des Präsidenten gegenüber. Am 5. Januar kam es schließlich zum Ausbruch der Kämpfe.

Als Weerth das Gewehrfeuer hörte, lief er sofort auf seinen Balkon, „von wo man eine prächtige Aussicht auf den Hauptplatz und das Gouvernementsgebäude hat." So konnte er ganz aus der Nähe das Gefecht verfolgen:

Dort ging nun das Hauen und Schießen los; das Volk mischte sich in die

Geschichte, die Kugeln flogen eine Zeitlang bis endlich die Regierungstruppen schmählig feige ausritten. Castilla hatte also gesiegt und da er ein tüchtiger und ehrlicher Mann ist, so war die Freude allgemein. Volk und Soldaten, in höchst malerischen zerlumpten Kostümen, trieb sich in wildem Jubel in den Straßen umher; man schoß jetzt die Flinten in die Luft ab und weil viele Kerle mit der Zeit betrunken wurden, so tötete man noch verschiedene Menschen aus Zufall.[213]

In weniger als zwei Jahren hatte Weerth Revolutionen in Venezuela, Neu-Granada, Nicaragua und Peru miterlebt. Obwohl ihm als Europäer persönlich dabei nichts zugestoßen war, hatten seine geschäftlichen Bemühungen darunter gelitten und manche Reise wie die nach Neu-Granada war völlig umsonst gewesen. Doch da Revolutionen in den mittel- und südamerikanischen Republiken an der Tagesordnung waren, hatte sich Weerth mit der Zeit an sie gewöhnt.

Es ist interessant, wie er als ehemaliger „Achtundvierziger" diese Revolutionen beurteilte: teils mit Unverständnis, teils mit Traurigkeit. Er lächelte über die kindliche Begeisterung, mit der diese Revolutionen betrieben wurden, mehr noch stimmten sie ihn aber traurig und nachdenklich, weil sie ihn zu sehr an seine eigene politische Vergangenheit und an Ereignisse in Europa erinnerten. Deswegen interessierte er sich auch nicht für die politischen Begegungen in Mittel- und Südamerika, obwohl er gut über sie unterrichtet war, wie seine Briefe immer wieder beweisen.

Was ihn in Amerika — außer seinen Geschäften — interessierte, waren neue Länder sowie neue Eindrücke und Erlebnisse. Bei all seiner Bewunderung für die Neue Welt betrübte es ihn, daß die Menschen dort die gleichen Dummheiten begingen wie die in der Alten Welt. Resignierend schrieb er darüber an Heine:

Wenn man sieht, wie einfach und großartig in der Werkstätte der Natur für diese unabsehbaren sonnenbestrahlten Flächen gesorgt wird: da begreift man nicht, wie das alte Europa seine tausend Verkehrtheiten auch in diesem neuen Weltteil fortsetzen mag und warum die Dinge sich hier nicht friedlicher und schöner entwickeln als daheim.[214]

Trotz der wiedergekehrten Ruhe und des auflebenden Handels hatte Weerth wenig Geschäfte in Lima. So verließ er die peruanische Hauptstadt am 26. Januar an Bord des Dampfschiffes

Lima und erreichte am 4. Februar 1855 Valparaiso in Chile. Weerth behauptete, daß es kaum „einen trostloseren Anblick" geben konnte als die Küsten von Peru, Bolivien (damals besaß Bolivien noch eine Küste) und Chile; sie waren „das unerquicklichste was man sehen kann."

Im Dezember 1852 in St. Thomas angekommen, war Weerth seit mehr als 2 Jahren unentwegt auf Reisen in Nord-, Mittel- und Südamerika. Er war allmählich des vielen Reisens etwas überdrüssig geworden und sehnte sich nach Europa zurück, wo er im Sommer 1855 einzutreffen hoffte. Von Valparaiso aus hatte er die Wahl, entweder über Panama und Westindien oder um das Kap Hoorn oder über Brasilien nach Europa zurückzukehren. Da er nicht noch einmal den Weg über Panama zurücklegen wollte und auch keine Lust hatte, die stürmische Seereise ums Kap Hoorn zu machen, entschied er sich für die Rückreise über Brasilien.

Das bedeutete eine weitere Mammutreise, und zwar über die Anden und durch die Pampas. Vor fünfzehn Monaten hatte er Mexiko von Osten nach Westen, vom Karibischen Meer zum Pazifik, durchquert. Jetzt trat er die Reise in entgegengesetzter Richtung an: von Westen nach Osten, vom Pazifik zum Atlantischen Ozean.

Den Großteil seines Gepäcks sandte er nach Europa voraus und behielt nur noch das Nötigste: „meinen Sattel, den Revolver und etwas Wäsche." „Mit dieser leichten Bagage" verließ er Valparaiso am 15. Februar 1855 und fuhr mit einer Birloche nach Santiago, der Hauptstadt der Republik Chile. „Eine Birloche", so erklärte er seiner Mutter,

ist ein zweirädriges Fahrzeug, mit 2 Pferden bespannt; auf einem reitet ein Postillon. Ein anderer Postillon reitet neben her und spannt sein Pferd nur dann an, wenn es bergauf geht. Außerdem laufen noch 3 andre Pferde ledig dem Wagen voran und werden gegen die ermüdeten Tiere gewechselt.[215]

Santiago beschrieb er als eine wenig anziehende Stadt, die aber „bekannt" war „wegen ihrer schönen Frauen, berühmt wegen ihrer malerischen Umgebung und viel besucht wegen ihres gesunden Klimas." Weerth blieb nur 2 Nächte dort und setzte dann seine Reise wieder in einer Birloche nach Santa Rosa fort.

In dem am Fuße der Kordilleren gelegenen Santa Rosa traf er seine Vorbereitungen für den Ritt über die Anden und „kaufte Vorrat von Fleisch, Brot, Käse, Tee, Zucker, Brandy, Wein, so daß ich für mich und meine zwei Begleiter für 5 Tage genug hatte."

Am 21. Februar ritt Weerth mit seinen Begleitern aus Santa Rosa aus. Seine Überquerung der Anden fiel also in den Sommer der südlichen Hemisphäre. Während des dortigen Winters hätte er die Reise kaum machen können, da der Weg über die Anden zwischen April und September oft wochenlang gesperrt war.

Am zweiten Tag erreichten sie die Spitze des Gebirgskammes, ein Erlebnis, das Weerth folgendermaßen schilderte:

> Der Augenblick, wo man die Spitze überschreitet und zu gleicher Zeit die Gewässer sieht, die westlich dem großen Ocean zuströmen und die sich östlich in die Ebnen des Innern von Südamerika ergießen, um erst nach langer Reise in das Atlantische Meer zu stürzen: dieser Moment ist in der Tat einzig und im höchsten Grade ergreifend. Das Auge sieht hinein in die große Werkstätte der Natur, und das Herz ist freudig erstaunt über die Einfachheit und Schönheit dieser gewaltigen Ordnung.[216]

In den zivilisierten Orten der Neuen Welt genoß Weerth zwar einen gehobenen Lebensstil und verkehrte in den besten Kreisen, auf seinen ausgedehnten Reisen aber verzichtete er auf viele Bequemlichkeiten und führte ein Pionierdasein. Trotz der Gefahren dieses Reiselebens hatte diese Lebensweise etwas Romantisch-Abenteuerliches an sich. Ein gutes Beispiel dafür ist seine Anden-Überquerung. In einem Brief an seine Mutter heißt es über eine Übernachtung in den Hochanden:

> Die Sonne ging, den Schnee vergoldend, hinter den Kordilleren unter, als wir uns mitten auf einer Hochebne auf den Boden lagerten. Ein Feuer brannte bald im Kreise unsrer Sättel und Decken, die uns als schnell bereitetes Bett dienten, und als wir ein vortreffliches Stück Fleisch an einem Spieß geröstet und zu einer Tasse des besten Tees genoßen hatten, legten wir uns auf den Rücken, und sahen in den reinsten Sternhimmel, der je über Einschlafenden emporgezogen.[217]

Der Weg, den Weerth bei seiner Überquerung der Anden benutzte, bildet auch heute noch die Hauptverkehrsverbindung zwischen Santiago in Chile und Mendoza in Argentinien. Eine Eisenbahnlinie und eine Straße, der Pan American Highway, schlängeln sich durch unzählige Tunnel über die Anden, die in dieser Gegend über 6000 m hoch sind und in dem Aconcagua (6960 m), dem höchsten Berg in ganz Amerika, ihre größte Erhebung erreichen.

Am 25. Februar, 4 Tage nach Verlassen Santa Rosas, traf Weerth in Mendoza in der Argentinischen Konföderation ein.

„Auf der einen Seite von den Kordilleren, auf der andern von den Pampas eingeschlossen, total abgeschieden von aller Welt und wenig besucht von Reisenden, existiert dieser Ort wie eine Fabel für die meisten Menschen", beschrieb Weerth Mendoza.

Wenn Weerth erwähnt, Mendoza wäre „wenig besucht von Reisenden", wird einem wieder bewußt, daß Weerth wirklich kein Handelsreisender im herkömmlichen Sinne war. In der Tat, folgt man Weerths Spuren in Amerika, dann lesen sich seine Reiseberichte eher wie Beschreibungen von Forschungs- oder Entdeckungsreisen, die ihn in Gegenden führten, von denen der Bürger der Biedermeier-Zeit kaum etwas gehört haben wird. Und so wundert es auch nicht, daß Weerths Beschreibungen solcher Gegenden „wie eine Fabel für die meisten Menschen" wirkten.

Ursprünglich wollte Weerth mit einem Wagen von Mendoza aus durch die Pampas fahren. Da ihm das aber zu langweilig schien und von zu vielen Zufällen abhängig war, entschloß er sich, die mehr als 750 km von Mendoza nach Rosario zu Pferd zurückzulegen. Seine Gesellschaft bestand aus einem Reisegefährten aus dem Elsaß, seinem Bedienten und einem sie von Poststation zu Poststation begleitenden Postillon.

Am 4. März ritt Weerth von Mendoza los. Ein Ritt durch die Pampas in einer so kleinen Gruppe war nicht ungefährlich. Weerth berichtete, daß gelegentlich Indianer „in Horden von 40 bis 300 Mann" von Süden her auf ihren Raubzügen in die Pampas einbrachen. Obwohl es die Indianer hauptsächlich auf weiße Frauen abgesehen hatten, war Weerth froh, als sie an den Jagdgründen der Indianer vorbei waren, „denn die Indianer reiten sehr gut und vier Menschen, wenn sie auch die besten Gewehre haben, können sich schlecht gegen ein. fünfzig Lanzen verteidigen."

Gewöhnlich saß Weerth von kurz vor Sonnenaufgang bis zum

Abend im Sattel und legte durchschnittlich zwischen 20 und 25 Leguas (1 Legua = ca. 5 km) pro Tag zurück. So schaffte er die Strecke von Mendoza bis Rosario in der kurzen Zeit von 11 Tagen. Er hätte die Strecke noch schneller zurücklegen können, wenn er nicht auf jeder Poststation hätte warten müssen, bis neue Pferde eingefangen waren. Andererseits wäre eine solche Reise gar nicht denkbar gewesen, wenn Weerth nicht ein ausgezeichneter Reiter, bei bester Gesundheit und gegen alle Strapazen abgehärtet gewesen wäre.

In Rosario stieg Weerth an Bord eines Schiffes und fuhr den Parana flußab nach Buenos Aires. Dort traf er am 18. März 1855 ein, genau einen Monat nach seiner Abreise von Santiago. Am liebsten wäre er von Buenos Aires direkt nach England zurückgekehrt, „denn ich bin das Reisen satt und möchte auch gern im Sommer in Europa eintreffen."

Ende April war er mit seinen Geschäften in Buenos Aires fertig und konnte seine Rückreise nach Europa über Brasilien antreten. Am 28. April verließ er Buenos Aires und fuhr nach Montevideo. Dort hielt er sich bis zum 6. Mai auf und ging dann an Bord eines Dampfschiffes in Richtung Rio de Janeiro.

In Rio de Janeiro, „einem der herrlichst gelegenen Orte, den ich auf der ganzen Reise gesehen habe", traf er am 10. Mai ein. Über Weerths Brasilien-Aufenthalt wissen wir wenig. Da er sich auf der Rückreise nach Europa befand, wird er sicherlich keine großen Geschäfte gemacht und keine bedeutenden Verbindungen angeknüpft haben.

Er verließ Rio am 15. Mai „auf einem größern Steamer, der den Dienst zwischen England und Brasilien versieht," und fuhr über Bahia (dem heutigen Salvador) nach Pernambuco (dem heutigen Recife) an der Nordostküste Brasiliens.

Am 22. Mai ging der Steamer von Pernambuco aus in See. 8 Tage später erreichten sie die Kapverdischen Inseln, „wo wir aber nicht ans Land gelassen wurden, da in Pernambuco das gelbe Fieber war und die Leute durch uns angesteckt zu werden fürchteten."

Am 5. Juni sahen sie die Kanarischen Inseln und hielten vor Teneriffa. 2 Tage später trafen sie in Madeira ein. Der nächste Halt war Lissabon, das sie am 10. Juni erreichten. Nach einer

stürmischen Fahrt durch den Golf von Biscaya liefen sie schließlich am 15. Juni 1855 in Southampton ein. Weerth war nach
einer mehr als 2 1/2 Jahre dauernden Reise durch Nord-, Mit-
tel- und Südamerika wieder gesund nach Europa zurückgekehrt.

IX

Betty Tendering

1855

Noch am Tag seiner Ankunft in Southampton — es war der 15. Juni 1855 — reiste Weerth weiter nach London, blieb dort einen Tag und fuhr dann nach Manchester, um seinem Firmenchef Henry Steinthal in aller Ausführlichkeit Bericht zu erstatten.

In geschäftlicher Hinsicht war Weerths Amerika-Reise ein Erfolg. Am erfolgreichsten war er in Venezuela und Westindien gewesen, wo er den Grundstein für einen regen Geschäftsverkehr zwischen Steinthal & Co. und dortigen Kaufleuten legte. Weniger Glück hatte er in einigen südamerikanischen Republiken wie Neu-Granada und Peru, wo Revolutionen und politische Unruhen ihn erheblich in seinen Bemühungen hinderten. Dennoch war seine Reise auch dorthin nicht umsonst gewesen, denn er hatte ein neues Gebiet kennengelernt und Kontakte für spätere Geschäfte geknüpft. Wenn man bedenkt, daß es ihm vorrangig darum gegangen war, seine Firma in Westindien zu etablieren und daß die Ausdehnung der Firmengeschäfte auf andere Länder an zweiter Stelle stand, hatte er seinen Auftrag mehr als erfüllt und konnte zu Recht mit dem Ergebnis seiner Amerika-Reise zufrieden sein.

Auch persönlich brachte ihm die Reise viel Neues. Er hatte u. a. das kalifornische Goldfieber miterlebt, den Chimborasso bestiegen, die Anden überquert und die Pampas durchritten, und dies alles gut überstanden. Zwar wollte er diese Reise nicht wiederholen, „aber ich bereue es nicht, daß ich die beste Zeit meines Lebens so verwandte."

Keineswegs wollte er sich wieder in England niederlassen. Vielmehr war er entschlossen, nach den Tropen zurückzukehren, wo ihm das Klima besonders zugesagt hatte. Einstweilen aber mußte er sich in Manchester aufhalten, um Geschäftssachen zu erledigen und für die Zukunft zu sorgen.

Nach seinem Reiseleben in Amerika fiel es Weerth schwer, sich wieder an den Gang des Geschäftslebens in England zu gewöhnen. Kaum einen Monat nach seiner Rückkehr nach England schrieb er seiner Mutter:

> Nur plagt mich die Ungeduld, bald wieder herauszukommen und meine ferneren Pläne durchzusetzen.
> Wenn andre Leute Genuß in der Ruhe finden, so ist bei mir das Gegenteil der Fall. Permanente Bewegung ist mir zur andern Natur geworden und ich wünsche daß es so bleiben möge.[218]

Nachdem Weerth mit der Firma Steinthal & Co. übereingekommen war, sich als ihr Agent in Westindien niederzulassen, konnte er endlich Manchester verlassen und seine Mutter in Detmold besuchen.

Nur wenige Tage konnte er sich dort aufhalten; dann mußte er nach Hamburg, um sich mit einem seiner Firmenchefs zu treffen. Von Hamburg machte er dann einen Abstecher nach Berlin, wo er seinen Bruder Ferdinand, seine Kusine Lina Duncker und vor allem Betty Tendering anzutreffen hoffte. Alle drei waren jedoch verreist und so mußte Weerth unverrichteter Dinge nach Hamburg zurückkehren.

In Hamburg hielten sich zu dieser Zeit viele Geschäftsleute aus Westindien auf, die er von seinem Aufenthalt in Westindien her kannte, und die er gerne sprechen wollte. Der Kontakt mit ihnen eröffnete ihm „täglich neue Anknüpfungspunkte und Geschäfte." So gelang es ihm, „eine Verbindung einzuleiten, welche mir für meinen zukünftigen Aufenthalt in Westindien von sehr großem Nutzen ist."

Dabei handelte es sich um die Firma F. J. Tesdorpf und Sohn, eine der angesehensten Firmen Hamburgs. Für Tesdorpf und Sohn sollte er in Westindien dortige Produkte wie Zucker, Kaffee, Tabak und Baumwolle einkaufen. An diesen Geschäften war er im ersten Jahr mit 10 Prozent beteiligt. Für Steinthal & Co. sollte er dagegen europäische Waren in Westindien verkaufen.

Aufgrund seiner Geschäfte für die beiden Firmen konnte er mit Sicherheit mit einem jährlichen Mindesteinkommen von £ 2000 (damals ungefähr 40,000 Mark) rechnen. Darüber hinaus hatte er die Möglichkeit, mit Waren, an denen seine Auftraggeber nicht interessiert waren, auf eigene Rechnung zu handeln. Das tat er auch und verkaufte zum Beispiel Zigarren von Havanna nach Venezuela.

Die £ 2000, die Weerth als Geschäftsmann in Westindien pro Jahr verdienen konnte, bedeuteten für die damalige Zeit ein enormes Einkommen. Weerths Absicht war daher, 4-5 Jahre in Westindien zu arbeiten, bis er soviel verdient hatte, daß er nach Deutschland zurückkehren und dort von seinen Einkünften leben konnte.

Nach Abschluß seiner verschiedenen Geschäftsverhandlungen in Hamburg hoffte Weerth, seiner Mutter einen etwas längeren Besuch in Detmold abzustatten. Sein Aufenthalt in Detmold in der zweiten Septemberhälfte 1855 war jedoch alles andere als eine Zeit der Ruhe und Erholung. Vielmehr war es, hervorgerufen durch die nicht erwiderten Gefühle für Betty Tendering, eine Zeit großer Enttäuschung und Niedergeschlagenheit.

Wenige Tage nach Weerths Ankunft in Detmold teilte ihm seine Kusine Lina Duncker schriftlich mit, daß ihre Schwester Betty Tendering von einer Reise in die Schweiz zurückgekehrt sei und in 14 Tagen nach Italien zu fahren beabsichtige. Da Weerth Betty bei seinem Abstecher nach Berlin Mitte August nicht angetroffen hatte, er sie aber unbedingt wiedersehen wollte, machte er sich sofort auf den Weg nach Köln, wo sich Lina und Betty gerade aufhielten.

Betty Tendering wurde am 6. April 1831 auf dem Tenderingschen Erbgut Haus Ahr bei Wesel am Niederrhein geboren. Ihr Vater war der Rittergutsbesitzer Karl Tendering, ihre Mutter die aus einem schottischen Adelsgeschlecht stammende Antoinette Roß. Durch die Heirat von Betty Tenderings Großvater, Bischof Roß, mit Luise Weerth, der einzigen Schwester von Georg Weerths Vater, war Betty seine Kusine zweiten Grades.

Betty war noch kein Jahr alt, als sie ihre Mutter verlor. Zwei Jahre später starb ihre Stiefmutter und nach weiteren fünf Jahren ihr Vater. Mit einer von ihren Schwestern wuchs sie bei ihrer

Stiefgroßmutter in Coesfeld auf. Danach lebte sie bei ihrem Großvater, Bischof Roß, in Berlin und auf Haus Ahr.

In den Jahren 1854 und 1855 hielt sich Betty im Hause ihrer Schwester Lina und ihres Schwagers Franz Duncker in Berlin auf. Im Haus des Verlagsbuchhändlers Franz Duncker in der Johannisstraße 11 versammelten sich Berlins fortschrittliche Persönlichkeiten; Künstler, Schriftsteller, Rechtsanwälte, Historiker und Politiker von Rang und Namen gaben sich dort ein Stelldichein.

Zum Dunckerschen Kreise gehörten u. a. der durch sein Werk *Die Geschichte der deutschen Höfe* bekannt gewordene Karl Eduard von Vehse, der auf Empfehlung von Weerth Zutritt zum Dunckerschen Haus fand, der Literat Adolf Stahr, dessen Freundin, die Dichterin Fanny Lewald, deren Bruder, der Rechtsanwalt Lewald, der Bildhauer Hermann Heidel, der politische Schriftsteller Julius Freese, der Journalist Aaron Bernstein und der um die Verbesserung der Lage der Arbeiterschaft bemühte Dr. Lette.

Seit Herbst 1853 verkehrte auch Gottfried Keller (1819-1890) im Dunckerschen Hause. Hier lernte er die zwölf Jahre jüngere Betty Tendering kennen und verliebte sich im Winter 1854/55 leidenschaftlich in sie. Ein Ausdruck seiner Gefühle für Betty ist die mit Kritzeleien versehene Schreibunterlage, die er für die Niederschrift des vierten Bandes des *Grünen Heinrich* benutzte und die er mit dem Namen Betty in unzähligen Variationen verzierte.

Literarischen Niederschlag fand Kellers Liebe zu Betty in den Schlußkapiteln des *Grünen Heinrich,* an denen er damals gerade arbeitete. Dort tritt Betty Tendering in Person der Dortchen Schönfund auf. Ein wesentlich unfreundlicheres Bild von Betty zeichnete Keller wenig später in der Gestalt der Lydia in der Novelle *Pankraz der Schmoller.* Das zweite Porträt Bettys läßt darauf schließen, daß Keller ihr inzwischen seine Liebe gestanden, sie ihn aber zurückgewiesen hatte.

Im Sommer 1855 verließ Betty Berlin und trat eine Reise in die Schweiz an. Mitte September kehrte sie nach Deutschland zurück und traf sich mit ihren Schwestern am Rhein.

Den zeitgenössischen Beschreibungen nach war Betty Tendering eine sehr schöne und stattliche Frau, deren anmutiges Wesen sich mit einer eleganten Erscheinung verband. Gottfried Keller beschrieb sie als eine „elegante Personnage", als ein „reiches, schönes und großes Mädchen". Durch ihr Aussehen, ihr Wesen und ihre Bildung zog sie viele Männer in ihren Bann. Sie strahlte zwar eine gewisse Unnahbarkeit aus, doch das machte sie wahrscheinlich noch interessanter und reizvoller.

Der Berliner Maler und Schriftsteller Ludwig Pietsch, der im Dunckerschen Hause verkehrte und im Auftrag der Familie ein Bildnis in schwarzer Kreide von Betty Tendering zeichnete, beschrieb sie ausführlich in seinen *Erinnerungen aus den fünfziger Jahren,* dem zweiten Band seiner Autobiographie *Wie ich Schriftsteller geworden bin:*

> Als ein wahres Elitewesen an Leib und Seele erschien mir letztere, wie es die Natur nur selten in ihren glücklichsten Momenten und in ihrer besten Gebelaune schafft. Für eine junge Dame von zwanzig Jahren ungewöhnlich hoch und groß gewachsen, fast heroinenhaft in ihren Körperformen und ihrer majestätischen Haltung, war ihr doch alles Mannweibliche, Walkürenhafte durchaus fremd. Mit der Hoheit ihrer Erscheinung war ruhevolle Grazie und Anmut der Bewegungen innigst verbunden. Der schöne Hals trug ein von schwarzem, langem, reichem Gelock umwalltes Mädchenhaupt mit einem Profil von klassischem Adel der Linien, unterhalb von dessen feingeschnittener, wie aus Marmor gemeißelter Nase sich die blühenden, schön geschwungenen Lippen über den weißen Zähnen öffneten.[219]

Lina Duncker wußte von Weerths Zuneigung zu ihrer Schwester Betty. In ihren Briefen an Weerth während seines Amerika-Aufenthalts sprach sie oft von Betty. So schrieb sie ihm am 20. Januar 1854:

> Meine Schwester lebt augenblicklich einsam auf Ahr, da sich außer einem Pferde noch niemand gefunden, mit dem sie es wagen will, die Wanderung durch das irdische Paradies anzutreten. Sie will Freiheit für all ihr Tun und Denken, und muß sie auch haben, wenn sie ferner gedeihen soll, — wohl ihr, daß sie einsieht, wie selten eine Verbindung die gewähren kann! Mag sie wie ein wilder Falke frei in den Lüften bleiben, nur durch wahre große Liebe herabgezogen zur armseligen Erde.[220]

Seit der ersten Begegnung mit Betty im Mai 1852 in Leipzig hatte Weerth sie nicht vergessen können. Auf seinen Reisen in Amerika hatte er oft an sie gedacht. „Der Sacramento kennt Ihren Namen so gut wie der Chimborasso und die Grasfläche der Pampas," gestand er ihr. Er hatte versucht, mit anderen

Frauen glücklich zu werden. Das eine Mal war die Betreffende schon verlobt und die anderen beiden Male hatte er wegen Betty auf eine Bindung verzichtet.

Wer die bereits Verlobte gewesen ist, wissen wir leider nicht. Eine der beiden anderen war gewiß die schöne Margarita Avendaño aus La Guaria in Venezuela. Die andere wird wahrscheinlich die Tochter seines ehemaligen Firmenchefs Carl Worms gewesen sein.

Am 12. Juni 1854 hatte Weerth Lina Duncker aus Medellin in Neu-Granada geschrieben, daß er sich für ihre Schwester „lebendig interessiere." Auf die Nachricht, daß Betty sich auf dem Tenderingschen Erbgut Haus Ahr bei Wesel aufhielt, entgegnete er:

> Sie sollte lieber mit mir die Reise um die Welt machen; ich will fest versprechen, ihr mit jeder Liebeserklärung vom Halse zu bleiben.[221]

In der letzten Septemberwoche 1855 kam es in Köln zum Wiedersehen zwischen Weerth und Betty Tendering. Von Köln begleitete er sie und ihre Schwestern Lina und Bertha nach Bonn und Elberfeld, wo sie gemeinsame Verwandte besuchten. In dieser Zeit verliebte er sich leidenschaftlich in sie. Er näherte sich ihr aber mit „Angst und Unbeholfenheit, denn ich glaube, Sie sind zu schön und zu vornehm für einen Menschen, der sich mit den Äquinoktialstürmen herumzuschlagen hat, mit dem Vomito Negro und mit spanischen Kreolen."

Dennoch konnte er ihr seine wahren Gefühle nicht verbergen. Ende September machte er ihr in Elberfeld einen Heiratsantrag, den sie abwies. Dabei muß es zu einer Szene vor ihren Verwandten gekommen sein, denn Weerth entschuldigte sich danach bei ihnen. Bettys Schwester Bertha Weerth (verheiratet mit Julius aus'm Weerth, Sohn des Kommerzienrats Friedrich aus'm Weerth) schrieb ihm daraufhin:

> Ihnen jetzt böse zu sein, ist mir unmöglich, ich verzeihe Ihnen noch mehr, denn die Liebe macht die Menschen oft unzurechnungsfähig; nebenbei achte u. liebe ich es, daß jeder seine Meinung sagt u. finde es ein großes Glück, daß alle Leute nicht denselben Geschmack haben, es gäbe ja sonst eine gräßliche Zänkerei in der Welt.[222]

Daß Weerth seine Gefühle für sie vor ihren Verwandten nicht verbergen konnte, war Betty peinlich. Sie bat ihn, „nicht vor den

Leuten zu zeigen, daß Sie sich etwas aus mir machen." „Und dann lassen Sie Ihr Herz nicht immer mit Ihrer Zunge verkehren."

Für Betty kamen Weerths Liebeserklärungen und sein Heiratsantrag völlig überraschend. Da sie mit ihm verwandt war, hatte sie ihn ohne Bedenken bei seinem Vornamen genannt. Es wäre ihr auch nie eingefallen, daß ihr Bild, das sie ihm schenkte, eine Liebeserklärung bedeutete. Ganz offensichtlich hatte sie keine Ahnung von der Heftigkeit seiner Gefühle. Von den Erzählungen ihrer Schwester Lina und von ihrer kurzen Bekanntschaft mit Weerth kannte Betty ihn als einen „leichtfertigen, liebenswürdigen und genialen Vetter." Deswegen fiel es ihr schwer, an den Ernst seiner Absichten zu glauben:

Seien Sie mir nicht böse, wenn ich glaube, daß Politik, Handel, Liebe alles von Ihnen ohne jede Beimischung von Leidenschaft und Ernst betrieben wird.[222]

Nach ihrer stürmischen Aussprache und Bettys Ablehnung seines Heiratsantrages kehrte Weerth noch Ende September völlig niedergeschlagen von Elberfeld über Düsseldorf nach Detmold zurück.

In Detmold fand Weerth nur scheinbar Ruhe. Seine Mutter wußte zwar von seinem Interesse für Betty, doch davon, was in seinem Innersten wirklich vorging, verriet er ihr nichts. Durch die Trennung von Betty kam er einerseits „wieder zu Verstande," andererseits war er von seiner Liebe zu ihr „noch nicht kuriert." Im Gegenteil, er fühlte sich „mit Leib und Seele" an sie „gefesselt."

Er warb in seinen Briefen an Betty zwar weiterhin verzweifelt um ihre Liebe, doch wußte er um die Aussichtslosigkeit seiner Bemühungen. So kam es, daß er keinen Grund sah, länger in Europa zu bleiben, wo er schon zu viele Enttäuschungen erlebt hatte. Am 2. Oktober 1855 schrieb er Betty aus Detmold:

Die Alte Welt ist mir zuwider geworden. Alle meine ersten Anstrengungen in der Literatur, in der Politik, im Handel, sie sind zunichte geworden, und was das schlimmste ist, ich hatte Ursache, meine besten Freunde zu verachten; früher oder später ertappte ich sie alle auf einer kleinen oder größeren Niederträchtigkeit; mit sehr wenigen, sehr edlen Ausnahmen wurden sie alle Schufte oder Philister.

Da ging ich nach Westindien, und ich habe zum ersten Mal in meinem Leben

vollständig reüssiert. Ich bin dem Schicksal dankbar; ich gehe nach Westindien zurück. Materielle Prosperität ist mir Notwendigkeit, und mein Herz
erfreut sich an einer großartigen Natur, an dem Sternenhimmel der
Tropen.[224]

Diese Äußerung zeigt deutlich, wie desillusioniert er war und
welche Bedeutung für ihn der geschäftliche Erfolg in Westindien
erlangt hatte. Sein geschäftlicher Erfolg in der Neuen Welt entschädigte ihn zum Teil für sein früheres Leben in Europa, das er
als „gescheitert" betrachtete. In der Vergangenheit hatte er sich
mit jugendlicher Begeisterung für die Sache der arbeitenden
Klasse eingesetzt, war dem Bund der Kommunisten beigetreten
und hatte sich während der Revolution von 1848/49 durch
seine schriftstellerische Tätigkeit und Mitarbeit an der *Neuen
Rheinischen Zeitung* in den Dienst des Kommunismus gestellt.
Das Scheitern der Revolution setzte seinem literarischen wie
politischen Engagement ein Ende. Danach hatte er sich wieder
ganz dem Handel gewidmet, aber auch in seinem Handelsberuf
einen weiteren Rückschlag erlitten, der ihn zwang, sich von der
Firma Emanuel & Son zu trennen und geschäftlich wieder ganz
von vorne anzufangen.

Bei der Betrachtung der oben zitierten Aussage fällt wieder
auf, daß es für Weerth im Leben keinen Mittelweg und keine
Halbheiten gab. Vergessen war das glückliche Jahr an der *Neuen
Rheinischen Zeitung,* vergessen sein rednerischer Erfolg auf
dem Brüsseler Freihandelskongreß, vergessen seine früheren
geschäftlichen Erfolge. Er hatte ja schon nach seiner Iberien-
Reise von seiner „eigene[n] verfehlte[n] Laufbahn" gesprochen.
Für ihn galt: alles oder nichts. Daraus erklärt sich sein vernich-
tendes Urteil über seine literarische, politische und kaufmännische Tätigkeit in Europa.

Dennoch hing Weerth weiterhin sehr an der Alten Welt. Er
entwickelte eine Art Haß-Liebe zu Europa. In dem oben zitierten Brief an Betty fuhr er fort:

Trotz alledem wurzele ich mit tausend Fasern in der Erde, die ich fliehe. Ich
weiß, daß ich nur an die Alte Welt denken werde, während ich in der Neuen
wohne. Ich weiß nicht, wie man etwas hassen und doch lieben kann, aber dieser Widerspruch ist ein Faktum, und ich klammere mich fest daran, denn ich
muß etwas haben, was ich verehre, was ich liebe, wofür ich mich aufopfere.
In Deiner Person, in meiner Liebe zu Dir, hat sich diese Schwärmerei für die

238

Alte Welt verkörpert. Du bist für mich das Rätselhafte, die Sphinx der Alten Welt, das Heidentum und das Christentum, die Geschichte der Vergangenheit und der glühende Genuß des ewig Schönen.[225]

Abgesehen von der fast mystisch anmutenden Verherrlichung Bettys ist diese Briefstelle deswegen interessant, weil Weerth hier zum ersten Mal von seiner „Flucht aus Europa" spricht.

Weerth warb jedoch weiter um Betty. Er schrieb ihr, daß sie, falls sie seine Frau werden wolle, 6 Monate jeden Jahres in Europa und die restlichen 6 Monate mit ihm in Westindien leben solle:

Ich werde mein tolles Umherirren in Amerika aufgeben, ich werde alle meine Anstrengungen auf Havanna konzentrieren. Ich verdiene schon jetzt dort ein Minimum, welches dem Gehalte eines preussischen Generals oder Ministers mehr als gleichsteht.[226]

Er war zuversichtlich, „in Zeit von zehn Jahren ein Vermögen zu sammeln und dann nach Europa zurückzukehren":

Ich werde dann die erste Liebhaberei meiner Jugend, die Literatur, wieder aufnehmen; ich fühle, daß ich geistig frisch bleiben werde bis an meinen Tod, ich werde immer lieben, immer hassen können, meine ganze Natur ist Anti-Philister, und in den Jahren, wo gewöhnlich Schriftsteller erlöschen, werde ich erst die Bühne besteigen, und, ich weiß es, mit Erfolg.[227]

Auch diese Äußerung verdient eine genauere Untersuchung. Daß Weerth als Geschäftsmann in Westindien gut verdiente, ist bekannt. Und durch seine neuen Geschäftsverbindungen war ihm in Zukunft ein noch höheres Einkommen sicher. Wie so viele andere europäische Geschäftsleute plante auch er, später als wohlhabender Geschäftsmann nach Europa zurückzukehren.

Ob er jedoch wieder schriftstellerisch aktiv geworden wäre, ist zumindest zweifelhaft. Nach 1849 hatten sich die politischen Zustände in Deutschland radikal geändert. Selbst wenn er es gewollt hätte, wäre es ihm schwer gefallen, als „Parteischriftsteller" in der Restaurationszeit aufzutreten. Gewiß hätte er in Wort und Schrift für die bestehende Ordnung eintreten können. Doch hielt er nichts von „Gelb-Veiglein, Rosen und Tränen mit Bachgemurmel" in der Literatur, wie Stahr, Geibel, Hackländer, Kinkel, Hauenschild und Pulitz sie vertraten, jene „Schar von mittelmäßigen Eseln," die er vor Jahren so verspottet hatte. Dazu war er, wie er Betty schrieb, seiner ganzen Natur nach zu sehr „Anti-Philister". So liegt es auf der Hand, daß sich Weerth, was die Literatur betraf, einer Selbsttäuschung hingab, sei es, um Betty zu beeindrucken, oder weil er wirklich daran glaubte, literarisch wieder aktiv werden zu können.

Die Art und Weise, in der Weerth in seinen Briefen an Betty seine Gefühle für sie offenbarte, blieb nicht ohne Eindruck auf sie. Nachdem sie seinen Heiratsantrag in Elberfeld abgewiesen hatte, war er abgereist, ohne ihr zu sagen, wohin. Betty war inzwischen nach Haus Ahr zurückgekehrt, wo sie mit Ungeduld auf einen Brief von ihm wartete. Die Aufrichtigkeit seines Briefes vom 2. Oktober aus Detmold veranlaßte auch sie, ihm gegenüber offen zu sein, ohne dabei die Distanz zu ihm aufzugeben.

In ihren Briefen an Georg Weerth erscheint Betty, die er bisher nur als „die genialste und liebenswürdigste Person" kannte, als eine von Schwermut und Trauer geprägte junge Frau. Nicht die „elegante Personnage", wie sie Keller beschrieb, lernen wir jetzt kennen, sondern eine von Seelenqualen geplagte 24jährige. Am 6. Oktober 1855 schilderte sie Weerth diese Seite ihres Wesens:

Außer daß Sie mich nicht kennen, möchte ich sogar behaupten, daß Sie bei näherer Bekanntschaft mich nicht lieben würden, denn Sie sehen in mir ein einfaches, frohes Geschöpf, und doch hat viel Gesundheit der Seele und des Körpers dazu gehört, meine angeborene Neigung zur Trauer, mein fürs Leben untaugliches Gemüt insoweit zu zwingen, daß ich zeitweise den Mut und den Glauben habe, das Leben zu genießen.[228]

Weiter schrieb sie ihm, daß sie immer „einsam und freundlos gewesen", daß sie „selten Frieden" habe, „wohl aber eine trostlose Leere, einen Unglauben, eine Gleichgültigkeit, kurz nicht Glück." Sie kannte keinen Grund, der sie veranlassen könnte, ihr einsames Leben aufzuopfern, als Liebe. Hätte sie ihn geliebt, wäre sie für immer mit ihm nach Westindien gegangen und nicht nur für 6 Monate im Jahr, wie er ihr vorgeschlagen hatte.

Bevor er wieder nach Westindien ging, hoffte sie ihn noch einmal zu treffen: „Vielleicht sehen wir uns in Paris zum letzten Mal, und einmal möchte ich Sie doch noch sehen," schrieb sie ihm. Auf dem Weg nach Italien wollte sie dort Station machen, wo sich auch Georg Weerth mit seinem Bruder Wilhelm zu Besuch der Weltausstellung aufhalten würde.

Worin lag die Ursache von Bettys „angeborene[r] Neigung zur Trauer"? Was machte ihr Gemüt fürs Leben so untauglich? Wir müssen in ihre Kindheit zurückgehen, denn dort liegt der Schlüssel zur Auflösung dieses Rätsels. Innerhalb von acht Jahren verlor sie ihre Eltern und ihre Stiefmutter. Alle drei wurden auf Haus Ahr bestattet. Die kleine Betty verband die Sehnsucht nach ihrer verstorbenen Mutter mit der Vorstellung des Grabhügels — so erklärt sich Bettys Vorliebe für Gräber und Grabstätten und ihr Wunsch, bei ihrer Mutter zu sein. So erklärt sich ihre Todessehnsucht. Nach dem Tod ihres Vaters mußte sie die Heimat verlassen und wurde von ihrer Stiefgroßmutter in Coesfeld erzogen. Zu der Sehnsucht nach ihren Eltern kam das Heimweh. Auf diese Weise prägte Bettys eltern- und heimatlose Kindheit ihren Charakter und führte in ihrem Wesen zu dem Widerspruch von anmutigem Äußeren und innerer Trauer.

Ob Weerth sich der Tragweite ihrer Lebensproblematik bewußt war, ist zweifelhaft. Daß Betty eine „problematische" Frau war, wußte er allerdings. Schon von Bettys Schwester Bertha hatte Weerth gehört, daß Betty „kalt wie ein Stein, unverwundbar von der Liebe" und er „ein Tor" sei, „das Unmögliche zu versuchen." Drei Jahre vorher hatte ihm Bettys Schwester Lina Duncker „mehr oder weniger dasselbe" gesagt. Damals hatte er Betty gerade erst kennengelernt und sich sofort in sie verliebt. Aus geschäftlichen Gründen — seine Firma Emanuel & Son stand kurz vor dem Zusammenbruch — „mußte ich mir aber damals den Gedanken an Dich aus dem Kopfe schlagen."

Interessant ist, was Weerth in dem Bekenntnis-Brief an Betty vom 9. Oktober 1855, aus dem die oben zitierten Auszüge stammen, über die 3 Jahre schrieb, die er bis zum Wiedersehen mit Betty hauptsächlich auf Reisen in Amerika verbrachte. „Die Folge davon" — d. h., die Unmöglichkeit, in ihrer Nähe bleiben zu können — „war, daß ich total gleichgültig gegen alles wurde, was mir auf meiner großen Reise passieren konnte." Weiter heißt es: „Ich bin über die Kordilleren geritten und in das Herz der größten Wildnisse gedrungen, als machte ich einen Spaziergang. Trostlose Tage habe ich damals verlebt [...]."

Diese Aussagen bestätigen in der Tat den Eindruck, den man bekommt, wenn man Weerths Reisen in Amerika folgt. Es scheint, als ob er rastlos und ruhelos und ohne Lebensinhalt von einem Ort zum andern jagte und dabei die größten Strapazen und Gefahren auf sich nahm, als machte er wirklich nur einen Spaziergang.

Nach der kurzen Zeit, die er Betty kannte, schien sie ihm „nicht mehr ein solches Rätsel wie früher." Als sie ihm über ihr „fürs Leben untaugliches Gemüt" geschrieben hatte, antwortete er:

> Ich verehre in Dir ein schönes und geniales Weib, und es tut mir von Herzen leid, daß Du innerlich nicht glücklich bist. Dein ganzes Unglück scheint mir darin zu bestehen, daß Dein Leben kein Ziel, keinen Zweck hat. Viele Weiber sehen, wie ich glaube, darin ihre Bestimmung, daß sie glückliche Mütter und gute Hausfrauen werden. Deine Ambition geht etwas weiter, aber Du bist Dir selbst nicht klar über die Stellung, die Dich befriedigen würde.[229]

Mit dieser Einschätzung traf Weerth nicht die eigentliche Problematik ihres Wesens. Einen tieferen Einblick in ihr Wesen hatte er nicht. Durch seine Liebe für sie war er wahrscheinlich auch blind für ihre eigenen Probleme. Er versuchte zwar, auf sie einzugehen, doch beschäftigte er sich nicht ernsthaft mit ihnen. Dazu fehlte es ihm auch an Einfühlungsvermögen. Er war der Überzeugung, daß es sein ängstliches und unbeholfenes Auftreten war, weswegen Betty ihn nicht liebte. Er hatte gehofft, daß sie seine Fehler mit seiner Liebe entschuldigen könnte. Auch darin irrte er sich. Um eine engere Beziehung zu Betty aufzubauen, hätte er mehr Zeit und Verständnis aufbringen müssen. Dann hätte er mit seiner Werbung vielleicht Erfolg gehabt. Doch das muß notwendigerweise Spekulation bleiben. In Wirklichkeit führte Weerths ungestüme und leidenschaftliche Werbung dazu, daß Betty sich verunsichert fühlte und in ihrer Beziehung zu ihm auf Distanz ging.

In Detmold hielt sich Weerth ungefähr acht Tage auf. Nach einem rührenden Abschied von seiner Mutter verließ er seine Geburtsstadt am 10. Oktober 1855, dem 70. Geburtstag seiner Mutter, holte seinen Bruder Wilhelm in Oerlinghausen ab und reiste mit ihm zum Besuch der Weltausstellung nach Paris. Am 12. Oktober kamen sie in Paris an. Bald danach traf auch Betty in Begleitung ihres Schwagers Julius aus'm Weerth dort ein.

Nachdem Wilhelm Paris verlassen hatte, war Weerth viel mit Betty zusammen. Nachmittags trafen sie sich zum „Kaffeetrinken auf den Boulevards" und abends gingen sie ins Theater. Sowohl Bettys Verwandte als auch Georgs Mutter und seine Brüder hofften auf die Bekanntgabe ihrer Verlobung. Doch dazu kam es nicht. Wie vor ein paar Wochen in Elberfeld widerstand Betty seiner stürmischen Werbung.

Am 26. Oktober, dem Tage vor seiner Abreise von Paris, schrieb er ihr in einem Abschiedsbrief:

> Es ist nicht so leicht, auf das Liebste, was man im Leben hat, zu verzichten. Ich will es versuchen, denn ich erwarte auch nicht, daß ich noch einmal von Ihnen hören werde.[230]

Betty Tenderings Reaktion auf diesen Brief zeigt, daß Weerth ihr keineswegs gleichgültig war und daß sie durchaus Gefühle für ihn empfand. Auf seinen Brief antwortete sie noch am selben Tage. Sie schrieb: „Vielleicht hätte ich Sie geliebt, wenn Sie nicht meinen Besitz gewollt hätten, aber ein Band, ein Schluß ängstigt mich [...]". Im gleichen Brief heißt es weiter:

> Ich habe neulich acht Tage lang und noch länger keinen anderen Gedanken gehabt wie Sie, von dem Augenblick an, als Sie uns in Elberfeld verließen, bis ich Sie hier wiedersah, das entschuldigt, daß ich Sie hier sehen wollte. Einen Augenblick habe ich sogar gehabt, wo ich dachte, wenn ich hierherkäme, wäre mein nächster Weg der nach England.
> Als Sie nun aber ernstlich von Heirat und ewiger Verbindung sprachen, war ich wie umgewandelt.[231]

Trotz ihrer abweisenden Antwort wollte Betty ihn nicht in dem niedergeschlagenen Gemütszustand verlassen und schrieb ihm:

> Ich möchte Sie so gerne noch sehen und weiß nicht wie. Bis 5 Uhr werde ich zu Hause sein. Ich habe kein Zimmer hier bis jetzt, kann aber im nebenan liegenden Hotel eins bekommen. Wenn ich Sie nicht allein sehen kann, will ich es natürlich gar nicht.
> Wenn Sie mir nur sagten, wann Sie reisen, wäre ich zu Ihnen gekommen. Ich bin recht unglücklich über Ihren Kummer. Was wollen Sie nun tun? Daß Ihnen an allem, was ich für Sie fühle, nichts liegen kann, wenn ich Ihnen nicht das Einzige, das Ihrer würdig ist, meine Liebe, gebe, begreife ich. Wenn ich könnte, wie ich wollte, würde ich Sie so liebhaben, wie Sie nicht ahnen, daß man lieben kann, aber ich bin ein armes, leeres Geschöpf. Gott wollte, daß ich tot wäre! Meine einzige Sehnsucht, die immer wieder durch alle Gefühle dringt, ist das stille Plätzchen, wo ich vielleicht erst so spät und so erschöpft ankomme.[232]

Danach sahen sich Weerth und Betty in Paris noch einmal, und zwar am Nachmittag des 26. Oktober. Betty wollte ihre Beziehung in eine freundschaftlich-platonische umwandeln. Das war aber bei Weerths Leidenschaft für sie eine verlorene Mühe. Nach ihrem Treffen schrieb er ihr noch am Abend des 26. Oktober, daß er sie „nicht platonisch lieben" könne „wie ein anbetungsvoller Simpel" und fügte hinzu: „Meine Liebe zu Ihnen ist rein sinnlich, aber deswegen ist sie echt und wahr und aufopfernd."

So trennten sich beide am 26. Oktober. Obwohl Betty ihre Haltung nicht geändert und ihm „keine Konzessionen gemacht" hatte, war Weerth froh darüber, sie noch einmal gesehen zu haben. Das Treffen und die Aussprache trösteten und beruhigten ihn etwas.

An seine Mutter, die sich seine Verlobung mit Betty sehnlichst gewünscht hatte, schrieb er:

> Ich kann dir nicht gut alles erzählen, was zwischen uns vergangen ist; ich bitte dich, nicht weiter an die Sache zu denken; noch lieber wird es mir sein, wenn mit andern gar nicht darüber gesprochen wird. Unser Verhältnis ist nach wie vor in der Schwebe und Gott weiß, was daraus wird. Wir scheinen uns abwechselnd anzuziehen und abzustoßen. Vielleicht ist es gut, daß ich am 17. Novbr. in See gehe.[234]

Ähnliches schrieb Weerth auch an seinen Bruder Wilhelm, der während seines Paris-Aufenthaltes Zeuge von Georgs Werbung um Betty gewesen war:

> Über mein Verhältnis zu B. T. kann ich Dir jetzt nichts Näheres sagen. Es ist noch mancherlei zwischen uns vorgegangen, aber Gott weiß, was aus der Geschichte schließlich wird. Jedenfalls bitte ich dich dringend über die Sache nicht zu sprechen und sie bei jedermann zu ignorieren.[234]

Am 27. Oktober verließ Weerth Paris und reiste über London nach Manchester, um seine Vorbereitungen für die Rückkehr nach den Tropen zu treffen. In Manchester war Weerth viel mit Marx, Engels und Wilhelm Wolff zusammen, drei der „wenigen, sehr edlen Ausnahmen" unter seinen besten Freunden, die nicht „Schufte oder Philister" geworden waren.

Marx hielt sich von Mitte September bis Ende Dezember 1855 bei Engels in Manchester auf, um einem lästigen Gläubiger in London aus dem Weg zu gehen. Engels arbeitete immer noch für die Firma Ermen & Engels und Wilhelm Wolff lebte seit September 1853 in Manchester, wo er den Kindern deutscher Kaufleute Unterricht gab und sich dadurch seinen Lebensunterhalt verdiente.

In dieser Zeit hatte Weerth nur noch gesellschaftlichen Kontakt zu Marx, Engels und Wilhelm Wolff. Gewiß redete er mit ihnen über Politik, doch war Weerth jetzt weniger denn je daran interessiert, politisch wieder aktiv zu werden. Für ihn war das Zusammensein mit seinen alten Freunden eine willkommene Ablenkung von seiner unerfüllten Liebe zu Betty. Marx und Engels, seine engsten politischen Freunde, schienen keine Ahnung von seinem Gemütszustand zu haben. In ihrer Gegenwart verbarg er seine niedergeschlagene Stimmung hinter einer erzwungenen Heiterkeit. In den Augen von Marx und Engels war er „der alte Weerth", der sie mit seinen Erzählungen und Witzen wie früher unterhielt. Das geht deutlich aus einem Brief von Marx an Lassalle vom 8. November 1855 hervor:

> Weerth ist jetzt, nach einer längren Reise über den Kontinent (er kehrte Ende Juli von Westindien zurück), wieder in Manchester. In 8 Tagen wird er von hier aufs neue nach den Tropen absegeln. Es ist sehr amüsant, ihm zuzuhören. Er hat viel gesehn, erlebt und beobachtet. Großen Teil von Süd-, West- und Mittelamerika durchstreift. Zu Pferd die Pampas durchritten. Den Chimborasso erstiegen. Nicht minder in Kalifornien sich aufgehalten. Wenn er jetzt keine Feuilletons schreibt, spricht er sie dafür, und da hat der Zuhörer noch den Vorzug der lebendigen Aktion, der Mimik und des schalkhaften Lachens. Übrigens schwärmt er sehr für das Leben in Westindien und ist keineswegs auf den Menschenkehricht und das Wetter des hiesigen nordischen Klimas gut zu sprechen.[235]

Nach seiner Rückkehr nach Manchester hatte Weerth sich mit großem Eifer in seine Arbeit gestürzt. Er hatte viel zu „rechnen und zu schreiben." Er hatte Besuche zu machen, seine Reiseausrüstung zu besorgen, Reisevorbereitungen zu treffen, seine Aufträge mit Steinthal & Co. zu besprechen und vieles mehr. „Ich suche eben bei der Arbeit allmähliches Vergessen", schrieb er Betty. Doch ein Brief von ihr vom 31. Oktober verhinderte eben dies. Sie war es, die brieflich den Kontakt wiederaufnahm. Sie kam noch einmal auf die gemeinsam verbrachte Zeit in Paris zurück:

> Ich denke viel an die sonnigen Tage, die wir hier zusammen verlebten, und denke nach, ob es der blaue Himmel oder Ihre Liebe waren, was so glänzend über alles schien, was ich hier sah.[236]

In diesem Brief aus weiter Ferne, „wenn ein ganzer Ozean zwischen der Schreiberin und dem Empfänger des Briefes liegt", plauderte Betty mit Weerth vertraut wie mit einer Freundin. Sie erzählte ihm von sich und ihrer Umgebung, berichtete von ihrer Reisebegleitung, z. B. davon, daß sie sich die Augenbrauen färben sollte und daß man ihre Toilette sorgfältig musterte. Sie schrieb von einer Dame aus Basel, mit der sie in einem Café ins Gespräch gekommen sei, und daß sie sich nach Frauenfreundschaft sehnte.

Gleichzeitig gestand sie ihm, daß sie ihn „in den ersten 24 Stunden sehr vermißt habe" und daß sie jetzt, wo er weg sei, mit ihm reisen könnte, „aber wenn Sie kämen und mich holten, wäre es sicher wieder unmöglich."

In diesem lockeren Stil geht der Brief weiter:

> Da plaudere ich mit Ihnen wie mit einem Mädchen, die Entfernung macht mich vertraulich gegen Männer. Wenn man mich nicht sieht, nicht fangen kann und hinnehmen muß, was ich sage, wie ich es eben sagen will, dann vergesse ich mich so oft, so daß ich nie einen Brief wieder lesen möchte, den ich geschrieben habe.[237]

Weerth ärgerte sich über Inhalt und Ton von Bettys Brief. In seinem Antwortschreiben vom 1. November mischten sich zum ersten Mal Vorwürfe und Bitterkeit in seine Enttäuschung:

> Sie schreiben mir, daß ich heiter sein soll, weil Sie mich nicht lieben können. Sind Sie toll geworden, oder treiben Sie bloß Ihren Scherz mit mir?[238]

Die Verzweiflung über die Aussichtslosigkeit seiner Liebe kommt hier zum Vorschein. Noch einmal beschrieb er seine Gefühle für sie:

> Aber meine Liebe zu Ihnen ist eine Liebe ohne Rückhalt, ohne Grenzen; sie ist rein wie die Sonne und heiß wie das Feuer. Es ist daher Wahnsinn, wenn Sie von mir verlangen, daß ich Sie auf drei Schritt Entfernung lieben soll, daß wir einzig und allein „auf gutem Fuße" stehen sollen und daß ich damit zufrieden sein soll, wenn Sie mir von ihren Freundinnen erzählen oder daß ich Sie mit schönen Worten beräuchern darf.[239]

Auch er nahm noch einmal Bezug auf ihren gemeinsamen Aufenthalt in Paris. Beim Abschied hatte er sie um einen Kuß gebeten, sie hatte ihn aber „mit einer wahren Eiseskälte" zurückgewiesen. Und als er ihre Hand faßte, „lag sie regungslos in der meinigen." Inzwischen war ihm klar geworden, daß Betty „kalt wie Stein" war und „Marmor" mehr liebte „als Fleisch und Blut."

Er glaubte aber, „daß dies doch nicht ihre wirkliche Natur ist" und daß „nur ich nicht verstanden habe, dieses harte Herz zu rühren" und „Sie zur Liebe zu begeistern [...]."

Weiter schrieb er ihr, daß er „bei der Arbeit allmähliches Vergessen" suche. Es sei Zeit, daß er wieder in die Tropen zurückkehre, „wo die Menschen zwar nicht besser sind als an andern Orten, wo sie aber naiver, leichtsinniger und vielleicht herzlicher sind." Auch hoffte er, daß sein „alter Leichtsinn" in den Tropen wiederkehren und er „dann nicht mehr so melancholisch" sein würde.

Auf diesen Brief voll Bitterkeit und voller Vorwürfe erwiderte Betty, daß sie über seine Liebe nie gelacht und daß er kein Recht habe, auf sie herabzusehen, weil er sie ohne seinen Verdienst geliebt hatte. Sie billigte es und verstand es vollkommen, daß er alles außer ihrer Liebe zurückwies und jede Verbindung mit ihr abbrechen wollte. Durch seine Art, ihre Mitteilungen aufzunehmen, hatte er für die Zukunft alle schriftlichen Plaudereien ihrerseits unmöglich gemacht. Sie wollte ihm nicht mehr von ihren Freundinnen schreiben, ihn nicht „aufmuntern" und „nicht mehr quälen." „Am Ende unseres Verkehres habe ich einen Vorwurf für mich und einen Vorsatz gewonnen, wenn man nicht ganz einem Gefühl sich hingeben kann, auch nicht zu tändeln und zu wünschen." Sie nahm an, daß er ungeduldig über ihren Brief sein würde, doch hatte sie sich „in der ersten Aufregung" „aussprechen müssen." Am Ende des Briefes schrieb sie:

> Und es ist ja mein letztes Wort an Sie, denn Sie wissen wohl, daß ich Ihnen nicht schreibe, wenn, was ich sage, wie eine trostlose Langeweile über Sie kommt. Ich danke Ihnen, daß Sie so aufrichtig sind, ich mag das leiden an Ihnen.
>
> Adieu, adieu
>
> Betty[240]

Ohne Marx und Engels oder seine Angehörigen zu informieren, verließ Weerth nach Empfang des eben erwähnten Briefes von Betty Manchester überstürzt am 5. November. Er reiste nach Marseille, wo sich Betty vor Antritt ihrer Reise nach Italien bis zum 9. November aufhielt. Es war ein letzter Versuch, das Verhältnis zu retten.

Am Nachmittag des 7. November traf er Betty in Marseille.

Nach seinen eigenen Worten war er in ihrer Gegenwart „so wei-
nerlich und so kindisch gewesen". „Aber mein Herz ging mit
meinem Kopfe durch." Es kam zu einer Aussprache, in deren
Verlauf es Weerth wenigstens gelang, die Mißverständnisse, die
infolge ihrer letzten Briefe entstanden waren, zu beseitigen.
Mehr erreichte er jedoch nicht.

Weerth hatte vor, am 7. November abends wieder abzureisen,
konnte es aber nicht, ohne Betty noch einmal zu sehen. So fuhr
er zum Hôtel des Empereurs, wo Betty wohnte, und ließ ihr
einen Brief überbringen:

> Soll ich zu Ihnen kommen, so werde ich kommen. Soll ich gehen, so gehe ich.
> Wollen Sie einen Augenblick mit mir ausfahren, so kommen Sie in meinen
> Wagen. Ich verspreche, daß ich nichts von Ihnen jetzt will, als Sie sehen.[241]

Ob sie sich noch einmal gesehen haben, wissen wir nicht. Auf
jeden Fall verließ Weerth Marseille am nächsten Tag und traf am
9. November wieder in Manchester ein. Dort hielt er sich noch
sechs Tage auf. Dann fuhr er nach Southampton und schiffte sich
am 17. November 1855 zu seiner zweiten Reise nach Westindien
ein.

X

Tod in Havanna

1856

Am 2. Dezember 1855 traf Weerth wieder in St. Thomas (Jung-ferninseln) ein. Da er „einen sehr günstigen Geschäftsmoment" traf, hatte er „gleich von vornherein mehr zu tun", als er dachte, und war „vom Morgen bis zum Abend beschäftigt." Seine Geschäfte schienen gut zu gehen und seine Bekannten und Geschäftsfreunde freuten sich, ihn wiederzusehen. Seiner Mutter schrieb er, daß er in Venezuela „Old Weerth" hieß, ein Zeichen, „daß ich eben nicht in der Fremde bin." Auch das heiße Klima bekam ihm wieder sehr gut. Überhaupt gab er seiner Mutter im ersten Brief aus St. Thomas vom 15. Dezember 1855 den Eindruck, daß er sich in Westindien recht wohlfühle:

> Mit einer guten Cigarre, einem Pferde und etwas Eiswasser läßt es sich schon in Westindien aushalten und ich habe an Europa gar nicht mehr gedacht seit ich hier bin.[242]

In Wirklichkeit dachte er noch immer an Betty Tendering. Erst auf der Überfahrt nach Westindien hatte er ihr geschrieben, daß ihm ein Leben ohne sie „langweilig und erbärmlich" vorkomme und daß er sie nicht vergessen könne:

> Der letzte Gedanke, den ich habe, wenn ich einschlafe, das sind Sie, und am Morgen erwache ich mit Tränen in den Augen, weil ich sehe, daß mich meine Träume betrogen haben.

Er schloß den Brief an sie mit den Worten:

> Ich habe drei Jahre lang gearbeitet, und es ist umsonst gewesen. Aber ich liebe Sie heute wie am ersten Tage, und ich liebe Sie tausendmal mehr, und was es auf Erden gibt von zärtlicher Anhänglichkeit und von herzlichen Wünschen, ich sende es Ihnen![243]

Am 16. Dezember, einen Tag nachdem er seiner Mutter den Eindruck gegeben hatte, daß er sich in St. Thomas unter Bekannten und Geschäftsfreunden heimisch fühle, malte er in einem Brief an Betty ein ganz anderes Bild von seinem dortigen Leben:

> Ich lebe in den Tag hinein, ich betreibe mein Geschäft aus Gewohnheit, und wenn es abends kühler wird, reite ich die See entlang oder galoppiere in die Insel hinein, bis ich todmüde bin, und dann lege ich mich früh zu Bett, wie die Hühner, um weiter nichts mit den Menschen zu tun zu haben.[244]

In einem weiteren Brief an Betty vom 24. Dezember faßte er sein Leben folgendermaßen zusammen: „Ohne Weib, ohne Kind, ohne Haus, ohne Hof, ohne Zweck und ohne Ziel [...]."

Gleichgültigkeit und Resignation waren an die Stelle von Leidenschaft und Verzweiflung getreten. Eine tiefe Depression befiel ihn, die er vor seinen Geschäftsfreunden in Westindien und seinen Angehörigen daheim verbarg.

Am 20. Dezember begab sich Weerth auf eine seiner routinemäßigen Reisen nach Venezuela, wo er geschäftlich sehr erfolgreich war. Viele seiner Freunde in La Guaria trauerten um Angehörige, die an der vor kurzem in Venezuela grassierenden Cholera gestorben waren. Unter den Toten befand sich auch Margarita Avendaño, jene bildschöne Kreolin, die nach seinen eigenen Worten die einzige Spanierin gewesen war, die er hätte lieben können. Ihr Tod traf ihn schwer. „Die schönen spanischen Augen", schrieb er Betty, würden ihn also nicht trösten, wie Betty gedacht hätte.

Von Venezuela aus schrieb Weerth zum letzten Mal an Betty. Er hatte gehofft, daß sie ihm häufiger schreiben würde und hatte vergebens auf Post von ihr gewartet. „Wie toll bin ich, mich nach ein paar Worten von Ihnen zu sehnen, Worte, die mir doch jedesmal einen Stich im Herzen zurücklassen." Er konnte sich nicht entschließen, ihr „von diesen und jenen hochwichtigen Dingen etwas zu erzählen, und mit dem einen abgedroschenen Thema, das mich allein interessiert, will ich Sie verschonen." So endete sein letzter Brief an Betty, datiert La Guaira, 8. Januar 1856.

Der Gedanke an Betty schmerzte ihn offensichtlich noch immer, obwohl er die Zwecklosigkeit seiner Beziehung zu ihr schon lange eingesehen hatte. Doch hatte er erst jetzt genug Abstand zu Betty gewonnen, um die Konsequenzen zu ziehen und den Schlußstrich unter die für beide Seiten schmerzvolle Beziehung zu setzen.

Auf diesen Brief antwortete Betty aus Rom. Das war zugleich auch ihr letzter Brief an ihn. Sie bat ihn, sie zu vergessen und ihr „Trauer und so tolles Wünschen, wie Sterben und im Himmel sein," zu überlassen. In diesem Brief heißt es prophetisch klingend:

> Sie werden mich nicht wiedersehen, obgleich ich immer meine, das wäre das beste Heilmittel, aber was an mir zu lieben ist, ist eben keinem Alter und keiner Zeit unterworfen — ich hoffe recht verständig zu werden, aber zum Aufgeben meines freien Sinnes ist keine Aussicht. -
> Wenn Sie mir von sich schreiben wollen, wird mir jeder Brief willkommen sein, aber ich fürchte, das kann Sie an mich weiter fesseln, und ich möchte Sie ganz frei sehen. Heute bin ich nicht imstande, sonst etwas zu schreiben, ich kämpfe mit aller Gewalt gegen die Traurigkeit, die sich wie Alpdrücken mir aufs Herz legt. Adieu, adieu.[244]

Weerth antwortete auf diesen Brief nicht mehr. Und er sah Betty Tendering auch nie wieder. So endete seine unglückliche Liebe zu ihr. Die Zeit und die Entfernung halfen ihm, sie allmählich zu vergessen.

Vier Jahre später - 1860 - heiratete Betty Tendering in Wesel den Bierbrauereibesitzer Heinrich Tigler. Auch Tigler mußte lange um Betty werben, bevor sie ihn heiratete. Aus der Ehe gingen sieben Kinder hervor. Betty Tendering-Tigler starb nach einer langen und schmerzhaften Krankheit am 13. April 1902.

Allmählich gab Weerth sein selbstauferlegtes Alleinsein auf und begab sich wieder unter Menschen, um Zerstreuung und Abwechslung zu finden. Silvester 1855 war er in Caracas zu einer Gesellschaft eingeladen, die sein Freund Michel Pardo gab, den er als eine Art Rothschild Venezuelas beschrieb. Weerth amüsierte sich gut, tanzte auch mit einer der größten Schönheiten Westindiens und schien auf dem Wege, seine Depression zu überwinden und sich wieder für seine Umwelt zu interessieren.

Auch in Puerto Cabello, wo sich Weerth nach Silvester aufhielt, suchte er Kontakte. Mit Bekannten und Geschäftsfreunden aus Deutschland, England, Amerika und Westindien saß er zu Tisch und ritt mit ihnen abends gewöhnlich spazieren. Oft dehnten sie ihre Ritte bis nach dem im Gebirge gelegenen Dorfe San Esteban aus.

In San Esteban kehrten sie bei einem deutschen Wirt ein, der tagsüber Vögel für verschiedene Museen ausstopfte und bei dem sich abends Leute zum Tanz trafen. Sobald Weerth und seine Begleiter, die als Johnson's Club bekannt waren, in San Esteban erschienen, fanden sich einige junge Damen ein, die dort mit ihren Eltern auf dem Lande wohnten. Mit den Damen tanzten sie dann oft bis spät in die Nacht. Zweimal übernachteten Weerth und seine Begleiter bei dem deutschen Wirt in San Esteban. Vor dem Abritt badeten sie in aller Frühe in einem kleinen Bergfluß. Dieses morgendliche Baden schilderte Weerth sehr anschaulich in einem Brief an seine Mutter vom 31. Januar 1856:

> Etwas so Feenhaftes wie dieses Baden im Mondschein frühmorgens habe ich nie erlebt. Es wird jetzt nämlich erst um 6 1/2 Uhr Tag und wenn wir um 5 Uhr ins Wasser sprangen, schien der Mond noch silberhell durch die riesigen Bäume, die den Fluß überdachten und zitterte auf den rätselhaften Wellen. Das Morgenrot überraschte uns frisch gewaschen beim Kaffee. Wir saßen dann wieder zu Pferde und waren um 7 Uhr wieder in Porto Cabello. Wenn man so zu jeder Nacht, Tages und Jahreszeit im Freien baden kann, dann entbehrt man gerne manche Annehmlichkeiten, die nur in Europa zu Hause sind, und deswegen gefallen mir auch die Tropen.[246]

Ende Januar befand sich Weerth wieder in St. Thomas. Da er dort in Zukunft geschäftlich nur noch wenig zu tun hatte, beschloß er, seinen ständigen Wohnsitz nach Havanna zu verlegen, „was mir in jeder Weise erwünscht ist", „obgleich ich mich noch nicht daran gewöhnen kann, lange an einem Orte zu wohnen." In der Tat hatte Weerth noch vor Antritt seiner zweiten Westindien-Reise Havanna als Ausgangspunkt seiner Unternehmungen in Westindien ins Auge gefaßt. Am 2. Januar 1855 hatte er Betty Tendering von seinem Plan geschrieben, in Zukunft sein „tolles Umherirren in Amerika" aufzugeben und alle seine „Anstrengungen auf Havanna" zu konzentrieren.

Weerths Übersiedlung nach Havanna erfolgte im März 1856. Infolge der verbesserten Dampfschiffahrtsverbindungen war Havanna als die eigentliche Hauptstadt Westindiens und Mittelpunkt des Handels zu einem idealen Standquartier für seine verschiedenen Geschäfte geworden. Dank seines fruchtbaren Bodens, seines günstigen Klimas und seiner vortrefflichen Lage erlebte Kuba im neunzehnten Jahrhundert eine wirtschaftliche Blüte. Weerth vermutete, daß die Beibehaltung der Sklaverei einen weiteren großen Anteil an dem wirtschaftlichen Aufschwung der Insel hatte. Die Afrikaner waren billige Arbeitskräfte für die Kaffee-, Tabak- und Zuckerplantagen, die den Reichtum der Insel ausmachten.

Bemerkenswert ist Weerths eigene Einstellung zur Sklaverei. In einem Brief an seinen Bruder Wilhelm vom 7. März 1856, in dem er über seine Übersiedlung nach Kuba berichtete, schrieb er u. a.:

> Wenn man die dicken, gesunden Neger sieht, die hier Sklaven sind und sie mit den emanzipierten versoffenen Schwarzen der südamerikanischen Republiken vergleicht, so kommt man in Versuchung, die Emanzipation nur des Prinzips wegen zu wünschen.[247]

Mitte März 1856 unternahm Weerth eine Erkundungs-Tour. Von Havanna reiste er per Eisenbahn an die Südküste der Insel. In Batabanó ging er an Bord eines Steamers und fuhr die Küste entlang nach Cienfuegos, „welches eine neue Stadt und ein neuer Hafen ist." Am zweiten Tag war er in Trinidad, „das außerordentlich hübsch auf einem Hügel, 1/2 Stunde von der See entfernt," liegt und bekannt war „durch seine schönen Zukkerplantagen." Am dritten Tag erreichte er Santa Cruz und am vierten Manzanillo, „bekannt wegen seines Tabaks und seines Exports von Zedernholz, welches man in ganzen Schiffsladungen nach Bremen bringt, um Cigarrenkosten daraus zu fabrizieren." Am fünften Tag kam er schließlich in Santiago de Cuba an.

Von Santiago de Cuba ritt er ins Landesinnere und besuchte eine Hacienda, „auf der Rum aus Zuckerrohr fabriziert wurde." Über diesen Besuch schrieb er an Wilhelm Wolff in einem seiner wenigen an ehemalige politische Freunde in Europa gerichteten Brief aus Westindien:

> Auf einer Zucker-Hacienda, die ich neulich besuchte, überzeugte ich mich davon, daß es Weißen unmöglich sein würde, die Arbeit der Schwarzen zu verrichten, denn diese arbeiten von 3 Uhr morgens bis 12 Uhr mittags in einer Tour; dann läßt man ihnen 2 Stunden zum Essen und wieder arbeiten sie dann bis 8 Uhr abends und stets der brennenden Sonne ausgesetzt. Übri-

gens waren alle Neger, die ich sah, dick und rund. Dies ist mir unbegreiflich.[248]

Auf dieser Rundreise durch Kuba ging es Weerth hauptsächlich darum, die Pflanzer und ihre Plantagen zu besuchen und Kaffee, Tabak und Zucker zu kaufen. Am meisten handelte er mit Zucker. Nach seiner Rückkehr nach Havanna im April schickte er vier Schiffsladungen an die Firma Tesdorpf und Sohn in Hamburg, innerhalb eines halben Jahres waren es dann vierzehn Schiffsladungen. Weiterhin ließ er vier Ladungen Tabak ebenfalls aus Havanna und eine Ladung Kaffee und Baumwolle aus La Guaira an Tesdorpf und Sohn abgehen. Bis auf die letzte Ladung, die ihm einen Verlust brachte, wurden die anderen achtzehn Ladungen mit bedeutendem Gewinn verkauft, an dem er mit 10 % beteiligt war.

Je länger er sich in Havanna und auf Kuba aufhielt, desto besser gefiel es ihm dort. „Das Innere von Cuba ist an den schönsten Hügeln und Tälern reich und ein Paradies an Fruchtbarkeit," hatte er seiner Mutter am 22. März aus Santiago de Cuba geschrieben. Und was Havanna betraf, meinte er: „Rio de Janeiro, Lima und Havanna sind jedenfalls die schönsten Städte, die ich in Amerika sah, aber Havanna ist doch die Krone von den dreien."

In einem Brief an seine Mutter vom 1./7. Mai 1856 malte Weerth ein aufschlußreiches Bild von Kuba unter spanischer Herrschaft. Die Spanier ließen dem Handel jede Freiheit, übten aber gleichzeitig „Kontrolle über alles öffentliche Treiben." Sie verbesserten „langsam aber gründlich" die Straßen, bauten Eisenbahnen und gestatteten Dampfbootverkehr an den Küsten und sorgten auch für Unterhaltung. So bereute er es nicht, daß Kuba noch zur spanischen Krone gehörte und von einer Invasion der Nordamerikaner bisher verschont geblieben war.

So sehr er auch Havanna mochte, eine „gewisse Einförmigkeit des tropischen Lebens" war „nicht zu leugnen", wie er seiner Mutter schrieb. In diesem Punkt war Havanna „dem kleinsten Ort auf der festen Küste durchaus ähnlich." In dem gleichen Brief aus Havanna heißt es weiter:

Für mich ist die Stunde von 8 bis 9 Uhr abends die beste Erholung, wo auf der Plaza, vor dem Gouvernementshause, unter vier riesigen Palmen und zwischen prächtigen Blumenbeeten die Regimentsmusik spielt, während die Damen in offnen Wagen ihre Fächer spielen und ihre schönen Augen funkeln lassen und es sehr natürlich finden, daß man ganz in ihre Nähe tritt, um sie in allen Details zu bewundern.[249]

Bis zum 10. Mai hielt sich Weerth in Havanna auf. Dann begab er sich nach Santo Domingo, um in Santiago eine alte Schuld für die Firma Steinthal & Co. einzutreiben. Von Havanna ging es zuerst per Dampfschiff nach St. Thomas und von dort mit einem kleinen Schoner nach Puerto Plata in Santo Domingo. Der Weg von Puerto Plata nach Santiago war „ein höchst malerischer, romantischer, durch den dichtesten Urwald, durch silberhelle Bäche und grüne Savannen." Obwohl er in geschäftlicher Angelegenheit nach Santiago unterwegs war, ließ er sich dadurch nicht die Freude an dem Ritt ins Landesinnere nehmen:

> Wie ich aber daran gewöhnt bin, ziemlich verschiedene Dinge in meinem Gemüt zu vereinbaren, so weiß ich auch noch jetzt im grünen Walde den Kaufmann zu vergessen und mich an der Jagd und der Botanik zu ergötzen [...].[250]

Nach vielen Unannehmlichkeiten konnte er seine Geschäfte für Steinthal & Co. zu einem befriedigenden Abschluß bringen. Dann kehrte er nach Puerto Plata zurück, wo er wegen der Tabakernte stark beschäftigt war. Von Puerto Plata machte er noch eine Tour „die Küste entlang, in sehr wilde Mahagony-Forste" und kaufte Holz für seine deutschen Auftraggeber. Er war froh, daß seine Geschäfte in Santo Domingo damit erledigt waren, denn inzwischen hatte die Regenzeit eingesetzt, die die Wälder in Moräste verwandelte und die Flüsse anschwellen ließ, was das Reisen im Innern des Landes zu einer Qual machte.

Ursprünglich hatte Weerth geplant, von Puerto Plata direkt nach St. Thomas zurückzukehren, gab das Vorhaben aber auf, als er feststellte, wie schwierig eine solche Reise gewesen wäre. Auf dieser Fahrt mußten die Schiffe nämlich gegen den Passatwind kreuzen und litten oft unter totaler Windstille, sodaß die Reise 14 Tage dauern konnte. Eine so lange und unangenehme Reise auf den kleinen Schiffen, die zwischen Puerto Plata und St. Thomas verkehrten, wollte er vermeiden. Er beschloß daher, „die Küste entlangzufahren und in Cap Haïtien zu landen."

Seine Absicht war, Haiti von Norden nach Süden zu durchqueren und von Jacmel an der Südküste Haitis per Dampfboot nach
St. Thomas zurückzukehren. Auf diese Weise hoffte er sich eine
langweilige und beschwerliche Seereise gegen den Wind zu
ersparen, dafür aber das von dem berüchtigten Kaiser Soulouque regierte Haiti, „eins der seltsamsten Reiche der Welt," kennenzulernen.

Seit 1847 herrschte in Haiti der Negergeneral Faustin-Élie
Soulouque als Präsident, der sich 1849 zum Kaiser Faustin I.
gekrönt hatte. Unter seiner despotischen und korrupten Herrschaft kam es wiederholt zu kriegerischen Auseinandersetzun-
gen mit der 1843 gegründeten Republik St. Domingo, die den
östlichen Teil der Insel Hispaniola einnahm. Wegen des Kriegs-
zustandes zwischen dem Kaiserreich Haiti und der Republik St.
Domingo war, wie Weerth erwähnte, „aller Verkehr zwischen
den beiden Teilen der Insel [...] gänzlich unterbrochen und verboten."

Vielleicht gerade weil so wenige Fremde Haiti besuchten,
übten dieses Land und sein Kaiser Soulouque eine eigentümli-
che Faszination auf Weerth aus. Wiederholt hatte Weerth in seinen Reisebriefen von Soulouques Krieg mit der Republik St.
Domingo berichtet. So hatte er am 10. Februar 1856 an den ehemaligen Mitredakteur an der *Neuen Rheinischen Zeitung,* Wilhelm Wolff, geschrieben:

> Ein interessantes Evenement ist der kürzlich ausgebrochene Krieg zwischen
> dem Kaiser Soulouque und der Republik St. Domingo. Wenn ich irgendwie
> noch Lust hätte, mich mit schöngeistigen Dingen abzuplagen, so würde ich
> versuchen, aus diesem Kriege ein Heldengedicht zu machen. Wie schöne
> Parallelen ließen sich zwischen dem Orient und dem Okzident ziehen! Aber
> ich habe längst den Sonnenstich für alle poetischen Arbeiten bekommen.
> Wenn Freiligrath soviel Humor in der Poesie hätte wie im Leben, so könnte
> er eine zweite Auflage seines Ruhmes erleben. Aber so wird der alte Heine
> wohl sterben, ohne Soulouque besungen zu haben.[251]

Um überhaupt von der Republik St. Domingo aus nach Haiti zu
gelangen, griff Weerth „zu einer kleinen List." Da es offiziell keinen Verkehr zwischen den beiden Ländern gab, nahm Weerth
bei seiner Landung in Haiti Unannehmlichkeiten und Gefahren
in Kauf.

In Puerto Plata charterte er ein Schiff, das gerade mit einer

Ladung Salz von der britischen Bahama-Insel Inagua eingelaufen war unter der Bedingung, „daß man mit der Ladung sofort wieder in See ginge und mich mit dem Manifest darüber in Cap Haïtien ans Land setzte." Am 24. Juni verließ er Puerto Plata und traf zwei Tage später in Cap Haïtien ein.

Ohne Schwierigkeiten wurde er an Land gelassen, da das Manifest des Schiffes von Inagua datiert war. Der Ausgangspunkt von Weerths Reise wurde jedoch verraten. Es gelang ihm zwar mit Hilfe des englischen Konsuls in Cap Haïtien, die kaiserlichen Beamten zu beschwichtigen, doch wollten sie ihm sein Gepäck nur aushändigen, wenn das Schiff zugleich die ganze Ladung Salz löschte. Da Salz in Cap Haïtien wertlos war, weil es in der Nähe große Salinen gab, hätte die Schiffsladung nur mit großem Verlust verkauft werden können. So kehrte das Schiff nach Bezahlung der Hafengebühren am nächsten Tag nach Puerto Plata zurück. In der Nacht aber schmuggelte Weerth „mit großer Mühe" noch einen Teil seines Gepäcks, darunter einige Hemden und Hosen, Papiere und Sattel, an Land. Das restliche Gepäck ging weiter nach Puerto Plata zurück und sollte von dort über St. Thomas nach Havanna befördert werden, kam dort aber anscheinend nicht an.

Die fruchtlosen und gleichzeitig komisch anmutenden Verhandlungen, die Weerth und der englische Konsul Boden mit den kaiserlichen Behörden über sein Gepäck führten, beschrieb Weerth höchst amüsant und ausführlich in einem Brief an seine Mutter vom 18. Juli 1856. Zuerst wandten sie sich an den Hafenmeister, „ein Neger so schwarz wie Ebenholz, der in einem rosenroten Schlafrock den ganzen Tag im Hafen vor seiner Haustür sitzt." Obwohl sie ihm „die Hölle möglichst heiß" machten und „drohten, die Sache dem Kaiser zu hinterbringen", vor dem alle „schreckliche Angst" hatten, erreichten sie nichts. Als nächsten suchten sie den Intendanten der Douane auf: „ein feiner, spitzbübiger Neger, der uns begreiflich machte, daß er den Buchstaben und nicht den Geist des Gesetzes zu befolgen habe und da in den haitischen Gesetzen nicht geschrieben stehe, daß meine Koffer gelandet werden sollten, so könne er meinen Wunsch   nicht erfüllen." Interessant ist, daß Weerth diesen „Kerl" als die „schönste Parodie auf unsre impertinenten belgischen und preußischen Beamten vor 1848" beschrieb: „Die Impertinenz und Malice aus dem weißen ins schwarze übersetzt." Danach begaben sie sich zum Stadtkommandanten, „der ganz von seiner Würde durchdrungen zu sein schien und uns mit jener leichten und graziösen Artigkeit empfing, welche den Leuten von Adel und Stellung so sehr eigen sind." Der Stadtkommandant verwies sie an die höchste Instanz, den Gouverneur Duc de Caracol, der ihnen trotz aller Remonstrationen auch nicht half. Weerth mußte sich schließlich damit begnügen, daß der englische Konsul einen Bericht über den ganzen Vorfall an den englischen Generalkonsul in Port-au-Prince schickte und darin verlangte, „daß die Regierung seiner kaiserlichen Majestät wenigstens in Zukunft gesetzlich feststelle, daß ein Reisender seine Bagage mit sich führen dürfe."

Während seines Aufenthalts in Cap Haïtien war Weerth Zeuge einer Militärparade, die so viel Heiterkeit bei ihm auslöste, daß er darüber zum Teil seinen Ärger mit den kaiserlichen Behörden vergaß. In dem ausführlichen Brief an seine Mutter vom 18. Juli beschrieb er dieses „prächtigste Schauspiel":

Soulouque kaufte in Europa alte Uniformen auf, wenn sie nur recht brillant waren und so erschienen die armen Schlingel von Negern in altmodischen Schackos mit fürchterlichen Patronentaschen, mit alten Kuhbeinen von Gewehren, deren sich die kölnische Bürgerwehr schämen würde und endlich in dicken wollenen Röcken, die für einen polnischen Winter gut sein würden, aber mittags um 12 Uhr in den Tropen, wenn das Thermometer 95° im Schatten zeigt, eine entsetzliche Strafe Gottes sein müssen.

Zum großen Ärger der Generäle stellte ich mich mitten auf den Platz, um die ganze Geschichte anzusehen und es war eine fürchterliche Konfusion. Die Offiziere und Adjudanten in lackierten Stiefeln, mit vergoldeten Sporen und die pechschwarzen Fratzen umwallt von hundert Hahnenfedern, ritten fast ihre armen Schindmähren zu Tode, um einige Ordnung in die armen schweißtriefenden Soldaten zu bringen. Die correctesten französischen Flüche und Verwünschungen bildeten mit den tausendfach wiederholten Commandos einen unglaublichen Lärm. Die ganze Lebendigkeit der Neger war in ihrer widerlichsten Form entwickelt und Gestikulationen mit Säbeln, Gewehren, Fäusten und Füßen drohten abwechselnd den Offizieren und den Gemeinen verderblich zu werden, während eine wahre Kirmesmusik Marsch, Tanz und Choral zu einem tollen Gemisch ineinander dudelte.

Ich freute mich, daß kein preußischer Unteroffizier zugegen war, denn der arme Mann wäre auf der Stelle verrückt geworden. Ich selbst, nachdem ich lange ernst und würdig dagestanden, entfernte mich schließlich, aus vollem Halse lachend.[252]

Weerths Briefe aus dieser Zeit und besonders die an seine Mutter gerieten oft zu wahren Feuilletons und waren durchaus vergleichbar mit seinen in den 40er Jahren in der *Kölnischen Zeitung* veröffentlichten Reisebeschreibungen über England. Weerths Beschreibung der Militärparade in Cap Haïtien läßt deutlich seine Beobachtungsgabe, seinen Humor, aber auch seinen Spott erkennen — alles Eigenschaften, die ihn als Feuilletonredakteur der *Neuen Rheinischen Zeitung* ausgezeichnet hatten. Er besaß immer noch einen Blick für das Komische in einer anscheinend ernsten Situation.

Aufgrund seiner abwertenden Äußerungen über die Negerbevölkerung Haitis ist Weerth gelegentlich in den Verdacht geraten, „Rassist" geworden zu sein. Das war er im Sinne der heutigen Bedeutung des Wortes nicht. Man sollte seiner Äußerung über die Neger in Haiti nicht zu viel Bedeutung beimessen und in ihr eher den Ausdruck seines Ärgers mit dem Behörden- und Beamtentum in Haiti sehen, das ihn an die „impertinenten belgischen und preußischen Beamten vor 1848" erinnerte.

Nach mehreren Tagen Aufenthalt in Cap Haïtien ritt Weerth, begleitet von seinem Bedienten, einem „vortrefflichen alten afrikanischen Neger", nach Gonaïves, wo er nach 2 Tagen ankam. Über diese Reise schrieb er:

> Der Weg ging über ziemlich hohe Berge und abwechselnd durch schäumende Flüsse, die ich nicht selten in bloßen Beinen durchritt, da das Wasser bis an die Höhe des Sattels reichte. Unsre Pferde waren aber gute Tiere und so war die Reise durch dieses wahrhaft paradisisch schöne Land dennoch keine große Strapaze.[253]

Da die Wege infolge der Regenzeit „fürchterlich schlecht waren", mietete er sich in Gonaïves ein kleines offenes Boot, um den Rest der Strecke nach der Hauptstadt Port-au-Prince entlang der Küste zurückzulegen. Er traf aber totale Windstille an. Außerdem war die Hitze „so fürchterlich, daß ich glaubte, der Kopf würde mir zerspringen." An der Mündung eines kleinen Flusses ging er daher wieder an Land, besorgte sich auf einem in der Nähe gelegenen Gehöft Pferde und reiste notgedrungen und entgegen seiner ursprünglichen Absicht doch auf dem Landweg nach Port-au-Prince, wo er in der zweiten Juliwoche „ziemlich gerädert ankam", „da meine Provisionen zu Ende gingen und nichts am Wege aufzutreiben war" und er „während der letzten 2 Tage von grünem Käse, Zwiebeln und Bananen leben mußte."

Über seine Haiti-Reise schrieb er seiner Mutter stolz:

So hatte ich denn nach vielen Mühseligkeiten den fast nicht zu passierenden Weg von Porto Plata nach Port-au-Prince in der kurzen Zeit von 14 Tagen zurückgelegt und statt einer langweiligen Seereise gegen den Wind, eine Landtour gemacht, auf der ich eins der seltsamsten Reiche der Welt zu sehen bekam.[254]

Von Port-au-Prince wollte Weerth in 2 Tagen nach dem an der Südküste Haitis gelegenen Jacmel reiten, wo er an Bord des Dampfschiffes von Jamaika gehen wollte, um über St. Thomas nach Havanna zurückzukehren. Durch den spanischen Konsul in Port-au-Prince erfuhr Weerth jedoch, daß ein spanisches Kriegsschiff, die *Don Juan de Austria,* nach Santiago de Cuba in See gehen sollte. Dessen Kapitän erklärte sich bereit, ihn mitzunehmen und ersparte ihm auf diese Weise den weiten Umweg über St. Thomas.

Nach den Strapazen der Haiti-Reise war die kurze Überfahrt von Port-au-Prince nach Santiago de Cuba ein wahrer Luxus. „In dem Salon des Schiffes wurde mein Bett aufgeschlagen, ich hatte 2 Leute zu meiner Bedienung und wurde behandelt und bewirtet als sei ich der König von Spanien," berichtete Weerth.

Nach einer 28 Stunden dauernden Fahrt traf Weerth am 16. Juli (oder einige Tage früher) in Santiago de Cuba ein. Am 19. Juli setzte er seine Rückreise mit einem Dampfschiff nach Havanna fort. Er hoffte, in nächster Zukunft keine ferneren Touren mehr unternehmen zu müssen und bis November oder Dezember in Havanna bleiben zu können.

Gleich nach seiner Abreise von Santiago de Cuba begann Weerth, sich unwohl zu fühlen. Als er am 23. Juli abends in Havanna eintraf, hatte er bereits Fieber. Sein Freund Friedrich Büsing, der Konsul der Freien Reichs- und Hansestadt Bremen in Havanna, „sah seinen Zustand gleich für gefährlich an und sandte noch in derselben Nacht vom 23/24sten für ärztliche Hülfe." Weerth teilte seinem Freund noch mit, daß die Mückenplage in den Wäldern Haitis unerträglich gewesen sei. Weerths Krankheit war jedoch schon so weit fortgeschritten, daß jede ärztliche Hilfe erfolglos war. Am 26. Juli diagnostizierte der

Arzt Weerths Krankheit als Gehirnentzündung. Von diesem
Zeitpunkt an war Weerth bis auf einige kurze Zwischenräume
selten bei Besinnung. Dabei war er „aber so aufgeregt, daß er
stets Tag und Nacht zwei Krankenwärter um sich haben mußte,
um ihn vor etwaigen Unfällen zu schützen." Für Büsing, der ihn
während seiner Krankheit pflegte, war es „eine traurige und
herzzerreißende Scene, einen Mann in vollster Kraft auf diese
Art und Weise wegschwinden zu sehen." Am 29. Juli hegte
Büsing „für einen kurzen Augenblick neue Hoffnung, ihn geret-
tet zu sehen." Die scheinbare Besserung war aber nur ein kurzes
Aufflackern und „ein Vorbote seiner gänzlichen Auflösung."
Über den weiteren Krankheitsverlauf schrieb Büsing:

> Die letzten 12 Stunden seines Hierseins gingen von einem sehr aufgeregten
> Zustande in einen stillen Schlummer über, welcher die letzte crisis mit sich
> brachte, und unseren Weerth am Morgen vom 30sten dto um 8 Uhr von sei-
> nen schweren Leiden erlöste.[255]

Büsing meldete, daß Weerth während der letzten 6—7 Tage
außer Besinnung gewesen war und er daher keine Gelegenheit
gehabt hatte, „mit ihm über irgend etwas zu sprechen." Er fügte
hinzu: „Den Namen seiner Mama hatte er stets auf den Lippen
und muß diese auch wohl sein letzter Gedanke gewesen sein."

Am 31. Juli ließ Büsing in Begleitung einiger Bekannten
Weerth in einer Grabnische auf dem Cementerio General
Havannas beisetzen. Büsing ließ auch drei Seelenmessen in der
Kathedrale für ihn lesen. Laut Sterbeurkunde erhielt Weerth
wegen seines plötzlichen Todes keine Sakramente. Die Sterbeurkunde erwähnt auch, daß „Jorge Weerth" mangels Vermögen
kein Testament hinterließ.

Weerth war bereits tot und begraben, als der Brief seiner
Mutter vom 9. August 1856 in Havanna eintraf, in dem sie sich
über seine geplante Rückkehr nach Havanna ängstigte, die er ihr
in einem Brief aus Puerto Plata für den 24. Juli angekündigt
hatte. Besorgt schrieb sie:

> In Havanna, von wo unter verschiedenen Daten ds. Mts. Juny es in der Zei-
> tung hieß, daß das gelbe Fieber dort herrsche — vor einigen Tagen noch mit
> den Worten: „Das gelbe Fieber begann immer allgemeiner zu grassiren,
> namentlich auf den Schiffen in St. Thomas, Jamaika und Havanna," was
> mich natürlich gar sehr beunruhigte. Karl weiß mir zwar immer etwas dage-

gen zu setzen; nach Deinem ersten Brife: „Ihr wüßtet das nun ja auch, und Du würdest Dich wol hüten hinzugehen." Nach dem 2.: „Wenn das Regenwetter einfiele, verlöre sich die Epidemie, udgl." Möge er recht haben! Immerhin bleibt's mir eine peinliche Zeit, bis dahin, daß ich möglicherweise wieder Nachricht von Dir haben kann. Gott gebe, daß es nicht *zu* lange dauert und − endlich nur gut lautet! ... Wenn Du nur nicht *da* bist!! Doch, Gott ist überall![256]

Weil Weerths Tod in eine Zeit der Gelbfieber-Epidemie in Westindien fiel, nahmen seine Angehörigen an, daß er an dieser Tropenkrankheit gestorben sei. Dementsprechend lautete auch die von ihnen am 6. September 1856 im *Fürstlich Lippischen Regierungs- und Anzeige Blatt* aufgesetzte Todesanzeige. Dort hieß es, „daß der Kaufmann Georg Weerth, − auf seiner Rückreise von Santiago de Cuba von dem gelben Fieber befallen, − den 30. Juli d. J. zu Havanna nach siebentägigem Krankenlager gestorben ist." So verbreitete sich die Auffassung, daß Weerth am Gelbfieber gestorben war, eine Auffassung, die bis auf Marie Weerth bisher von fast allen Weerth-Forschern vertreten wurde.

Krankheitsbild und Krankheitsverlauf weisen jedoch eindeutig darauf hin, daß Weerth an Malaria gestorben ist, und zwar an zerebraler Malaria, einer der gefährlichsten Erscheinungen der Falciparum Malaria. Sie war damals und ist auch heute noch unbestritten die gefährlichste aller Tropenkrankheiten, bei der sofortige Hilfe nötig ist.

Die Inkubationszeit der Malaria beträgt gewöhnlich zwischen 10 und 14 Tagen. Und da Weerth sich gleich nach seiner Abreise von Santiago de Cuba am 19. Juli krank gefühlt hatte, wird er sich zwischen dem 5. und 9. Juli auf seiner Reise durch Haiti von Gonaïves nach Port-au-Prince infiziert haben. In den Monaten Juni, Juli und August herrschte infolge der Regenzeit die größte Malaria-Gefahr auf Haiti. Das erklärt auch die von Weerth seinem Freund Büsing gegenüber gemachte Aussage, daß die Mückenplage in den Wäldern von Haiti unerträglich gewesen sei.

Zum Ausbruch der Malaria reicht ein einziger Stich einer infizierten Anophelesmücke. Die Krankheit kommt meist sehr plötzlich zum Ausbruch. Fast immer ist Fieber das erste Krankheitssymptom. Bei der Falciparum Malaria können im Verlauf der Krankheit Komplikationen auftreten, und zwar besonders bei Fällen, die seit über einer Woche oder länger unbehandelt oder nur unzureichend behandelt worden sind. Diese Komplikationen werden gewöhnlich anhand der Organe, die sie betreffen, klassifiziert. Die gefährlichste Komplikation stellt die zerebrale Malaria dar, an der Weerth erkrankt war.

Zu deren Krankheitsbild gehört, daß der Kranke geistig desorientiert und verwirrt ist. Außerdem ist er oft ohne Besinnung oder befindet sich in einem Koma, wobei er häufig sehr aufgeregt ist und ständiger Aufsicht bedarf. Es können neurologische Symptome auftreten, die Meningitis oder Meningo-Enzephalitis indizieren. All diese Symptome stimmen mit der von Büsing gegebenen Beschreibung von Weerths Krankheitsverlauf überein. Die Symptome für Gelbfieber sind dagegen andere, weshalb diese Krankheit als Todesursache nicht in Frage kommen kann.

Es ist ein seltsamer Zufall, daß Georg Weerth, „der erste und *bedeutendste* Dichter des deutschen Proletariats," wie Engels ihn nannte, auf Kuba starb, das später der erste sozialistische Staat auf dem amerikanischen Kontinent wurde. Bemerkenswert ist auch die Tatsache, daß Weerth in seiner Kindheit einmal geträumt hatte, vor der Küste Kubas Schiffbruch zu erleiden. Ein anderes Mal hatte er im Fieberwahn davon geträumt, unter Palmen begraben zu werden. So erfüllten sich seine „phantastischen Träume", wie sie seine Mutter, die sich an diese Träume erinnern konnte, einige Jahre vor seinem Tode beschrieben hatte.

Weerth starb als erfolgreicher und wohlhabender Geschäftsmann. Aus der Kontoführung seiner Firma Steinthal & Co. geht hervor, daß sich sein dortiges Guthaben auf £ 505 14s 9d belief. Insgesamt betrug Weerths Hinterlassenschaft einschließlich seiner Effekten 9212 Taler, 25 Silbergroschen und 1 Pfennig Preußisch Courant, eine beträchtliche Summe Geldes. In kurzer Zeit hatte er es in Westindien zu einem bedeutenden Vermögen gebracht und war als reicher Geschäftsmann gestorben. Da Weerth weder Frau noch Kinder hatte, wurde sein Erbe gleichmäßig unter seiner Mutter, seinen Brüdern Carl, Wilhelm und Ferdinand und seinem Schwager August von Cölln aufgeteilt. Jeder von ihnen erhielt 1842 Taler und 17 Silbergroschen.

Die Nachricht vom Tode Weerths kam völlig unerwartet für seine Angehörigen und Freunde. Am schwersten wird sein Tod seine 70jährige Mutter getroffen haben, die bestimmt nicht gedacht hatte, daß ihr „Sorgenkind" Georg vor ihr sterben würde.

Wilhelm Wolff, Weerths ehemaliger Mitredakteur an der *Neuen Rheinischen Zeitung,* der den Kindern von Weerths Chef Henry Steinthal in Manchester Unterricht erteilte, erfuhr als erster von Weerths Freunden von dessen Tod. Am 28. August 1856 berichtete Wolff Marx von Weerths Tod. Wie sehr Weerths Tod Marx naheging, ist aus Marx' Brief an Engels vom 22. September 1856 ersichtlich:

Die Nachricht vom Tode Weerths hat mich furchtbar affiziert, und es war mir schwer, die Sache zu glauben. Freiligrath schrieb mir auch schon wegen eines Nachrufs. Aber in der Tat, ich sehe kein Blatt in Deutschland. Das einzig Mögliche wäre vielleicht zunächst ein Nachruf in der „Tribune", bis die Zeiten mehr und Besseres möglich machen! What is your opinion?[257]

Auch Freiligrath konnte die Nachricht vom Tod Weerths kaum fassen. An Weerths Bruder Carl, an den Freiligrath von Kindheit her eine enge Freundschaft band, schrieb er:

Wenn fremde Theilnahme Euch von Trost sein kann, so brauche ich Dich nicht erst zu versichern, daß wir, die hiesigen Freunde Eures Georg, mit Euch trauern u. uns mit Euch beraubt fühlen. *Er ist auch uns gestorben! Und soll auch uns unvergeßlich und unvergessen sein!!*
O, es ist hart, daß er von uns gegangen ist! Es ist mir noch jetzt oft, als müßte, als könnte es nicht sein! So jung, so blühend, so froh, so strebend! Noch seh' ich ihn vor mir, wie er zuletzt in mein Haus trat u. meinen Jungen auf seinem Knie sitzen ließ. Kein Wort mehr, lieber Weerth — ich will mir u. Euch nicht von Neuem das Herz schwer machen![258]

Noch lange Zeit trauerten Weerths Freunde um ihn. Bei Marx kam die Trauer um Weerths Tod noch Jahre danach in Briefen an seine Freunde und Mitstreiter zum Ausdruck, so z. B. in seinen Briefen an Lassalle vom 21. Dezember 1857, 22. Februar 1858 und 25. Februar 1859. In einem Brief vom 1. Februar 1859 an den in den Vereinigten Staaten lebenden Joseph Weydemeyer, gab Marx den folgenden kurzen Überblick über das Schicksal ihrer gemeinsamen Freunde:

Engels ist stets in Manchester; Lupus ebendaselbst gibt Stunden und steht erträglich gut; Freiligrath ist in London Manager eines Zweigs des Schweizer Crédit mobilier; Dronke ist Kommissionsagent in Glasgow; Imandt (ich weiß nicht, ob Du ihn kennst) ist Professor in Dundee; unser lieber Freund Weerth ist leider in Haiti gestorben, ein *unersetzlicher* Verlust.[259]

Als es 1863 zu einem Wiederaufleben revolutionärer Aktivität in Europa kam, schrieb Marx an Engels:

Soviel ist sicher, die era of revolution ist nun wieder fairly opened in Europe. Und der allgemeine Stand der Dinge gut. Aber die gemütlichen delusions und der fast kindliche Enthusiasmus, mit dem wir vor 1848 die Revolutions-ära begrüßten, sind zum Teufel. Alte Kameraden wie Weerth usw. sind hin, andre sind abgefallen oder verkommen und neuer Zuwachs wenigstens noch nicht sichtbar.[260]

Bezeichnenderweise sprach Marx von Weerth als „alte[m] Kameraden", den er nicht zu den „Abgefallenen oder Verkommenen" zählte. Das zeigt deutlich, daß Marx und Engels Weerth trotz dessen Abkehr von der Politik nach 1849 und der dadurch entstandenen Entfremdung von ihnen immer noch als „Bundesgenossen" und Mitstreiter betrachteten. Indem sie seiner Mitarbeit im Bund der Kommunisten und seiner schriftstellerischen Tätigkeit an der *Neuen Rheinischen Zeitung* gedachten, verbanden sie seinen Namen mit der Frühgeschichte der internationalen Arbeiterbewegung und der Revolution von 1848. Weerth war „dabeigewesen" in dieser Zeit der „gemütlichen delusions" und des „fast kindlichen Enthusiasmus", auf die sie mit viel Stolz und einer gewissen Wehmut zurückblickten.

Anmerkungen

1 Malwida von Meysenbug: Memoiren einer Idealistin. Stuttgart 1876, S. 46.
2 Georg Weerth an Wilhelm Weerth, Detmold, 22. Mai 1834, LLB.
3 SW, II, S. 228−229.
4 MEW, VII, S. 117.
5 SW, V, S. 15−16.
6 25. Juli 1841. Stadt- und Landesbibliothek Dortmund.
7 SW, V, S. 34.
8 SW, V, S. 63.
9 SW, V, S. 51.
10 SW, V, S. 44.
11 SW, V, S. 71.
12 SW, V, S. 164.
13 SW, V, S. 53.
14 SW, V, S. 54.
15 SW, V, S. 60.
16 SW, V, S. 73−74.
17 SW, V, S. 67.
18 SW, V, S. 818.
19 Karl Weerth, S. 15.
20 VT, I, S. 22.
21 SW, V, S. 77f.
22 SW, V, S. 63−64.
23 SW, V, S. 85.
24 SW, V, S. 68.
25 SW, V, S. 89.
26 SW, V, S. 107.
27 SW, III, S. 170.
28 Second Report: Large Towns and Populous Districts. Anhang, 2. Teil, S. 315.
29 SW, III, S. 165.

30   SW, V, S. 109–110.
31   SW, V, S. 110.
32   SW, V, S. 117.
33   SW, V, S. 157.
34   SW, III, S. 196–197.
35   SW, V, S. 144.
36   SW, V, S. 142–143.
37   SW, III, S. 226–227.
38   SW, V, S. 98.
39   SW, III, S. 312–313.
40   SW, III, S. 310.
41   SW, II, S. 74.
42   SW, III, S. 342.
43   SW, V, S. 144.
44   SW, V, S. 195.
45   SW, V, S. 161.
46   SW, V, S. 140.
47   SW, V, S. 141.
48   SW, III, S. 325.
49   SW, III, S. 326.
50   SW, III, S. 329.
51   SW, III, S. 330.
52   SW, III, S. 332.
53   SW, III, S. 236.
54   SW, III, S. 247.
55   SW, III, S. 344.
56   SW, V, S. 150.
57   SW, V, S. 159, 162.
58   SW, I, S. 155.
59   SW, I, S. 185.
60   SW, I, S. 193.
61   SW, I, S. 203.
62   SW, I, S. 204.
63   Der Sozialdemokrat. 7. Juni 1883.
64   SW, V, S. 133.
65   SW, III, S. 42–43.
66   SW, III, S. 43–44.
67   SW, III, S. 44.
68   Friedrich Engels. Die Lage der arbeitenden Klasse in England. Hrsg. v. Walter Kampmann. München 1979, S. 41.
69   SW, III, S. 55.
70   SW, III, S. 68–69.
71   SW, III, S. 82.
72   SW, III, S. 85.
73   SW, III, S. 89–90.
74   SW, III, S. 128.

75 SW, V, S. 172.
76 SW, V, S. 177.
77 SW, V, S. 180.
78 SW, V, S. 192—193.
79 SW, V, S. 188.
80 SW, II, S. 256—257.
81 SW, V, S. 202.
82 SW, V, S. 205.
83 SW, V, S. 218.
84 SW, V, S. 220.
85 SW, V, S. 221—222.
86 SW, V, S. 223.
87 SW, III, S. 15.
88 SW, V, S. 231.
89 SW, V, S. 215.
90 SW, V, S. 237.
91 SW, V, S. 229, 234.
92 SW, V, S. 238.
93 VT, I, S. 90—91.
94 Friedrich Althaus: Theodor Althaus. Bonn 1888, S. 266.
95 SW, V, S. 239.
96 SW, V, S. 267.
97 SW, V, S. 267.
98 SW, II, S. 128—133.
99 SW, V, S. 272.
100 SW, V, S. 274—275.
101 MEW, XXVII, S. 108.
102 SW, V, 277—278.
103 SW, V, S. 280—281.
104 SW, V, S. 285.
105 Friedrich Engels: Karl Marx und die *Neue Rheinische Zeitung*. In: *Der Sozialdemokrat*. 13. März 1884.
106 Ebd.
107 Wilhelm Liebknecht: *Karl Marx zum Gedächtnis. Ein Lebensabriß und Erinnerungen.* In: *Mohr und General. Erinnerungen an Marx und Engels.* Berlin 1970, S. 139.
108 SW, II, S. 450.
109 SW, II, S. 456—457.
110 SW, IV, S. 487.
111 SW, IV, S. 313.
112 SW, IV, S. 330—331.
113 SW, IV, S. 336.
114 SW, IV, S. 289—290.
115 SW, IV, S. 105.
116 SW, IV, S. 73—74.
117 SW, I, S. 271.

118 SW, I, S. 266–268.
119 SW, V, S. 289.
120 SW, V, S. 289.
121 IISG.
122 SW, IV, S. 231.
123 SW, IV, S. 281.
124 A. a. O. (s. Anm. 105).
125 SW, V, S. 313.
126 SW, V, S. 318.
127 Manfred Häckel: *Freiligraths Briefwechsel mit Marx und Engels.* Band 1. Berlin 1968, S. 4.
128 LLB.
129 Wilhelmine Weerth an Wilhelm Weerth. Detmold, 15. Juli 1849. IISG.
130 SW, V, S. 321.
131 SW, V, S. 326.
132 SW, V, S. 330–331.
133 SW, V, S. 331.
134 SW, V, S. 331.
135 SW, V, S. 335.
136 SW, V, S. 529.
137 SW, V, S. 355–356.
138 SW, V, S. 351.
139 SW, V, S. 427.
140 Häckel [s. Anm. 127], I, S. 18.
141 SW, V, S. 359.
142 Georg Weerth an Wilhelm Weerth, Bradford, 7. August 1850. IISG.
143 SW, V, S. 365.
144 SW, V, S. 369.
145 Georg Weerth an Wilhelmine Weerth, Cadiz, 7. November 1850. IISG.
146 Georg Weerth an Wilhelmine Weerth, Cadiz, 7. November 1850. IISG.
147 Georg Weerth an Wilhelmine Weerth, Gibraltar, 1. Dezember und Granada, 10. Dezember 1850. LLB.
148 Georg Weerth an Wilhelmine Weerth, Madrid, 12. Januar/Barcelona, 20. Januar 1851. IISG.
149 Georg Weerth an Wilhelmine Weerth, Madrid, 12. Januar/Barcelona, 20. Januar 1851. IISG.
150 SW, V, S. 381.
151 SW, V, S. 382.
152 SW, V, S. 367.
153 SW, V, S. 383.
154 SW, V, S. 390–391.
155 IISG.
156 SW, V, S. 395.
157 SW, V, S. 446.
158 *Der deutsche Vormärz. Texte und Dokumente.* Hrsg. v. Jost Hermand, Stuttgart 1972, S. 372.

159 SW, V, S. 395−396.
160 SW, V, S. 399.
161 SW, V, S. 391.
162 SW, V, S. 412.
163 SW, V, S. 403.
164 SW, V, S. 123−124.
165 SW, V, S. 403.
166 Tagebuch 1851, S. 1. IISG.
167 SW, V, S. 415.
168 MEW, XXVII, S. 367.
169 MEW, XXVIII, S. 629.
170 SW, V, S. 438−439.
171 MEW, XXVIII, S. 486.
172 MEW, XXVIII, S. 480.
173 MEW, XXVIII, S. 18.
174 SW, V, S. 449.
175 MEW, XXVIII, S. 128−129.
176 MEW, XXVIII, S. 147.
177 MEW, XXVIII, S. 150.
178 SW, V, S. 455.
179 MEW, XXVIII, S. 200.
180 Georg Weerth an Wilhelmine Weerth, St. Thomas, 20. Dezember 1852.
     IISG.
181 IISG.
182 Georg Weerth an Wilhelmine Weerth, Puerto Plata, 14. Februar 1853.
     IISG.
183 Georg Weerth an Wilhelmine Weerth, Porto Cabello, 26. April 1853. IISG.
184 Georg Weerth an Wilhelmine Weerth, La Guaria, 9. Mai 1854. IISG.
185 Georg Weerth an Wilhelmine Weerth, La Guaria, 25. Mai 1853. IISG.
186 LLB.
187 VT, II, S. 421−422.
188 VT, II, S. 422.
189 VT, II, S. 423.
190 SW, V, S. 460−461.
191 SW, V, S. 461.
192 Georg Weerth an Wilhelmine Weerth, Havanna, 7. August 1853. IISG.
193 Georg Weerth an Wilhelmine Weerth, Mexiko, 18. Oktober 1853. IISG.
194 Georg Weerth an Wilhelmine Weerth, Mexiko, 18. Oktober 1853. IISG.
195 Georg Weerth an Wilhelmine Weerth, Guanajuato, 24. November 1853.
     IISG.
196 Georg Weerth an Wilhelmine Weerth, Guanajuato, 24. November 1853.
     IISG.
197 Georg Weerth an Wilhelmine Weerth, Guanajuato, 24. November 1853.
     IISG.
198 Georg Weerth an Wilhelmine Weerth, Mazatlan, 31. Dezember 1853/
     2. Januar 1854. IISG.

199 Georg Weerth an Wilhelmine Weerth, Mazatlan, 15. Januar 1854. IISG.
200 SW, V, S. 470.
201 Georg Weerth an Wilhelmine Weerth, San Francisco, Februar 1854. IISG.
202 Georg Weerth an Wilhelmine Weerth, San Francisco, Februar 1854. IISG.
203 Georg Weerth an Wilhelmine Weerth, San Cartagena, 5. April 1854. IISG.
204 IISG.
205 Georg Weerth an Wilhelmine Weerth, Medellin, 11. Juni 1854. IISG.
206 Georg Weerth an Wilhelmine Weerth, Medellin, 11. Juni 1854. IISG.
207 IISG.
208 VT, II, S. 431.
209 VT, II, S. 434−435.
210 Georg Weerth an Wilhelmine Weerth, Guayaquil, 24. Dezember 1854. IISG.
211 Georg Weerth an Wilhelmine Weerth, Guayaquil, 24. Dezember 1854. IISG.
212 Georg Weerth an Wilhelmine Weerth, Lima, Januar 1855. IISG.
213 Georg Weerth an Wilhelmine Weerth, Lima, Januar 1855. IISG.
214 SW, V, S. 478−479.
215 VT, II, S. 436.
216 VT, II, S. 438.
217 VT, II, S. 438.
218 Georg Weerth an Wilhelmine Weerth, Manchester, 3. Juli 1855. IISG.
219 Ludwig Pietsch: Wie ich Schriftsteller geworden bin. Erinnerungen aus den fünfziger Jahren. Band 2. Berlin 1893, S. 104.
220 LLB.
221 LLB.
222 LLB.
223 BT, S. 15.
224 BT, S. 22−23.
225 BT, S. 23.
226 BT, S. 23−24.
227 BT, S. 24.
228 BT, S. 28.
229 BT, S. 34−35.
230 BT, S. 41.
231 BT, S. 38.
232 BT, S. 39−40.
233 Georg Weerth an Wilhelmine Weerth, London, 28. Oktober 1855. IISG.
234 Georg Weerth an Wilhelmine Weerth, London, 28. Oktober 1855. IISG.
235 MEW, XXVIII, S. 624−625.
236 BT, S. 45.
237 BT, S. 51.
238 BT, S. 53.
239 BT, S. 53−54.
240 BT, S. 69.
241 BT, S. 71.

242 Georg Weerth an Wilhelmine Weerth, St. Thomas, 15. Dezember 1855. IISG.
243 BT, S. 74.
244 BT, S. 77.
245 BT, S. 85–86.
246 IISG.
247 IISG.
248 SW, V, S. 494–495.
249 Georg Weerth an Wilhelmine Weerth, Havanna, 1. u. 7. Mai 1856. IISG.
250 Georg Weerth an Wilhelmine Weerth, Santiago de Cabelleros, 30. Mai 1856. IISG.
251 SW, V, S. 494–495.
252 VT, II, S. 446.
253 VT, II, S. 446.
254 VT, II, S. 447.
255 VT, II, S. 449.
256 LLB.
257 MEW, XXIX, S. 71.
258 Häckel [s. Anm. 127], II, S. 100.
259 MEW, XXIX, S. 570.
260 MEW, XXX, S. 324.

Abkürzungsverzeichnis

BT   Georg Weerth. Briefwechsel mit Betty Tendering.
Hrsg. von Bruno Kaiser.
Berlin und Weimar 1972.

IISG   Internationales Institut für Sozialgeschichte,
Amsterdam.

Karl Weerth Karl Weerth: Georg Weerth. Der Dichter des
Proletariats. Ein Lebensbild. Leipzig 1930.

LLB   Lippische Landesbibliothek Detmold.

MEW   Marx-Engels-Werke. Berlin 1959-1967.

SW   Georg Weerth. Sämtliche Werke in fünf Bänden.
Hrsg. von Bruno Kaiser. Berlin 1956-1957.

VT   Georg Weerth. Vergessene Texte. Werkauswahl
in zwei Bänden. Hrsg. von Jürgen-W. Goette,
Jost Hermand und Rolf Schloesser. Köln 1975-
1976.

Literaturauswahl

Walter Baumert, *Und wen der Teufel nicht peinigt ... Die Jugend des Dichters Georg Weerth*. Berlin: Der Kinderbuchverlag o. J. [1975].

Wolfgang Büttner, *Das Feuilleton der „Neuen Rheinischen Zeitung"*. In: Jahrbuch für Geschichte. (Berlin: Akademie Verlag). 22. Jg. (1981), S. 7-50.

Lucien Calvié, *Le roman feuilleton „Leben und Taten des berühmten Ritters Schnapphahnski" (1848-1849) de Georg Weerth: Modèle littéraire Heinéen et Réalité sociale et politique.* In: Roman et Société. Actes du colloque international de Valenciennes. N° 8, Hiver (1983), Numéro spécial, p. 49-59.

Walter Dietze, *Georg Weerths geistige Entwicklung und künstlerische Meisterschaft.* In: ders., Reden, Vorträge, Essays. Leipzig: Verlag Philipp Reclam jun. 1972, S. 128-169.

Bernd Füllner (Hrsg.), *Georg Weerth. Neue Studien.* Bielefeld: Aisthesis Verlag 1988. (Mit Beiträgen von B. Füllner, J.-W. Goette, W. Hartkopf, F. Vaßen, U. Zemke.)

Georg Weerth. Werk und Wirkung. Berlin: Aufbau Verlag 1974. (Mit Beiträgen von I. Pepperle, H.-G. Werner, M. Kemp-Ashraf, S. Turajew, H. Kaufmann, W. Feudel, B. Kaiser, S. Schlenstedt, F. Wagner, D. Schiller und R. Weisbach.)

Christine Gobron, *L'écrivain et journaliste littéraire Georg Weerth. Défendeur de la classe ouvrière et agitateur de la révolution de 1848/49.* [Sannois] 1978 (Paris, phil. diss. von 1978), S. 377.

Karl Hotz, *Georg Weerth — Ungleichzeitigkeit und Gleichzeitigkeit im literarischen Vormärz.* Stuttgart: Klett Verlag 1976.

Erich Kittel, *Zum literarischen Nachlaß Georg Weerths (1822-1856).* Mit bisher ungedruckten Dokumenten. In: Rheinische Vierteljahrsblätter. Jg. 37 (1973), S. 191-206.

Paul Reimann, *Georg Weerth.* In: ders., Hauptströmungen der deutschen Literatur 1750-1848. Berlin: Dietz Verlag 1956, S. 805-824.

Franz Petrowitsch Schiller, *Georg Weerth. Skizze zur Geschichte der deutschen sozialistischen Dichtung der 1. Hälfte des 19. Jahrhunderts.* Übersetzt von Paul Baron, überarbeitet von Karl Weerth. [Detmold o.J.] (Original: Moskau, Leningrad 1929/1932).

Florian Vaßen, *Georg Weerth. Ein politischer Dichter des Vormärz und der Revolution von 1848/49.* Stuttgart: J. B. Metzlersche Verlagsbuchhandlung 1971.

Marie Weerth, *Georg Weerth 1822-1856. Ein Lebensbild.* [o.O. um 1910]; 724 gez. Bll. in 34 Lagen (Original im Weerth-Archiv, LLB).

Uwe Jürgen Zemke, *A Biography of Georg Weerth (1822-1856).* Cambridge 1976 (Phil. Diss.).

Uwe Jürgen Zemke, *Georg Weerth — friend of Marx and Engels.* In: Marxism today (London). Jg. 16 (1972), Nr. 6, S. 187-191.